ちくま文庫

桃色じかけのフィルム

失われた映画を探せ

鈴木義昭

本書はメルマガ「ROADSIDERS' weekly」２０１８／２／14号から２０１９／12／18号に連載されたものに大幅な加筆を行ないました。

目次

はじめに

日本映画には、「お宝」が埋もれている。

名画座とミニシアターをはしごして、さらにオールナイトに繰り出した若い頃には「なぜ?」と思っただけだった。だが、映画を見れば見るほど、放置され消滅の危機に瀕している「お宝」が気になり始めた。気がつけば、砂漠で宝石を探し出すように、荒波に洗われる砂浜で真珠を探し出すように、孤独で困難な映画探偵になっていた。僕が追いかける映画は、その多くが、どうやら「桃色」に輝き、「桃色」の光を放ちながら、カタカタと映写機を回るフィルムたちだった。まさに桃色仕掛けで動くフィルムたちばかりだったのだ。

アメリカン・ニューシネマで映画に目覚め、黒澤明とチャップリンで映画から抜けられなくなった。最初は、東京12チャンネル(現・テレビ東京)で放送中の白井佳夫先生の「日本映画名作劇場」で、「日本映画のおもしろさ」を教わった。キートンばりに熱くスマートに解説する白井先生が、日本映画黄金時代の名作の見どころとともに日本映画史を紐解いてくれた。既に日本映画は斜陽化の極地に達して、映画館の観客動員も外国映画が主流だった。テレビでも「洋画劇場」ばかりの時代に、日本映画を見なおそうというコンセプトが斬新だった。白井先生編集の「キネマ旬報」も、若い映画ファン必読のマニア誌だった。

キネマ旬報の定期購読者になると、竹中労が「日本映画縦断」という連載をやっていた。既に竹中労の文章は「話の特集」誌から読んでいて、ちょっぴりファンだった。その後、まさか弟子入りするとは想っていなかったが。だいたい「話の特集」も永六輔の「芸人その世界」が読みたくて読み始めたから、芸能好きだったし、寺山修司の大ファンでもあった。

竹中労「日本映画縦断」で、「戦後映画史は新東宝から語らねばならない」というテーゼにドキッとした。「新東宝」ってナニ？　と思うだけでなく、天知茂や宇津井健の顔が浮かんだ。平日午後の「奥様邦画劇場」で新東宝作品が短縮版らしかったが、放送されていたからだ。「東宝争議」から誕生した「新東宝」には、戦後B級プログラムピクチュアの原点がある。低予算とエロチシズムをモットーにした大蔵貢社長時代の路線である。撮影所を護るために分離・独立しながら封切館不足などから「低予算」「エロチシズム」の「罠」にはまって行く新東宝。結果、撮影所の解体に歯止めがかからず、倒産。どこよりも早くテレビマンに撮影所を占拠されてしまう。文芸映画の力作に始まり、プログラムピクチュアの量産で幕を閉じる新東宝は、やはり日本映画史の「穴」だった。調べれば「お宝」作品も、たくさん埋もれていた。

川本三郎さんが書いた「新東宝物語」（中央公論一九七七年一一月号）を読んで、なおさら「新東宝」に興味が湧いた。大江健三郎の初期小説をほとんど読んでいたから、「新東宝物語」の冒頭に出てくる「新東宝少年」になってやろうと思った。

「この男は頭の良いやつだが変わり者で、またそれを意識してふるまう男だ、渾名が《新東宝》だ、他の会社の映画はぜったい観ないで、エログロ三本立て週間などというのを場末まで追いかけるからだ、ときには千葉県へまでも追いかける」

（大江健三郎「セヴンティーン」より）

新東宝は、当然とっくにこの世になく、あるのはピンク映画を配給する新東宝興業だけだった。聞けば、新東宝の残党は、テレビとピンク映画とに分かれたらしい。ならば「テレビっ子」は卒業したから、《ピンク映画少年》になるしかないと思ったのだ。そいつが徹底研究、岐路の始まりだったかもしれない。

いつしか男性誌を中心にした雑誌ライターになっていた僕は、いよいよ《ピンク映画少年》《ピンク映画青年》に拍車がかかった。走り出したら、止まらないというやつである。公開前からピンク映画を観て、監督や女優のインタビューをやって、記事を書いた。

あの頃、ちょうど何度目かのピンク映画の黄金時代、静かなブームの渦中にあった。映画青年のトレンドは、「自主映画」（まだ「インディーズ」とは言わなかった）か「ピンク映画」だったのだ。なぜなら、映画監督になるためには「自主映画」「ピンク映画」が近道と言われたからだ。僕も、映画監督にはなりたいと思わなかったが、シナリオライターになりたいと思っていた。テレビ系シナリオ講座に行くと、女子大生や主婦ばかりで嫌気がさして一日で辞めた。そう、雑誌ライターをやりながら、いつか脚本家に？　など考えた訳だ。考え違いだったかもしれないが。

山本晋也が、当時のピンク映画の牽引役だった。日活ロマンポルノ系で『未亡人下宿』シリーズを連発していた。追いかけるように、ピンク映画ニューウエーブとして中村幻児、高橋伴明が注目された。彼らを筆頭に一般映画に進出するピンク映画監督が次々に出た。

「ピンク映画」という言葉は、内外タイムス記者だった村井実の造語といわれる。東京都下の多摩川べりに『情欲の洞窟』という女ターザン映画の取材に出かけ、書いた記事の中で思いつき書いたらしい。村井は、その後映画評論家になり、月刊「成人映画」という雑誌を発行した。「ピンク」色にしたのは、「ブルーフィルム」と区別するためともピンクキャバレーから連想したとも言われる。

村井さんには、若い時分「資料」をいただいて励まされたから、その折、正確なところを聞くべきだった。アングラピンクの猛者として知られていた足立正生が、若い日に「ピンク」と名付けて「差別」したのは「オマエか！」と喧嘩を売ったのは有名な話だ。だが、ピンクと呼んでマスコミ各社に売り込み、宣伝マン役を引き受けたのが村井さんだったから、筋違いな喧嘩だったといえなくもない。

確かにピンク映画は、不当に差別されていた。一九六〇年代の後半から、松竹、東宝、東映、大映、日活の大手五社が製作・配給する日本映画と数量的には拮抗し、七〇年代に至り数の上では圧倒的に凌駕するに至る。だが、一般劇場映画の何十分の一、何百分の一の低予算で作られる「小型映画」であるピンク映画、それらと日本映画全般とは、区別されて考えられるようになった。あちらは「性表現」を売りにする「いかがわしい」作品という固定概念が、観る方にも作る方にも浸透した。いかがわしければ、いかがわしいほど観たくなる。男性心理からして当然の帰結だ。

戦後の日本映画は、石原裕次郎の人気が爆発し、史上空前の映画観客数一一億二七〇〇万人を記録した一九五八（昭和三三）年をピークに下降線を辿り始める。早くも、一九六五（昭和四〇）年には、映画の斜陽化が声高に言われている。歯止めに期待されたのが、ピンク映画だった。

「ピンク映画」が誕生したのは一九六二（昭和三七）年。第一号は、連鎖し同時期に作られた、日活撮影所出身香取環と新東宝撮影所出身扇町京子が主演した『肉体の市場』（『肉体市場』）とも、動物記録映画出身の関孝二監督による女ターザン映画の一本目『情欲の谷間』とも、東宝撮影所出身で黒澤明作品のプロデューサー本木荘二郎が高木丈夫の名で撮った『肉体自由貿易』とも、倒産した新東宝から飛び出し佐川プロ（大宝配給）で撮った山際永三『狂熱の果て』とも言われる（第2章参照）。いや、それらがみな最初の「ピンク映画」と言えるのだろう。ほんの数か月の公開時期の違いは問題にならないではないか。当時、大手映画会社ではなく、独立プロ製作の成人指定された劇映画といえば、これらになる。

当初、年間一〇本足らずだった「ピンク映画」は、翌年約六〇本、さらにその翌年一九六五年には約一二〇本にと公開本数を急激に増やしていく。当初の数年、松竹ヌーヴェル・ヴァーグの次を担う映画の新しい波だとして、マスコミも映画ファンも期待は熱く高かった。

しかし、大手映画各社が黙って見過ごすことはなく、松竹の武智鉄二、大島渚、日活の今村昌平、東映の石井輝男など、「性」を主題にした劇場映画が大手配給各社にも氾濫した。

ピンク映画は、当初は独立プロ自ら配給するのが主流だったが、大手ブロック・ブッキングの網を縫うように配給・公開するうちに次第に配給網を確立、旧新東宝の大蔵映画と新東宝興業、歌舞伎町の恵通チェーンを母体にしたミリオンフィルムなどを中心に、市場を拡大していく。しかし、六〇年代末から七〇年代にかけて「ピンク映画」は年間約三〇〇本近くが量産されて飽和状態、映画館の減少が六〇年の七四五七館をピークに年々減少。ピンク映画は、エロチシズムと低予算化の両面で過当競争の時代に突入する。七二年からは日活が「ロマンポルノ」路線に転じ全国展開、上映館での喰い合いは激化の一途を辿った。

やがて「ピンク映画」は、映画市場の最底辺を形成、安直な女性の裸体描写や凡庸なストーリーが横行する。しかし、それでも、熱意と心を失わない映画監督たちが、玉石混交の中に、素晴らしい表現の可能性と未来を切り拓こうと格闘した。

ところが、そこに強敵が現れた。かつてテレビに映画が駆逐されたように、アダルトビデオが登場すると、ピンク映画はあっさりその市場を明け渡し、敗北するしかなかった。「本番」行為も辞さないアダルトビデオ通称AVの性表現は、ピンク、ポルノ映画の性表現をはるかに上回っていく。『愛のコリーダ』や『白日夢』など「ハードコア」のスクリーン・ポルノの巻き返しも一時的なものだった。

長い「ピンク映画」の歴史も、半世紀を過ぎた。既に撮影現場では、全てがフィルム撮影でなくビデオカメラによる撮影だ。映画をめぐる環境が大きく変化したからだ。ピンク映画が日本映画の大きなウエイトを占め変革の最前線にあった頃、多くの冒険や挑戦があった。時の経過とともに、それらは忘れ去られてしまおうとしている。今なら、まだ間に合うかもしれない。そんな思いで、映画史のミッシングリンクに埋もれようとしているピンク映画の伝説とその痕跡を追いかけた。

気分は、まさしくピンク映画聖地巡礼だった。

『ピンク映画水滸伝』『昭和桃色映画館』をはじめピンク映画関連のルポや研究を書いて来た僕が、やり残し書き洩らしたことがあると言ったら、都築響一さんが「では、それを僕のメルマガでやりませんか」と言われた。これは、たいへんなことになるぞと思いながら「やらしてもらいます」と二つ返事。

長い旅になったが、やっとゴールイン。桃色フィルムを巡る「お宝」発見の旅の記録として読んで欲しい。

第1章 『色じかけ』と芦原しのぶ

亡き妻の面影を追い、辿り着いた奇跡の桃色フィルム

16ミリフィルムを持って現れた男

老紳士は、まるで風に吹かれたようにふらりと神戸の街にやって来た。

「近々、お伺いしますから、よろしくお願いしますね」

老紳士から、姿を見せる数日前に簡単で丁寧な電話があったのを記憶していると、神戸映画資料館の安井館長は言うのだった。

「そいで、いきなりフィルムをご自分でぶら下げてやって来られたんや」

新幹線のやや長いトンネルを抜けた山裾にある新神戸の駅から、そのまままっすぐに長田区の神戸映画資料館まで来られたのだろう。16ミリフィルムだから、持ち手も付いた四角いケースに収納された状態で持ち運ぶことも出来るが、老人の一人旅では重い荷

物には違いない。新神戸駅からタクシーで来られたのか、電車か地下鉄に乗り継いで新長田駅で下車し、駅前からは神戸映画資料館を目指して歩いて来られたのか、今となっては定かではない。

16ミリフィルムは年配者でも持ち運べるほど軽量と言えば軽量だが、重いと言えば重いと言えなくもない微妙な重量である。これが、全国の映画館などで一般的に上映されて来た35ミリ劇場用フィルムともなれば、事はそう簡単にはいかない。アルミ缶に入れられたフィルムは何巻にもわたり、とてもとても老人が一人で運べるものではない。大きな布製の袋にまとめられて、全国の映画館を上映日程に沿って運搬されていくものだからだ。

フィルムを持った老紳士が新幹線に乗れたのは、16ミリフィルムだったからである。35ミリの劇場用フィルムは、製作・配給会社などの指示で各倉庫から出発し、各地各劇場で映写され、その上映期間が終われば配給会社や製作会社の倉庫にまた戻って行くもの。

16ミリは、また別の用途に開発され、よりコンパクトになったフィルムだから、映写機もフィルムの形態も大掛かりで本格的な35ミリとは異なっている。いや、フィルムの話に深入りしてしまうと長くなる……。

老紳士が、なぜ、たった一人で16ミリフィルムを神戸まで急に持って来る気になられたのかを、徐々に話してみたい。

館長との電話で、老紳士は語ったらしい。

「そちらは、日本有数のフィルムライブラリーと聞いていますが。所謂《いわゆる》成人映画、ピンク映画も保存しておられると聞きましてね。私、ぜひ、そちらに寄贈をしたい、お預けして保存をしていただきたいフィルムを持っているんですけれど。これは、どこにもないものです。どうでしょう、フィルムを受け取っていただけるのならば、これからすぐにでも自分で持って伺いたいと思います。16ミリですから、郵送で送るよりもその方がずっと安全で安心です」

そう言って、電話を切られてから数日後、神戸映画資料館まで、老紳士は辿り着かれた。

神戸映画資料館には、資料を読んだり、映画の休憩時間にお茶が飲めるロビィ兼ティールームがある。そのテーブルのひとつに腰を下ろし、汗を拭ってから、出されたコーヒーを飲んで落ち着くと、紳士は静かに語り始めた。

「実はね、この映画、私の妻が主演をしているんですよ」

「はあ……」

「あるフィルムレンタル会社の倉庫に眠っていたのを、特別にプリントしていただいたんです。自分では、映写機がないから見れませんから、それをさらにＤＶＤにしてもらい自宅で観ています。フィルムは、どこかで保存をしていただきたいと考えましてね」

「なるほど。ウチで良かったら、預かりましょうか。たまに上映もさせてもらいますよ」

「ぜひ、お願いします」

安井館長と老紳士の会話は、だいたいそんなものだったと思われるが、現場にいた訳ではなく又聞きなのでアバウトだ。おそらくこんな実際的な会話をして、紳士は神戸映画資料館を後にしたのではなかろうか。

ストリッパーだった妻

老紳士とは、永山弓弦《ゆづる》さん。

都築響一編集のメルマガ・ロードサイダーズの購読者ならば、ご記憶の人もあるかもしれない。ロードサイダーズ・ウィークリー１０３号〜１０４号「ハダカの純心——あるストリッパーと医者の恋物語」に、御登場されていた永山さん、その人である。

話は、上映中のフィルムを逆回転するように遡る。まるで大林宣彦の映画などにあるような、あんな巻き戻しのコマ送り逆回転を想像願いたい。老紳士が、なぜ神戸まで来たのかを追体験していただこう。大林映画にはありがちな、上映中に映写機が不調を起こして、所々つっかえたり早送りになったりという感じではあるのだが……。

永山さんがぶら下げてきたフィルムの映画のタイトルは、『色じかけ』。一九六五（昭和四〇）年に全国公開された劇映画だ。

全国公開と言っても、東宝、松竹などの大手五社配給作品とは違う。当時、高度経済成長下ににわかに量産された、独立系プロダクション、俗にいう「エロダクション」によるエロを売りにした劇映画だった。

都市部では独立プロ系のピンク映画専門館が次々にできたが、地方では、大手五社の作品とも混在して掛けられた。ブームになりつつあった独立プロ系娯楽作品。そんな「エロ」映画の一本が、本作『色じかけ』であった。

テレビや他の娯楽に対抗する為に、刺激的な映像や題材を取り上げて作った所謂「成人映画」「ピンク映画」と呼ばれた作品だ。本作の上映時間は七五分と、三本立て四本立て興行を前提に作られたので短い。

右／日舞が得意なフロアショーのダンサーだった芦原しのぶさん
左／『永山弓弦さん（当時75歳）は、東京・小岩で耳鼻科の開業医だった

出演者も、大手撮影所に属さない女優や俳優ばかりで作られた。本作キャストには、主演の芦原しのぶほか田口勝則、細川直也、朝霧待子など、若い人にはチンプンカンプンの名前が並ぶ。

若い人だけではない。僕ら年配の映画史研究者でも、ほとんど聞かない名が並んでいる。有名俳優だった人はなく、演劇経験者や浅草近辺の芸人や役者たちが集められ、編成されたキャストではなかったかと推測できる。

こうした「成人映画」「ピンク映画」、さらに呼ぶなら「桃色映画」ともいうべき映画は、今日観るならどこがどういう具合に刺激的なのかと訝しがる向きもあるだろう。だが、当時の映倫審査で成人向けに指定された映画である。上映館への十八歳未満は入場、観覧不可の作品だ。本作を「成人指定」にしたのは、映画倫理管理委員会（現・映画倫理機構、通称映倫）。本作『色じかけ』の成人指定理由を、公式文書から引いてみよう。

「浮気な夫を殺させようとして、妻が未亡人といつわりタクシーの運転手を色じかけでたらし込み、保険サギをやり損なう話しであるが、青少年には不向きな世界の話しですので、成人映画に指定します」

（映画倫理管理委員会「映画選定一覧」より）

要するに、物語が反社会的で子供達には見せられないというのである。まだ「成人映画」とはいっても、「乳房」も「お尻」もほとんど露出のない、ごく穏やかな性表現の時代だった。今日のピンク・ポルノ映画やアダルト映像を想像したら、全く肩透かしを食うような映画であることは確かである。

……永山弓弦さんは、二〇一一（平成二三）年に妻に先立たれてから、妻がかつて出ていたピンク映画のフィルムを捜し歩いた。亡き妻の面影を追い求めてきたというのだった。永山さんが、このフィルムを、とあるレンタルフィルム会社から一本だけ譲り受けたのは、「妻が主演している映画」だからということに尽きる。

神戸映画資料館の他には誰もいないロビィで、さまざまな苦労の末に、このフィルムを探し当てたまでを淡々と丁寧に話す永山さんを、安井館長は目を丸くしてじっと聞くばかりだったに違いない。

それから少し後のこと、筆者である僕のところに連絡してきてくれた安井館長が言われた言葉（正確にはメールだが）を想い出した。

「我々がやって来たのも、間違いじゃなかったね。こうしてフィルムを持ってきてくれる人が出て来たんやから。だんだん人にも知られるようになったんかな……」

そう言いながら館長は、ニコニコと笑った、ように想像している。

ところで、そもそも本書連載メルマガの都築編集長と永山弓弦さんとの出会いは、都築さんが自前のネットの古書店に出していた「成人映画の資料集」を、永山さんが購入されたのがきっかけだったということである。

「亡き妻が成人映画に出ていたので、その資料を探しています」

そう言われた永山さんに興味を持たれた都築さんと、永山さんの交流が始まったのが二〇一四（平成二六）年。

永山さんのライフヒストリーは、前記の記事に詳しく書かれてある。永山さん自身による文章だ。

もともと医者の息子に生まれた永山さんは、父親にレールを引かれるままに子供の頃から医者になるつもりだった。だが、射撃、レース、カメラ、ゴルフと多趣味な人でもあった。日大医学部在学中には、射撃部を作りライフル競技の世界選手権にも出場している。

海外を飛び回る小遣い稼ぎにやっていたのはファッションモデル。ミッキー・カーチスらと日本最初のレーシングチームを作ったこともあるそうだ。前出の記事には、麻生太郎元総理と一緒の写真も掲載されている。

まさに華麗なる経歴の持ち主で、まるで大藪春彦の小説にでも出てくるようなクールな青年だったのではないだろうか。

時は、高度経済成長。東京・下町の鼻たれ小僧だった僕には想像もつかないため息の出るような青春を、永山青年は送られている。

そんな永山さんが、四歳年上の奥様と出会われたのは、二十六歳の時のことだった。一九六四年というから、日本社会が高度成長を突っ走る真只中の出来事になる。永山青年が、たまにしか行かない田舎の御先祖の墓参りに行かれた帰りのことだった。ふと一人で遊んで帰る気になった永山青年は、北の港町のキャバレーに入った。

店内のステージでは、華やかなショーが繰り広げられていた。なにげなく空いている席に座った永山さんは、ステージから熱い視線が注がれたのには気づかなかった。

艶やかに踊るフロアダンサーの一人が、後に奥様になる女性だった。彼女のダンサー名は、芦原しのぶ。出会う数年前からストリッパーとして、浅草を根城に全国を回っていた。

ステージの後、彼女は永山さんに声をかけて来た。舞台から見ると客席は全て見えた。後になって、好みの男に声をかけただけだと芦原しのぶは言った。その夜は、少し話して別れたが、翌日、若い

ファッションモデル時代は、射撃の名手でオリンピックにも

ストリッパー時代は、洋舞も魅力的で全国を巡業した

踊子と三人でドライブに出かけた。次の土曜日には、東京の後楽園遊園地で会う約束をした。

　きっと来ないと思った彼女は、時刻どおりに待ち合わせ場所にやって来た。食事を楽しみ、千駄ヶ谷のホテルで二人は結ばれた……。

　出会いから数カ月後、二人は木造二階建てのアパートの彼女の部屋で暮らし始める。家賃七〇〇〇円の風呂なしアパートだった。

　将来を約束された有望な青年と年上のストリッパーとの恋は、困難が待っていた。青年は、父親から「付き合うのは構わないが結婚はさせない」と言われ、勘当されてしまう。

　芦原しのぶは、ストリッパーの世界では徹底して本当の名前と顔を隠していた。彼女が本来求めていた将来図のために固い決心があったからだった。彼女は好んでストリッパーになったのではなかったのだ。彼女が踊子の道を選んだのは、昭和二十年代の後半。身内に病人のいる女性が、少しでも良い給料を得るためには水商売で働くか、夜の街で身を売るか、流行り出したストリップ劇場で踊るぐらいしか選択肢のない時代だった。女性が働く職場など、本当に限られていた。元来芸事が好きで日舞では名取りの免状も持ち、洋舞の経験もある彼女がストリッパーになったのは、普通に考えれば、当たり前のことだった。

前後篇に亘る永山さんの回想記の文章で、強く印象に残ったところがある。

「踊り子と一緒にはなったが、別にストリップが好きだったわけではないので、時間があるときに仕事の送り迎えはするものの、舞台は見ずに、終わって出てくるまで車で待っていた。自分の彼女が裸になっていくのを見るのは気恥ずかしく、好きではなかった。ただ、お客さんが血眼で見ようとしているものを、近くから自由に見られるという変な優越感はあった。これは多くの踊り子さんの彼氏が同意見だった」

二人の恋が純粋で、どこにでもあるような男女のつつましやかなものだったことを物語る、永山さんの飾り気のない思いの丈ではなかったろうか。世代は少し上にはなるが、それは、七〇年頃の流行の言葉でいえば「同棲時代」そのものだったろう。

二人が晴れて結婚できるのは、永山弓弦と芦原しのぶが付き合い出して七年目のことだ。それまで頑なだった永山さんの父親もとうとう折れ、結婚を認めたのだ。その後、永山さんは耳鼻科の開業医として東京・江戸川区で病院を開き、妻はそれを支え続けた……。

亡き妻の出演作をさがして

……神戸映画資料館のロビィで、映写の合間を縫って席に着いた館長を相手に、永山さんの話はなかなか終わらなかった。

それは、都築さんに取材の時に話したこととほとんど同じだったかもしれない。

都築さんは、取材の時の永山さんの言葉を書いている。

「私は医者なんですが、女房がもとストリッパーをやってまして、成人映画にも6本ほど出ていたんですね。当時のことは生前にちゃんと聞いたことがなくて、それが急に死んでしまったものですから、寂しくて彼女の生きてきた痕跡を探すようになったんです。でも、なにしろ50年以上前のことですから、なかなか資料が見つからなくて。映画も成人映画でしたから、DVDにもなっていないんです……」

永山さんの妻、いや人気ストリッパーだった芦原しのぶさんが亡くなったのは、二〇〇七年。たまたま受けた検査で肺癌が見つかり、半年後には亡くなっていた。

あまりに急なことに茫然自失の日々が続いたと、永山さんは文章に書いた。二人の子供を育て、楽しい老後が始まろうとした矢先のことだった。担当医師の言うままに抗がん剤や放射線治療を施したが、発見が遅れたのか、あっという間だった。進行性の癌としても急なことで、亡き妻に思いも悔いも残るのは無理からぬことだ。

妻が亡くなってからというもの、永山さんは、妻の面影を追い、それまで妻がほとんど語ることのなかったストリッパー時代のことに興味を持ち始める。彼女の生きた痕跡が、若い日の美しいままの彼女が、この世のどこかに残っているのではないかという思いにとらわれたのだ。あの日に帰りたい、そう永山さんが思っても不思議ではない。

妻の面影を追い求める毎日の中で、多くの資料や人に会ったようだ。

ある時、都築響一さんから、「ピンク映画のことなら、映画ライターの鈴木義昭に聞いてみたら？」と言われたようである。

実は、まず最初に都築さんから僕に連絡があり、続けて永山さんが電話をして来られた。「妻が出たピンク映画について、いろいろ調べているので、ぜひ力を貸して欲しい」という問いかけだった。

映画探偵よろしく、噂には聞いたことのあるフィルム、どこかで誰かが見たという記憶が遺っているフィルム、幾種類かの記録上には残っているが今ではどこにもないのではないかと考えられているフィルム、そんな都市伝説のようなフィルムを捜索して歩くのが、いつのまにか僕の仕事のひとつになってしまった。

四十年前（一九八三年）に出版した『ピンク映画水滸伝　その二十年史』以来、ピンク映画のオーラルヒストリーを訪ね歩き、書き継ぐのは、僕の大きなテーマになった。当時、二十年の歴史と言われたピンク映画は、今では半世紀を越える。異端で底辺の映画史として、日本映画をいつも下から支え続けてきた。

電話やメールで、永山さんからの質問が相次いだ。資料やフィルムの在りかを聞かれるだけでなく、カメラマンや監督の名を上げて消息を聞かれたこともある。その人たちならば、当時の「芦原しのぶ」を知っていると考えたのかもしれない。ほとんどが亡くなっているか消息不明の人だった。

映画研究者、映画探偵仲間とともに質問に何度かお答えしているが、自分としてはそれほどお役に立ったとは思えない。

ストリップ・ダンサーだった彼女、永山さんの妻でもあった芦原しのぶが、映画に出ていたのはごく数本に限られている。

多くがストリップ・ダンサーとしての出演だったが、劇映画への出演もほんの数本あった。しかし、それは資料上で判明したことでフィルムの所在というと見当もつかなかった。

「いやあ、観るのは難しいんじゃないですか」としか、僕には応えられなかった。

ダンサーとして何本かの映画に出ているのは、既に永山さんは早くから突き止めていた。

彼女が第一線のダンサーとして活躍した時代は、戦後のヌードダンス全盛期、欧米のフロアショウを模倣し、浅草だけでなく赤坂や六本木、果ては全国の盛り場にはグランドキャバレーやショウのある店が乱立して華やかさを競った。それらのステージをカメラで撮影し、全国の映画館で上映した「ショウ映画」と呼ばれた短篇（一五分〜二〇分）、中篇（六〇分弱）の作品があった。

永山さんは、妻の芦原しのぶ出演映画を探すため、まずはショウ映画の資料を新聞の切り抜きや雑誌から捜索した。芦原しのぶのステージの記録を丹念に追う過程で、どこでどんな映画が撮られていたかが少しづつ判明したようだ。そして、とうとう追いつめた。

芦原しのぶが、『裸の誕生』（一九五九年九月公開／宝映製作）というショウ映画に出ていることが判った。当時の人気ダンサーが大挙出演したバラエティ作品だった。ステージが何幕かのバリエーションで展開して行き、そのうちの一場に踊りの上手い芦原しのぶのソロシーンがあるのではないかと思われた。でも、そのフィルムそのものの現存となると、どこの倉庫にも存在は見当たらない。詳細な内容となると、皆目見当がつかなかった。

もう一本、僕らが確認できたぜひ観てみたいショウ映画があった。一九六三年の正月公開で高木丈夫（プロデューサー本木荘二郎の監督名）監督の二本目の劇映画で、新東宝撮影所出身の左京未知子主演『不貞母娘』（Gプロ／国新映画）と同時上映された一五分のショウ映画『女が泣く夜』（Gプロ／国新映画）にダンサー、芦原しのぶが出演している。短篇のショウ映画だが、これにも確実に芦原しのぶのソロダンスがあるものと推測できる。おそらく洋舞であろうが、内容はわからない。資料上

『色じかけ』プレスシート　劇場ウインドウやロビィに貼り出された

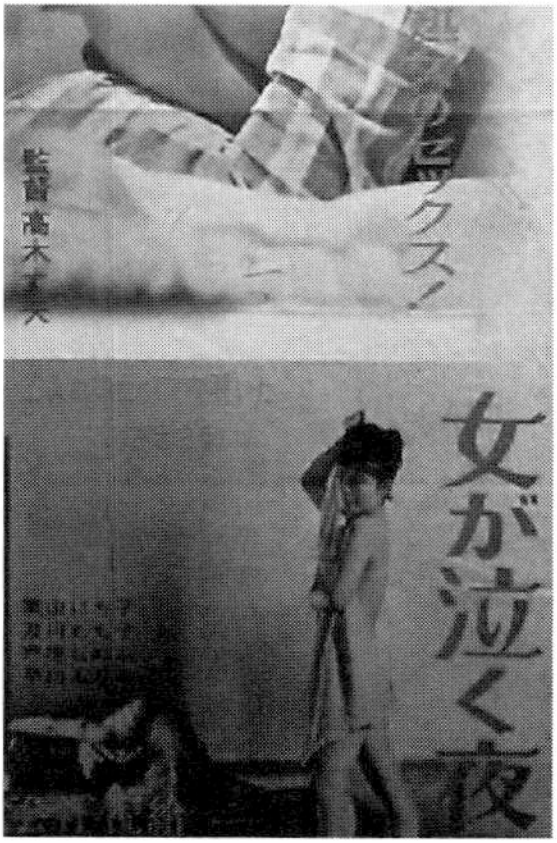

ショウ映画『女が泣く夜』にも出演していた

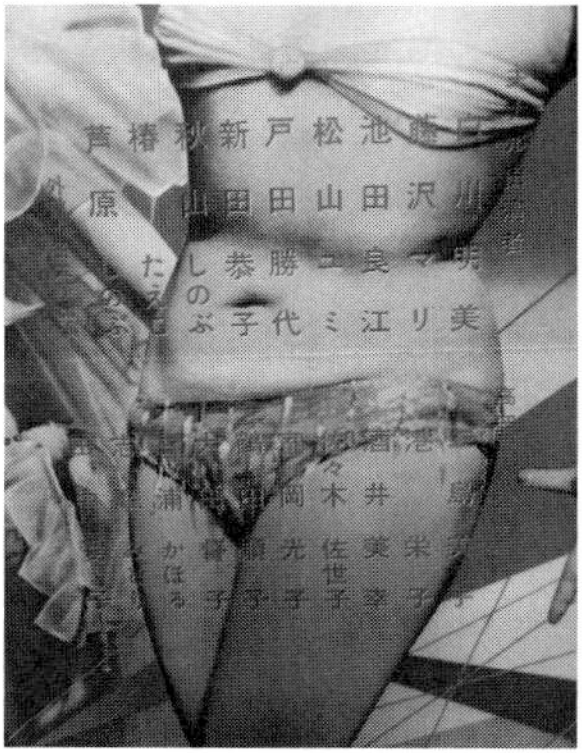

ショウ映画の大作『裸の誕生』に出演、ソロで踊っていた

は、これも高木丈夫の監督とあるから、かの黒澤明作品の名プロデューサー・本木荘二郎が監督に転じてから量産したともいわれるショウ映画の一本に、芦原しのぶも出ていたことになる。本木荘二郎と高木丈夫については、いずれ詳しく語る機会があるだろうし、よろしければ拙著『「世界のクロサワ」をプロデュースした男・本木荘二郎』（山川出版社／二〇一六年）に当たられたい。

記録もない海賊版的なショウ映画も多かったと思われる時代に、複数の資料で確認できるショウ映画の有名作品に出演しているということからも芦原しのぶが当時ヌードダンス界ではトップダンサーの一人だったのが判る。そのステージを、観てみたいと思った。

神戸映画資料館には、何本かのショウ映画が今も保存されている。一九六〇年前後に数多く作られていたと考えられるこの手のフィルムの絶対量からすれば、あまりに微々たるものでしかないのだが。

文献上の記録では、作品タイトルや時間数など判明しているものも多い。だが、フィルムそのものとなると「ショウ映画」のほとんどが現存を確認できないものばかりである。

『色じかけ』という名のフィルムを、永山さんが神戸映画資料館に持って来られてから、半年も経たないある日、僕の携帯電話が突然に鳴った。地元の駅のホームで電車を待っていた、静かな朝だった。電話の向こうの声は女性で、こう告げられた。

「永山弓弦が亡くなりまして、父の携帯に残っている電話番号に順番に掛けているのですが……」

僕はビックリして、「はい」とか「そうですか」とか言うしかなかった……。

老紳士は亡くなり、神戸にフィルムだけが遺った。

まさか、と思った。永山さんは自分の死期を知り、神戸にフィルムを自分で持って来たのではなかったか。

フィルムと二人、最後の旅を楽しむように。フィルムの中の若い日の妻と並んで列車の席に座り、車窓を眺める。やがて、六甲の麓の駅に着いて、神戸の街を二人で散歩するように、長田区までやって来たのではないだろうか。

フィルムの中の芦原しのぶは、二人が北の街のキャバレーで出会った頃のままだった。映画『色じかけ』公開と永山さんが彼女と出会う時期がほとんど同じなのだから。

もしかして、本当にもしかして、芦原しのぶは映画『色じかけ』の脚本を貰い、ちょっと映画出演のリハーサルのつもりで北の港町で見かけた男性に声をかけたのではなかったか。あるいは、映画出演後、ふと映画と同じように気に入った男性に声をかけてみたくなったのではなかったか。

ある日、そんな空想が僕の頭の中を過った。

残されたレンタル業者のフィルム

神戸映画資料館で、『色じかけ』が映写機に掛けられたのは昨年（二〇一七年）秋のことだった。

客席数は五〇席にも満たないミニシアターだが、関西では注目されるプログラムを組むことで知られている。資料館という名の通り、フィルム・アーカイブとしても日本有数のコレクションと機能を有している。

東京・京橋の国立近代美術館フィルムセンター（現・国立映画アーカイブ）が日本のフィルム・アーカイブの中心拠点とすれば、それに次ぐ規模とコレクションを有するのが神戸映画資料館である。いわば東京のフィルムセンターに対する西の拠点という雰囲気もある。全国には、さまざまなフィルム・アーカイブや映画博物館などがあるが、神戸映画資料館ほど個性的で着実な活動をしている場所は他にはない。それを館長ほか数名のスタッフや学生ボランティアなどで運営しているのだから、驚きというほかに言葉は見つからない。

その『色じかけ』の16ミリフィルムは、プリント後、初めてスクリーンに映写されたように、極めて状態の良いものだった。満席とまではいかなかったが、客席の八割方が入った入場者が見つめたスクリーンには、男女の恋愛劇が白黒の画面で映し出された。

タイトルバックから1960年代の東京の風景が。誘われるままに旅館に入った竹内と永子(芦原しのぶ)『色じかけ』より

叙情的でセンチメンタルなメロドラマと感じた人もいるかもしれない。映し出された人物、風景、場所、物語が、どれをとっても今の映画とは違うと感じた人もいたろう。違和感とは違う妙な懐かしさを感じる映画だった。

上映は、一昨年（二〇一六年）に行われた「映画史のミッシングリンクを追え！」という特集上映の一環であったが、フィルム寄贈者の永山弓弦さんと主演の芦原しのぶ、二人の遅ればせながらの追悼上映にもほかならなかった。

上映された『色じかけ』から、観客たちは、昭和の時代の掛け替えのない純愛とピュアな想い出を感じ取ることができたはずである。

『色じかけ』について、もう少しだけ説明しておこう。

製作したのは、高千穂映画プロダクション。「高千穂映画」というのは、いかにも意味ありげな名前だが、かつて中国大陸の満州にその名を轟かせた満州映画協会即ち「満映」に所属したこともあった南部泰三監督が、大陸から帰国後の一九四九（昭和二四）年に立ち上げたプロダクションの名前である。

南部泰三（本名松角知己男）は、一九一六年長崎県諫早の生まれで、高千穂高等商業を卒業すると同時に新国劇の理事だった叔父の紹介で大都映画の監督部に入社。映画修業を積みながら、国策文化映画『国民強歩行軍譜・歩け歩け』（昭和一五年／毎日新聞社製作）で監督としてデビューを果たしている。

高千穂映画では、当初、記録映画、ＰＲ映画、劇映画など各種の映画を撮っていたが、一九六四年頃から求められるままに「成人映画」も撮り始める。『女体難破船』『殺された女』『悶える女子学生』『血だらけの乳房』（以上、一九六四年公開）『ただれた愛欲』『陰獣』『処女無残』（以上一九六五年公開）『獣の欲望』『赤い渦』（一九六六年公開）など、六六年までの三年間に一四本の成人映画を撮った。後年はプロダクション名も変わった。『色じかけ』は、そのうちの六本目の作品で六五年の一月に正月作品として公開されているから、手を抜かずに力を入れて撮ったのではないかとも思う。作品のデキは決して悪くない。しかし、若手の台頭と撮りたくて成人映画を撮ったというのではなかったらしく、以後はこの種の作品を撮っていない。一九六五年には、東南アジア向けに映画・テレビ製作のスタッフやタレントの養成機関「第8芸術集団」なる事務所も設立している。六十歳頃まで映像関係の演出を手掛けていたことは知られているが、その後の消息は不明とされている。初期の成人映画監督がそうであったように、台湾に渡ったのではないかというのは自分の勝手な推理だが。

『色じかけ』の脚本は、松竹演劇部出身の糸文弘。彼も、脚本だけでなく当時の「ピンク映画」で何本か監督もしている。

神戸映画資料館のスクリーンには、昭和の東京を舞台にした男女の物語が映し出された。

芦原しのぶが演じる永子は、和服姿の人妻。たまたま乗ったタクシーの運転手・竹内を気に入り、温泉街まで車を走らせる。こんこんとつきぬ情熱、餅肌の美しさに竹内は永子を忘れられなくなる。

永子の夫・間山泰三には、二号がいた。それを憎んだ永子は夫を殺して生命保険を奪おうと企み、それとなく竹内を誘惑したのだ。そうとは知らぬ竹内は、永子が彼の訪問を嫌がるどころか、「あたし寂しいの……」と、竹内の手をあらぬところに導くのに興奮した。ひとしきりソファの上での行為がつづいたあと、永子は「お願いがあるの……」と切り出すのだった。

製作された当初の35ミリではなく16ミリに『色じかけ』が変換されていたのは、古くからある、そのレンタル会社が大手の映画会社が作った『鞍馬天狗』や『男はつらいよ』ばかりではなくピンク映画にも需要があると見込んで、当時35ミリから16ミリに作り直してレンタルフィルムとして商品化したからだ。そのフィルムが、今日もなおその会社の倉庫に保存されていたのである。

工場やオフィスのオフの日だったかもしれない。あるいは、社員総出で出かけた温泉旅行の夜だったかもしれない。会社の運動会が雨で中止になって、急きょ始まった上映会だったかもしれない。さまざまな場所と時間で『色じかけ』は、『男はつらいよ』や『ゼロの焦点』などと一緒に上映されたのかもしれない。そうとしか考えられない。その会社の企業やサークル向けと称する「フィルム・リスト」には多くの今ではほとんど見られなくなった初期ピンク映画の作品名が載っている。はたして、『色じかけ』はどれくらい稼働したのだろう。どんな人が観たのだろう？

そんなことを想像していると、映画フィルムをめぐる環境が、今では昔とまさしく激変してしまったことに思いを馳せずにはいられない。フィルムの時代は終わったのか。映像環境のデジタル化により、日本中から多くの「桃色フィルム」が消え始めている。その昔、昭和高度成長期の男どもの欲望を掻き立てた「ピンク映画」も、ブルーフィルムがアダルトビデオに取って代わったように、文化や風俗の表舞台から消え行く運命だ。昭和の時代を彩り一世を風靡した桃色フィルムの多くは、もはや、この世から失われてしまった。古くなり、ジャンクされ、捨てられたからだ。新作のピンク映画は、全てデジタルビデオで撮られる時代である。

懐かしくも熱き想い出となり、男たちの夢の中にだけ桃色映画は遺っている。瞼の裏の記憶を静かにまさぐるように、桃色フィルムの発掘ができたならいいなと思う。

それは、永山弓弦さんが妻の出演したフィルムをたった一人で捜し当てたように、一人の人間の熱い思いがあって可能なことかもしれない。人の熱い思いだけが、映写機にフィルムを掛け、回転させることができるのかもしれないと、今はただ、ロマンチックに思い描いている。

結婚式の永山弓弦さんと
芦原しのぶさん

左上／永山さんは歩いて来て大正商店街に出た。左の「アスタくにづか1番館」2階に神戸映画資料館が見えた
左下／『色じかけ』は2017年10月22日に一度だけ神戸映画資料館で上映された

第2章
『狂熱の果て』と山際永三
もうひとつのヌーヴェル・ヴァーグ、もうひとつのピンク映画第一号

半世紀ぶりの発掘上映

国立近代美術館フィルムセンター（現・国立映画アーカイブ）の大ホールが、久しぶりに満員となった。特集「発掘された映画たち」の今回の目玉作品といわれた映画『狂熱の果て』が上映された日のことである（二〇一八年二月）。

半世紀以上の歳月を経て発掘されたフィルムの初上映ということもあって、上映前には監督の挨拶も行われた。多くの映画や映像を発掘しているフィルムセンターでも、めったにはないことである。「年月をかけてようやく出会った」という山際永三監督の言葉に、集まった観客の上映作品への期待値はピークに達していた。

監督デビュー作『狂熱の果て』を撮った時、二十九歳だった山際監督も、今では白髪

の目立つ映画界の重鎮という風情となった。実際には、一般劇場映画はこれ一本の映画作家だが、テレビドラマ作品、ドキュメント作品、実験映画、文化映画にと、さまざまなジャンルに数多くの仕事を手掛けてきたアルチザン監督である。同時に、ならではのエッセンスを作品に盛り込んで熱烈なファンもいる異能の名監督として広く知られている。

あとでも触れるが、この作品の主演女優・星輝美も半世紀ぶりに主演自作を観ようと会場にやって来ていた。彼女もまた、当時は新東宝撮影所のニューフェイスからデビューを果たしてニュースターへ歩を進めている時期だった。今では、女優業を引退して何年も経ていて、懐かしそうに観賞し目を細めていた。

作品上映が始まると、スクリーンには白黒の画面に古い街並みが映し出された。知らない人には、どこかの地方都市だと言っても気がつかない街並みだった。だが、そこに映し出されたのは一九六一（昭和三六）年の六本木の街である。それは、僕らの知っている六本木とは全く別の街のようだ。若者たちが闊歩する街並みが今どきの六本木なら、この頃の六本木とは、街そのものの黎明期とでも言うべきだろう。

映画の脚本には、こうある。

あけがたの街路――

真正面に黒々と東京タワーがそびえ立っている。

タイトルが終わると

大ロングから二台の自動車がフルスピードでやってくる。Uターンして急停車しようとした時、そばを通りかかった牛乳屋の自転車がひっくり返る。ビンが割れて牛乳が飛び散る。

最初の車を運転している男（健次）が降りて来て

「これでいいだろ」

と千円札を牛乳屋に投げてやる。

二台の車から降りた男女が、ガヤガヤとレストランの中へ入って行く。

細かいカットの連続の次に観客を攫《さら》っていったのは、叩きつけるようなビートの効いた音楽で、タイトルロールが始まった。後には現代音楽でも知られるようになる林光が担当していた。

白黒画面の中に、ポツンと立っている東京タワー。まだもちろんビルの森はなく、車の流れも見当たらない。どこか東京の喧騒とも無縁のように見える。戦後社会と高度成長期の象徴のような鋼鉄の放送塔・東京タワーが、バベルの塔のように一際高く聳え立っていた。

眼下の景色を眺めようと、母に連れられ塔に昇ったのは、ちょうどこの映画が撮影されたた頃だったのかもしれない。いや、子供の頃のタワーの記憶は、もうない。いつだったか、タワー直下の路上から見上げた異様な鉄骨組だけがインプットされている。

タワーの真下で、若い男女の物語が繰りひろげられ、映画になって残っているのだ。不思議と言えば不思議だ。こんな映画があったのか。確かにそんな思いに囚われたのは、僕だけではあるまい。

フィルムセンターの今回の特集チラシから解説を引いてみよう。

「ジャズと車と痴戯に明け暮れる六本木族の若者たちを待ち受ける虚無と退廃を、過剰な演出で描破したもう一つのヌーヴェル・ヴァーグ」

そんなクールな映画研究的な言葉が目に飛び込んできた。そう、その通り。そんなふうに見るべき映画だ。「ロカビリー歌手の映画」でもなければ「アクション映画」でもない。もしかして「ピンク映画」？　そう思った方々には後ほど説明しよう……。

野蛮な男女のいたずらごっこと子供じみた徒党。ワイドスクリーンに切り取られた六本木族と呼ばれた若者たちのすべて。彼らは、狼なのか豚なのか。それが問題だ。だが、狂ったような情熱の日々は、手酷いしっぺ返しとともに、いつか消えていく。

青春のほんの一瞬に、若者たちが戦後社会から零れ落ち自滅する時間を切り取っただけの映画なのかもしれない。だが、鳴り物入りの高度成長は、多くの若者の狂おしい挫折の果てに築き上げられたし、彼らの父母である戦争世代の狂おしい日々の上に成り立っていた。そう考えると、『狂熱の果て』が、どんなヌーヴェル・ヴァーグの波より気高い波のようにさえ感じられる。波は、歴史にかき消され泡となり露となって消えてしまうはずだった。

だが、フィルムの生みの親の揺るぎない努力で、ここに甦った。

2010年8月・神戸映画資料館。山際永三監督から『狂熱の果て』のフィルムを捜していると初めて聞いた

マンションの一室の奇妙な踊りと悪い遊び。「アウシュビッツ遊び」と名付けられた死体ごっこ。一人また一人と相手を見つけて消えていく深夜のメスとオス。レイプのようなセックス。鳴りやまないジャズ。ダンスに明け暮れる日々。パーティ会場で浮足立ってはしゃぐ少女たち少年たち。

六本木から何台かの車で繰り出した神奈川県葉山。我が物顔で走る車が、無意味に轢き殺してしまう老婆。常軌を逸脱した若者たちの、それでも今から見れば幼くさえ見えるような不良たちの蛮行。結末は、あっけない崩壊と虚無感が、果てしない。

スピードとスリルと不安と欲望。フィルムの向こう側に、監督は何を見ようとしたのか。

物語を駆け抜けて行く、まだティーンの星輝美。いつか見たデビューの頃の可愛らしさとは変わって、キュートだが女になろうとしてもがくように呼吸する。全編を、まるで走り抜けていくようだ。ラストに至り、その可憐な姿を顕にして、物語を終末へ導くだろう。大島渚『青春残酷物語』の桑野みゆきの幻惑するような演技にも匹敵するではないか。

山際監督は、微笑みながらスクリーンを見つめていた。時に冷ややかな視線を見せながら、恋焦がれた人に再会したように『狂熱の果て』というフィルムと対峙していた。

「今観ても、自分の体質、作品の共通性は、最初から出ていましたね。私は、テーマ主義者なんです。映像派じゃない。それはちゃんと出ていた。挫折した者への共感。それが、僕の全作品に亘る共通したテーマなんです」

山際永三は、一九三二年東京生まれ。麻布高校、慶応大学を経て新東宝撮影所に入社。内田吐夢、並木鏡太郎、石井輝男、三輪彰らに師事したが、そろそろ監督デビューの順番が回って来るという瀬戸際に撮影所が倒産し、その後解散状態になる。多くのスタッフ、俳優たちがテレビなど新しい仕事場を見つけて移動していく中、長く助監督であった山際永三に監督作品の話が舞い込んだ。それは、まだ新東宝という撮影所が完全に解散する前のことだった。映画『狂熱の果て』の企画は、最初、ある手記から始まったという。

手記とも小説ともつかない四〇〇字の原稿用紙で二〇〇枚に及ぶ文章を書き上げて来たのは、秋本まさみという十八歳の少女だった。

手記の内容は、ミチという主人公の少女が体験する、まさしく狂ったようなハイティーンたちの性態というものだった。複数の人物の体験談を重ね合わせて再構成したり、妄想も入り混じった日記形式のものだ。それは、ミチが家庭教師の下宿で、突然初潮を迎える場面から始まる。

ボーイ・ハントの話で持ちきりの朝の電車内。家庭教師に暴力的に体を奪われるミチ。新宿のジャズ喫茶で、ロカビリー歌手の修と出会う。銀座の喫茶店で、ユキオという少年と出会う。ドライブしたり、六本木のレストランで夜を明かしたりする。踊ったり、ダベったり……。

山際監督は、振り返って言う。

「秋本まさみの手記を持ち込んだのは、当時〝六本木族〟を売り込んで流行らせようとしていた渡辺プロの渡辺美佐さんなんだよ。美佐さんが秋本の手記を推薦して、新東宝のプロデューサーの佐川滉さんに映画化を要望したんだ。タイトルの『狂熱の果て』というのは、その時からあった。今の六本木で遊んでいる若者たちを描いてくれみたいな企画だったんだね。若者たちが破滅していくストーリー。それは決まっていたんだけど、企画全体や物語の内容に、渡辺美佐が事細かく口を出すようなことはなかったと思う。秋本さんにも渡辺美佐さんにも会いましたよ。美佐さんにどこで会ったか想い出せないんだが。もう五十七年前のことだからね。まだまだ、みんな映画界に力があった時代だからね。ぜひ映画にして欲しいということを言われた。だから、これから〝六本木族〟を売り出したいみたいなところもあったんだよ」

フィルムと監督の間には、半世紀を越える時間が流れている。五十七年前の『狂熱の果て』が製作された頃にタイムスリップしてみよう。

この『狂熱の果て』を撮る企画が動き出すと、山際監督は、すぐに主演女優の星輝美に会っている。内容を説明しなければならなかったからだ。やはり、どこで会ったか覚えていないそうだが、家まで行ったのではないかと言う。十九歳になったばかりの星輝美本人だけでなく、星のお母さんにも企画の内容を説明した記憶があるそうだ。

星輝美が『狂熱の果て』に主演したのは、新東宝にはキャスティングできる少女っぽい俳優が、「もう彼女しかいなかったし、撮影所には会社の倒産後に作られる作品に出てくれる女優は他にはいなかった」と、山際監督は言う。最終的に、星を起用しろと言ったのは、プロデューサーの佐川滉だった。

確かに週刊誌に載っている秋本まさみの写真を見ると、コケティッシュでどこか星輝美に雰囲気が似ていなくもない。しかし、それは、偶然と言えば偶然だった。

佐川プロデューサーからは、新東宝時代にも増して「裸」の露出度が要求された。当然撮って欲しいといわれた「パンツ」や「お尻の割れ目」の露出を、十九歳の星は拒否した。暗黙の了解で撮れるのではないかという山際永三の目論見は準備段階から壁にぶつかった。

「星輝美は、あの少し前の『地平線がぎらぎらっ』って土居通芳監督の映画でも後半から出て来て、とても良かったんだ。もちろんあの作品は藤原審爾の原作が効いてるんだけど。グラマーな感じじゃないけど、ティーンエージャー路線で人気が出て来ていたんだ」

山際永三には、ひとつの企みもあった。それは、前年に松竹撮影所から起きたヌーヴェル・ヴァーグの波に自分も乗ろうというものであった。

山際は、戦後の映画運動の画期的雑誌といわれた第一次「映画批評」に関わったり、撮影所内外の映画運動にも同調をしていた。大島渚、吉田喜重、篠田正浩ら松竹ヌーヴェル・ヴァーグと呼ばれた監督、作品に刺激を受けて、自分の映画の文法を変革しようとしていた。各撮影所の若い世代と共有できる、同時代的なテーマに挑んでみたいという気持ちが根強くあった。

新東宝倒産とヌーヴェル・ヴァーグ

「六本木族」をテーマとした映画は、六一年秋から六二年にかけ、まるで各社競作の様に作られている。「六本木族映画」が、各社で出現した。大映では増村保造監督が『うるさい妹たち』を撮り、東宝では恩地日出夫監督が『高校生と女教師・非情の青春』を撮る。六本木族を題材にした映画が、次々に製作されたのだ。

山際永三の『狂熱の果て』は、それに先行しながらヌーヴェル・ヴァーグ的な斬新な手法を試みたのである。現代若者論の背景に戦争世代の父母を置き、戦後社会の閉塞感を浮き彫りにするというのは、大島渚『青春残酷物語』の構造によく似ている。大島渚は、六〇年安保のデモ隊を捉えながら、さらに背景に時代の混迷を強く重く描いた。

山際は、交流のあった大島渚や吉田喜重に脚本の山田健と共に書き上げたシナリオを送っていた。吉田からは手厳しい苦言が返ってきたが、大島からの返信はなかった。きっと、大島は意地悪くなのか心優しくか、完成された映画として観てから批評しようとでも思ったのだろう。

脚本段階では自由だったが、映画が出来上がると、映倫から注文がいくつも出て来た。プロデューサーと配給会社は、「成人指定」の方が商売はしやすいと踏んでいた。今から考えると、「オッパイのアップ」も「ヘア」もないのに、いったいどこを問題にして

「成人指定」映画にしようとしたのか。

　当時、映倫が審査段階で注目して指摘をしたのは、主人公のミチが強姦される畳の部屋のシーンだった。審査員は「しつこい」「長い」と執拗に強姦シーンのカットと短縮を要請した。衝動的な殺人や暴力シーンもあるが、やはり問題はエロシーンだった。当然、結果的には『狂熱の果て』は、「成人指定」となっている。「成人指定」を売りに、もう少し映画はヒットするはずだった……。

　映画が完成すると、試写が行われる。既に旧新東宝撮影所の試写室は使用できず別な場所で行われた。渡辺美佐も試写に顔を出したが、何も言わなかったそうだ。

　新東宝の全盛期なら、新宿や銀座の盛り場にも系列館や提携する映画館もあった。その時代なら全国の盛り場での上映も可能だったかもしれないが、新東宝から大宝という映画配給の新会社へ移行すると、もともと郊外の盛り場や地方にしか系列映画館がなくなっていた新東宝のチェーン館が、櫛の歯が欠けたようにどんどん少なくなっていた。いくらかの話題性がある作品でも、安定したプログラムを作るために契約した映画配給会社以外から作品を拾って上映することは難しい。『狂熱の果て』は、結局、あまりにも上映館が少なく、ヒットどころではなかったのだ。

　山際監督は、出来上がった『狂熱の果て』を、東京・山手線の大塚駅前の大宝封切館でたった一人観賞したらしい。新東宝が解散した後にできた大宝に残された数少ない山半世紀を越えてフィルム『狂熱の果て』は監督と再会した。

六本木族出演も話題に。「私たち、これからどうなるの？」

「ただ、一緒に寝たことがあるだけさ…」

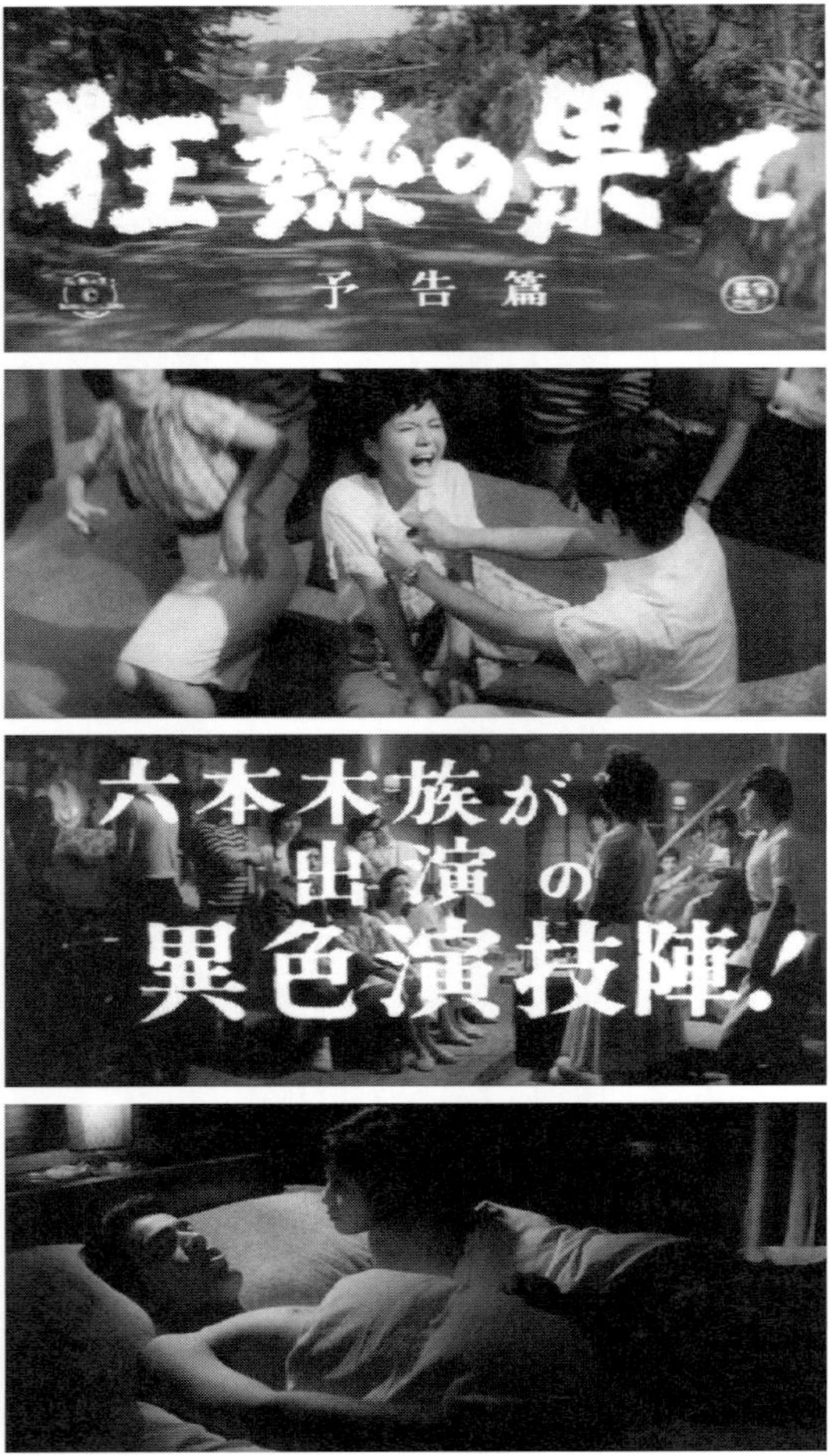

手線駅前の劇場だった。大塚駅の他には、京浜東北線蒲田駅に封切館が残っていた程度だった。

東京近郊では、毎月、何館かの映画館が新東宝から（第二東映も含めた）東映やピンク映画の上映館へと転向していた。

たった一年間の出来事だった。春から夏に撮った映画『狂熱の果て』が秋に公開され、他にも、次々と数本の映画が公開されたが、すぐに大宝も潰れてなくなってしまう。『日本の夜と霧』事件で、松竹を飛び出した大島渚が初めて松竹撮影所の外で撮った作品『飼育』も、大宝の配給チェーン網に乗ったのだが、ほんの一時は話題にはなっても、多額の利益が出るほどの館数での上映に拡大することは出来なかった。当然、観客の入りも限られている。『飼育』は、後になって名画座や地方館で観た観客のほうが多いといわれている。

山際監督が覗いた大塚駅前の大宝封切館は、六本木族の映画を観るのに向いていたかどうか。やはり、過激な青春映画は、新宿や銀座といった繁華街、またはそれに隣接した劇場で観てこそ気分も高揚するというものだ。

山際監督は、僕の取材に応えてこうも言う。

「五十年ぶりに観てみてね、非常に若気の至りという気にもなる。稚拙な表現や演出も目に付く。セットもベニヤ板で薄っぺらなら、出てくる俳優も、エキストラが若い子があまり集まらないで年寄りが多いのが気になった。もっともっとドキュメントタッチにしたかったんだが、できなかったんだ。だから、僕はこの映画の後、もっとドキュメンタリーを勉強しなきゃいけないと思った」

「フィルムの運というものもあるよ。ドタバタと公開して、いつの間にか『狂熱の果て』は孤児になったんだ。どっか僕の手の届かない所へ行ってしまったんだ。探しても捜しても出て来なかった。それが、灯台下暗しでね、フィルムセンターの保管フィルム原版の中に紛れ込んでいたんだ。三年くらい前に見つかったんだが、権利上の問題があってすぐにニュープリントを焼けなかった。ようやく諸問題をクリアして今回の上映になったんですよ」

眠りから覚めた映画『狂熱の果て』を、今回、観賞して思うことがいくつもある。センターの解説にあるように、また山際監督が語ってくれたように、この映画は「もう一つのヌーヴェル・ヴァーグ」であるだろう。松竹ヌーヴェル・ヴァーグに一年遅れながら、新東宝の撮影所にもヌーヴェル・ヴァーグの波があったのを、今では誰も憶えていない。このフィルムが出て来てはじめて、そうしたムーブメントがあったのを、みんなが想い出し再確認することができた。

山際永三が在籍した新東宝という映画会社は、文芸映画と娯楽作品の牙城として、映画史的にも知られている。戦後すぐから、東宝撮影所を長く覆った、戦後最大と言われる大争議の渦中から新しい撮影所ができた。それが、新東宝撮影所である。当初は、長引くストライキに反対した人々の避難場所だった。出発時の評価は分かれ、始まりには問題を抱えても、稼働すると日本映画を牽引し、また底辺から支える魅力ある撮影所になった。

僕は、新東宝という映画会社の歴史を長く取材したことがある。『新東宝秘話・泉田洋志の世界』（青心社／二〇〇一年）という拙著に書いたのが、それだ。

東宝撮影所から新東宝撮影所へ、そして新東宝映画が倒産、崩壊すると、台頭するテレビ界へ、あるいは勃興した「ピンク映画」の独立プロダクションへ、時には舞台活動へと転戦した一人の映画俳優がいた。俳優をやりながら、後年は千葉県で喫茶店を経営した。喫茶店は、また彼の趣味のミニチュアで一杯となり、多くの客に足を運ばせた。そんな数奇な足跡の異能なる俳優・泉田洋志。今清水英一という名前で技闘師もやりながら、多くの新東宝映画で悪役や怪人を演じ続けた。「喜劇映画の神様」といわれた斎藤寅次郎監督に気に入られ、怪談映画の巨匠・中川信夫監督にも重用された。時代劇では、戦前マキノ映画、アラカン（嵐寛寿郎）以来の名人・並木鏡太郎にも才能を見込まれた。そんな一人の大部屋俳優の見事な生き様を、長い聞き書きと関連する取材で書いたが、その時にも実は山際監督にお会いして当時の新東宝の撮影所の様子を伺っている。

山際監督は、『新東宝秘話』第三話「激震撮影所」で登場する。自らの足取りと崩れ行く撮影所について語っていただいた。もう二十年くらい前のことである。

「入社して二本目に付いたのが内田吐夢さんの『たそがれ酒場』ですが、それが終わった頃には社長が交代したんですね。服部っていうそれまでの社長は後楽園資本で、僕が入社する前からもう何年も赤字、赤字で給料が遅配したりもしていたんです」

「僕が入った頃には企画部なんかに元々の新東宝の人がいてバリバリやっていましたからね。内田吐夢監督も新東宝でもう一本撮る予定だったけど、プロデューサーの栄田さんが大蔵さんと合わなくて辞めちゃって実現しなかった」

「やはり第二東映が新東宝の館を喰い潰してったんですよ。それだけじゃないだろうけど。日本映画の本数競争のピークですよね。毎週二本立てという、それに新東宝が負けちゃうわけですね。やっていけなかった。三四年から具合が悪くなって、三五年、一九六〇年ですけどいよいよストライキってことになるわけです」

山際さんの話は、この後、六〇年安保のデモに新東宝の組合員だけで何百人も集まった話やワンマン経営者だった大蔵貢さんが撮影所を追われる話などに繋がっていく。

大蔵貢社長が「女優を妾にしたのではない」「妾を女優にしたのだ」という暴言を吐いて、組合の活動やストライキに火に油を注いだ話などは、本稿のテーマではないだろうから端折るが、安保の年に始まったストライキは、激化した。撮影所は混乱の中で、一九六一（昭和三六）年八月、負債総額七億八〇〇〇万円で新東宝映画が倒産することで、大きなピリオドが打たれることになる。

山際永三は、こうした動きの渦中にあり、それらの動きを横目にしながら『狂熱の果て』を撮っていた。最初は、新東宝系の配給作品のつもりでスタンバイをしていたようだ。撮影所を逸早く出て行った者もいたから、まさに撮影所を枕に討ち死にする覚悟のあったスタッフ、キャストが集められた。

山際監督は「星さんは佐川さんが出演を決めてくれた」というが、星輝美は当時の上映記録やフィルモグラフィを当たれば、「最後の新東宝スター」であったことがよく判る。スタッフも、助監督の青野暉をはじめ意地でも撮影所を守ろうとした勇気ある人々が結集している。そんな映画だったと、半世紀後に初めて作品を観る僕にも推測できる。そうであるなら、『狂熱の果て』は、新東宝のフィナーレを飾る重要な作品だったことになる。

撮影所のセットをまだ十分に使用して、あとは六本木や葉山のロケーション撮影だった。映画がクランクアップした頃には、新東宝という映画会社はなくなっていて、完成された『狂熱の果て』は、新東宝系の劇場を再編する為に急遽立ち上げられた配給会社・大宝において配給された。

『狂熱の果て』というフィルムは、生み落とされた時から、まさに「鬼っ子」のようだ。その後の流浪も、フィルムにとっては抗うことのできない厳しく悲惨な運命が待っていた。

始まりは六本木族映画だった

ナベプロの渡辺美佐が「六本木族を映画にして欲しい」と言い、秋本まさみの原作を倒産前の新東宝に売り込んだことは先に書いた。その後も、ナベプロサイドから映画各社へ売り込みがあったようだ。なんとか「六本木族」を、若者風俗として流行させたかったのだ。

「六本木族」が、銀座のみゆき通りを根城にした所謂「みゆき族」の後継を狙うようにして、芸能プロや商業的な力によって始まったのは事実ではないか。

銀座で、夜まで遊んでいた不良少年、不良少女らが、家に帰りたくないからと深夜も店がやっていた六本木へ移動した。あるいは、溜り場になる部屋があった六本木へと足を向けたのが「六本木族」の始まりだったろう。

大原麗子、田辺靖男、峰岸徹ら新進の映画俳優やタレントたちが属し、幾多の話題を生み出した「野獣会」は、「六本木族」がマスコミで取り沙汰され始めた少し後に結成されている。ここにも、渡辺美佐ら大人の手引きがあったと考えるのが自然である。

六本木族の映画が、まるで「太陽族映画」と同じように、俄かに脚光を浴びたのである。大映や東宝ばかりではなく、新東宝、そして独立プロにまで「六本木族映画」が現れた。

一九六二年の春、三月一五日。一本の独立プロダクション製作の映画が、既に上映中の映画館から警視庁により摘発・押収される事件が起きている。

摘発されたのは、東京・神田駅前の神田アカデミーほか東京都内四館で上映中だった映画『肉体の市場』だ。

監督をしたのは、大蔵貢の実弟で歌手の近江俊郎が起こした近江プロ出身で、新東宝系列の富士映画などで助監督をしていた小林悟。大空真弓主演『十代の曲り角』やテレビの人気子供番組の映画化『まぼろし探偵』シリーズなど、何本か新東宝配給の監督作品もあった。テレビの演出も多く手掛けていたが、新東宝倒産後、大蔵映画の社長となった大蔵貢に呼ばれ、撮ったのが『肉体の市場』である。

『肉体の市場』が摘発された直接の理由は、完成作品の何シーンかが、公然猥褻罪即ち刑法174条に抵触する疑いがあるというものだった。新東宝が消え、よりエロチシズムに傾斜した独立プロ作品が増えるのを抑制《とが》しようという狙いがあったかもしれない。

その後「猥褻映画」の摘発では、猥褻図画を規制した刑法175条による規制が発動されるが、当時は全裸を公衆の面前で露出される際に適応、取り締まる法律174条が摘発理由の根拠として発動されていたことは、あまり知られていない。エロ写真など猥褻図画の頒布（販売）を規制した175条が、警視庁保安課の摘発根拠となるのは、実はこの少し後からなのだ。小林監督は長時間の取り調べを受け、「猥褻」であることを認めて、何シーンかを削除、再編集して、すぐに再公開している。当局にとっては誤算だったのか、再公開後『肉体の市場』は、人知れず大ヒットした。噂が噂を呼び、地方の二番館などで「成人映画」が認知されるきっかけとなる。

この『肉体の市場』もまた、所謂「六本木族」をテーマと題材にした映画であった。主演は日活撮影所出身の香取環。後の「ピンク映画の女王」である。扇町京子、浅見比呂志、江波志郎などの旧新東宝撮影所出身者の顔ぶれも主要キャストには揃っていた。製作は、大蔵貢がやはり旧新東宝の劇場を組織し自らの会社とした大蔵映画、その傘下にあった独立プロダクション・協立映画の「独立プロ作品」だった。完成後、すぐに大蔵映画の配給で都内をはじめ数館で公開されていた。

小林悟監督は、六本木を舞台にした若者の生態を描く企画と聞き、すぐにやる気になったという。小林監督にも、生前話を聞いていて拙著『ピンク映画水滸伝』で詳しく書いた。

六本木の深夜レストランのトイレで姉（扇町京子＝新東宝撮影所出身のグラマー女優）がレイプされ、それが原因で自殺する。姉の死の真相を知ろうとして上京した妹（香取環＝日活の大部屋女優・久木登紀子）も、六本木で次々と危険な目に出合う。恐喝、強盗、乱暴、睡眠薬遊びといった犯罪の匂いのする映画でもある。小林自身が脚本も書いた。

「偶然にも、六本木のクラブの地下で女の子がレイプされるという衝撃的な事件があってね、これは映画になるのではないかと考えたんですよ」

もうだいぶ以前のことだが、彼は、取材の折、確かにそう言った。『肉体の市場』は、後年、内外タイムスの芸能記者で、映画評論家ともなった村井実の文章によって「ピンク映画第一号」という名称を与えられた映画だ。

しかし、小林悟が『肉体の市場』を撮る時、「ピンク映画」などという言葉は、新聞も雑誌も使ってはいない。「ピンク映画」という言葉がマスコミに登場するのは、それから数年後の内外タイムス他の芸能・スポーツ新聞の記事からで、初めて「ピンク映画」という言葉を記事で使用したのは村井だとされている。「ピンク映画」は、新聞記者時代の村井実の造語なのだ。

小林悟監督も、「ピンク映画」という言葉とは別に「六本木族」の映画を撮りたいと思ったのではなかったか。当時、小林は新東宝撮影所が潰れてからは、テレビの子供番組の仕事などをしていた。小林は、既に当時、先行する「六本木族映画」である『狂熱の果て』を劇場で観ていただろうか。他社の同様の映画も知っていたろう。おそらく、小林悟は「俺も六本木を舞台に撮ってみたい」と、自作の企画を思い描いたのではなかったか。

佐川プロデューサーではなく、今度は大蔵貢社長直属のプロデューサーによる企画だった。遺された脚本には、池田一夫という名前がある。だが、大蔵貢の指示で撮影が始まったのは、関係者の証言で判明していることだ。『狂熱の果て』などの噂を聞いて、大蔵貢は、すぐに「ウチで作って、配給しろ！」と言ったようである。

山際永三の『狂熱の果て』というフィルムが封切り公開されたのは一九六一年一一月。小林悟の『肉体の市場』（正式公開タイトルは『肉体市場』）というフィルムが公開、摘発されたのが一九六二年三月。たった四カ月しか違わない出来事だったのである。

「僕は、小林悟監督とは付き合ったことはないんですよ。彼は、正確には新東宝の社員ではなく、大蔵貢さんが新東宝の系列に作っていた富士映画の社員だったから、余り交流する機会がなかったね。石井輝男監督は富士映画でも撮っているけど、僕はまだ監督デビュー前だったから。

その後、映画監督協会ほかで長年付き合いのあった若松孝二監督がスタッフで参加した最初の映画会社も、確か富士映画じゃなかったかな。新東宝の小森白さんが監督した戦争映画のスタッフに付いたのが始まりだったって、若松さんに聞いた気がする」

山際永三を、僕が強く意識したのは、テレビ作品『恐怖劇場アンバランス　第四話・仮面の墓場』を観た時からだ。

それは、十六歳の真冬、正月の末のことだった。その日、月曜日の深夜二三時を過ぎた時間帯にオンエアされた『仮面の墓場』なる作品を初めて見て驚いた。

唐十郎と緑魔子というテレビのフレームには到底収まりきらない怪優たちの演技に圧倒されたのである。小さな劇場の舞台に展開する、迫真の狂気なる物語に驚愕した。脚本は、円谷プロの特撮テレビ・ウルトラシリーズ『ウルトラセブン』などで後に有名になる市川森一だが、その名前には興味を持たなかった。忘れられなくなったのは、山際永三という監督の名前だった。こんなヘンテコなテレビドラマが許されるのか、少年は訝しかった。作っている監督は誰だ？　と思ったのだろう。アングラ演劇をドキュメントしたような異色の演出が記憶の底に残ったのだ。

猫の目のデザインのタイトルバックが終わると、その後国会議員になる青島幸夫が登場し解説を語り、スリラー仕立ての物語が始まる。米国人気ドラマ・ヒッチコック劇場のパクリだった。お茶の間のブラウン管テレビで見る唐十郎と緑魔子の強烈な演技と、その違和感に目を丸くして見入った。

一九七三年、僕が紅テントや黒テントといった「アングラ演劇」に魅かれていく始まりに、山際永三が演出した『仮面の墓場』があった。

本来は、この『恐怖劇場アンバランス』はゴールデンタイムのオンエアを想定して作られた番組だったと後に知った。『ウルトラQ』や『ウルトラマン』で実績を上げた円谷プロダクションが、一九六九年に取り組んだ全一三話のドラマ・シリーズだ。ところが、作品が完成するとあまりに過激な内容に、スポンサーサイドからクレームがあり、

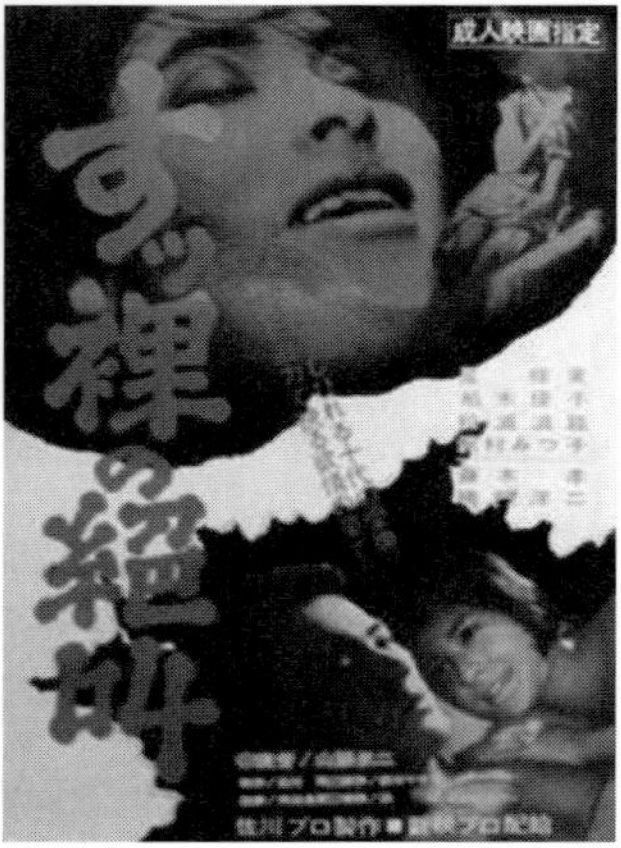

右上／封切り公開時ポスター半裁版
右下／『すッ裸の絶叫』と改題された時の再上映用ポスター
左上／改題され長く全国で上映された『狂熱の果て』。『狂熱の誘惑・けもの』と改題された未公認ポスターも見つかった!

ゴールデンタイムの放送はおろか、お蔵入りになってしまう。そして、『恐怖劇場アンバランス』は、それから四年後の一九七三年の深夜テレビでひっそり放送されたのだ。時代が少しずつ変わり、夜更かしの人間が多くなり、テレビも深夜枠の見直しが考えられていたからである。

先日、『狂熱の果て』上映後、関係者らが集まって「山際永三監督を囲む会」が国立映画アーカイブ近くの居酒屋で行われた。乾杯の後に、一人一人『狂熱の果て』の感想を短く言おうということになった。順番が回って来たので、僕は言った。

「僕は、十代の時に『仮面の墓場』という山際監督のテレビ作品を観て大変驚きました。それからずっと山際永三という名を意識してきて、映画ライターになってからも、何度も違うテーマで山際監督のインタビューをしました。新東宝撮影所について、テレビ番組について、時代劇について、映画の著作権について、大島渚について、近年ではオーファン（孤児）フィルムと言われる問題についても詳しく聞きました。そうして、ようやく今日、念願が叶って山際さんの監督デビュー作である『狂熱の果て』を観ることができた。スゴイかっこいい作品だと思いました！　本当にグルグル回って山際永三の世界が腑に落ちた。そんな気がしています」

所謂ピンク映画の「第一号」には諸説がある。

定説では小林悟の『肉体の市場』（『肉体市場』）だが、それより半年遅れた本木荘二郎

（高木丈夫）監督による『肉体自由貿易』（一九六二年一一月公開）とも、翌年公開の関孝二監督作品の『情欲の洞窟』ともいわれる。若松孝二監督が最初に撮った『甘い罠』ともいわれることがある。だが、それらの全てに先行している「成人映画」が『狂熱の果て』であることを忘れてはならない。

もしかしたら、「ピンク映画」は山際永三の六本木族映画『狂熱の果て』から始まったのかもしれない。そう思わないか。小林悟も本木荘二郎も、関も若松も、みな桃色映画の罠に嵌ったように、後に「ピンク映画」と名付けられるフィルムを撮り始める。

だが、山際永三だけは違っていたようだ。それは、やはり不思議と言うしかないのだ。一筋に信念と思いを貫きながら、謎めいた異端の監督の軌跡を歩んだ山際永三は、今も穏やかな微笑とともに生きている。

星輝美と松原緑郎　『狂熱の果て』より

第3章

旅するフィルム、本木荘二郎の軌跡

『毒ある愛撫』と本木荘二郎のピンク映画時代

表舞台から消えた名プロデューサー

国立近代美術館フィルムセンターは、二〇一八年の春から機構を再編成、装いも新たに「国立映画アーカイブ」と名称も改め再スタートした。七階の展示室では、その記念イベントとして「没後20年　旅する黒澤明」と題した催しが開催された。槙田寿文ポスター・コレクションからの出展により、世界中で上映された黒澤明作品のポスターが一堂に集められ、見応えがあった。戦後日本映画を代表する巨匠監督・黒澤明のフィルムが、世界中の国々で上映されてきた証として、言語の違ういくつものポスターが残っている。それらのポスターを概観すれば、黒澤明の映画が世界の国々でどのように受容されたかが摑めてくる。

国の違うポスターをひとつひとつ眺めていると、「世界のクロサワ」と呼ばれた男のフィルムが、世界中をどのように駆け巡ったのか、足取りが見えて来た。「黒澤フィルム」の旅が、まるで自分自身が世界を旅しているように感じられるのは楽しかった。

黒澤が亡くなって二十年の歳月が流れ二〇一八年には、関連イベントが少なくなかったが、「世界のクロサワ」の言葉の意味を捉え直し、想像力を掻き立てた、この展覧会は異色だった。

現代は、瞬時に映像が国境を越える時代である。だが、デジタル映像以前のフィルム時代にも、作家や俳優、スタッフらの思いがフィルムに焼き付けられ、その映画フィルムが、まさに人が旅するように国境を越えて行った。

展示を眺めながら、一枚のポスターの前でわが意を得た気がして、立ち止まった。イタリア語の『七人の侍』のポスターに、他のポスターにはない名前が書かれていたのを見つけたからだ。

その名は、SOUJIROU MOTOKI。『七人の侍』のプロデュースを担当した本木荘二郎、その人の名前である。

他国の「黒澤ポスター」に彼の名前がないのが不思議だが、おそらく現地公開が比較的新しいものが多いためだろう。ある時期から、黒澤作品の配給を担った人たちにとって「本木荘二郎」という名前はタブーだったのかもしれない。しかし、初期黒澤作品のほとんどが、本木荘二郎のプロデュースによるものだ。

黒澤フィルムが世界中を旅して、さまざまな国々のさまざまな映画館のスクリーンに映し出された時、各作品タイトルの次に現れるのが「製作　本木荘二郎」というクレジットである。この表記は、必ず「監督　黒澤明」より早く現われる。皆さんも、ＤＶＤやビデオ、動画配信などで確認していただきたい。

本木荘二郎の名前は、一九四七年公開『素晴らしき日曜日』に始まり、『酔いどれ天使』『静かなる決闘』『野良犬』『醜聞《スキャンダル》』『羅生門』『白痴』『生きる』『七人の侍』『生きものの記録』『蜘蛛巣城』まで、戦後の黒澤作品初期から中期にかけてのうち一一作品において、フィルム開巻直後に登場する。

黒澤と本木の出身撮影所である東宝の作品だけでなく松竹、大映など、他の映画会社の撮影所で撮影された作品もある。本木は、まさに黒澤明と一心同体で、当時の撮影所の垣根を、黒澤とともに越えて映画を撮り、黒澤映画を支え続けた。

戦後の東宝撮影所では、本木荘二郎は屈指のプ

2018年4月、ポスター展「旅する黒澤明」が始まった

ロデューサーといわれた。多くの名立たる監督や若手監督たちとも組んで、精力的に映画製作を続けたが、長年の盟友である黒澤明作品には自分の持てる力の全てを賭け、多くの傑作を完成させている。

ところが、一九五七年正月公開の『蜘蛛巣城』を最後に黒澤と本木は決別し、二度と出会うことがない。

ギャラの未払いや使途不明金など金銭問題が重なり、本木は長年働いた東宝撮影所を追われたからだ。気も荒く潔癖症だった黒澤は、本木をかばうことはなかった。

東宝時代、山本嘉次郎門下の先輩後輩として黒澤と本木は同じ釜の飯を食っている。二人は、同じ下宿、同じ屋根の下で暮らした。黒澤にとって、本木は、公私に亘ってなくてはならぬ友、相棒だった。本木は黒澤の「番

左から志村喬、本木荘二郎、黒澤明。1955年『生きものの記録』の頃、東宝撮影所

頭」とも「影武者」ともいわれた。にもかかわらず、時のいたずらが二人を引き裂いてしまう。二人の間に、いったい何があったのか。それが、黒澤映画をどう変えたのか。

本木の辣腕があってこそ、黒澤は思う存分に自分の映画を撮った。そして、黒澤は「世界のクロサワ」と呼ばれる大監督になり、本木は紆余曲折の果てに、「ピンク映画」と呼ばれる日本映画の最底辺で監督となる。

日本映画史に「謎」は少なくないが、最大のミッシングリンクといわれたのが、黒澤と本木の関係である。二人の軌跡を検証、二人の関係を軸に本木荘二郎の映画人生を書いたのが、拙著『「世界のクロサワ」をプロデュースした男　本木荘二郎』だ。

黒澤と本木は、互いを思い合いながらも離れ離れになっていく。二人のカツドウヤの運命的な出会いと別れが、そこにあった。初期の黒澤作品で、いかに本木がキーマンであったのかを読み解き、虚飾の向う側にある真実の黒澤作品の姿が知りたかった。

飛び切りの女好きで、女たらしでもあったといわれる本木荘二郎。でも、好きで「ピンク映画」ばかり撮り続けたのではないと考えた。都会の底辺での、その日暮らしが楽しかったとしても、いつのまにか自暴自棄で踏み込んだ世界だったに違いない。取材中も、執筆中も、そして今も、僕はそう考えている。

本木は、ピンク映画という「桃色の罠」に嵌《はま》って抜けられなくなったのだ。

若い時分の芸者遊び、一流女優たちとの恋愛、色事の数々を経験し尽くした本木荘二郎という男にとって、ピンク映画を撮る仕事は悦びだったのか、苦痛だったのか。

自分がしでかした罪をいくら悔い改めても、本木が二度と撮影所に戻ることが出来なかったのは、「五社協定」という壁があったからだろう。東宝、松竹、大映、東映、東宝から分裂して出来た新東宝の日本映画大手五社は、一九五三（昭和二八）年、「協定」を結んで専属監督、俳優、プロデューサーの引き抜きを阻止した。引き抜き防止と言いながら、映画スタッフが、自分の思うように仕事をさせないルールを作った。狙いはスターの引き抜き合戦のためにギャラが高額化するのを嫌い、それを防止するところにあった。言うなら、映画資本が生き残り続けるための取り決めだった。一九五八（昭和三三）年からは日活も参加して「六社協定」となるが、三年後に新東宝が倒産すると、再び「五社協定」となる。

「協定」は、今日からは想像を絶する強大な力を発揮した。各社上層部だけが勝手に取り決めたルールだったが、一度、その禁忌に触れれば、二度と日本映画界では働けない、各撮影所の住人には戻れないといわれた。

ピンク映画界への転身

本木荘二郎は、「ピンク映画」を晩年まで撮り続ける。日本映画最底辺に位置した独立プロ映画「ピンク映画」を長く取材、その楽しさも苦しさも知る自分にとって、本木がピンク映画を撮り続けた本当の理由が知りたかった。

　本木は、ほぼたった一人で約二百本にもおよぶピンク映画を製作し、ほとんど自ら脚本を書いて、その全てを監督した。自分の好きなテーマや話題を題材に映画を撮り、好きな女優を使って好きなように撮った。そんなふうにも見える。一見楽しそうなピンク映画人生だが、本当にそうだったのか。本当の胸のうちは、本木自身にしかわからない。黒澤明のフィルムは、幾多の称賛、賛辞とともに世界を駆け巡った。では、本木の作った数えきれない程のピンク映画のフィルムは、どうだったのだろう？

　……日本全国を駆け巡って、全国津々浦々の映画館《コヤ》で上映された。

　求められるまま「ピンク映画専門館」のスクリーンに掛けられ、場内に女と男の喘ぎ声を充満させた。時には、盛り場の映画街では『七人の侍』や『生きる』が上映される看板近くの薄汚れた映画館で、声に出しては読めないような扇情的なタイトルを付けられて、目のやり場に困るようなショッキングなポスターとともに、本木のフィルムは上映された。

「『肉体自由貿易』ってシャシンはあるかい？　ウチの小屋の客が見たいって言うんだよ。すぐに送ってくれないか？」

　映画製作のために本木が作った小さな事務所の電話には、そんな電話が来る日も来る日もかかったに違いない。当時、本木は自分自身で電話口に出て、こう言ったことだろう。

「はい。すぐ送りますよ。評判が良いですよ、あのフィルム。お客さん、入りますよ。次もまた撮りますからね、エッチなやつをね（笑）。待っていてくださいね」

本木が、次々と撮るピンク映画が一定の水準以上であったのは確かだが、だからと言って今日まで語り継がれるほどの作品があったのかというと、そういう訳ではない。あの本木荘二郎がピンク映画を撮っていると、おもしろおかしく週刊誌や芸能紙に書かれたこともあるが、興味本位な記事ばかりで、作品内容にまで触れたものはほとんどない。

本木のピンク映画を観たという高齢者に、最近でもたまに出会うが、よく憶えていないという声ばかりだ。それでも、人知れず傑作を撮っていたのかもしれない……。撮っては見せ撮っては見せした、数多くの本木荘二郎の桃色フィルムは、いったい、今はどこにあるのだろう？　映画ファンでなくとも、誰しもそんな疑問を持ちそうだ。

本木の桃色フィルムは、旅というにははかなくせつない道筋を辿った。そうして旅の果てに、日本のどこかに消えていった。そう想えてならない。

これまでの取材で、判っていることはある。多くの本木フィルム、いや本木の桃色フィルムは、他のピンク映画フィルムと同じ様に、全国上映の旅を終えると、数年後、人知れずジャンクされ捨てられてしまっていた。

それでも、どこかに本木荘二郎作品のフィルムの痕跡は残っていないものか。

拙著『本木荘二郎』を書くために、国立フィルムセンターの試写室で本木のピンク映画三本と、いくつかの断片を観賞した。本木監督のピンク映画を観たかったからだ。

僕らが思春期にピンク映画を見始めた頃、場末の映画館からも本木の桃色フィルムは姿を消していた。次々若手監督が台頭するピンク映画の世界で、本木は業界随一のベテラン監督となり、徐々に古い作風の監督と思われはじめた。やがて、仕事はかつてほどなくなっていく。製作予算も削られた。

結論から言えば、本木の撮った数えきれないピンク映画フィルムは、今ではほとんどが残っていない。量産、消費され尽くしてしまうと、次々に廃棄される運命にピンク映画のフィルムはあった。

本木は、ただのピンク映画監督ではない。ピンク映画の市場を、自ら切り拓いた人だった。初めて本木がピンク映画に手を染めるのは、一九六二（昭和三七）年一一月公開の『肉体自由貿易』。監督名は、高木丈夫を名乗った。

黒澤は、言った。

「二度と俺の前に顔を出すな」

本木は、応じて言った。

「本木の名前は使わないよ」

自分のピンク映画の監督名に、高木丈夫をはじめ渋谷民三、品川照二、岸本恵一、唐沢二郎といった変名をいくつも使い分けている。ピンク映画を次々撮っている正体不明の監督が、あの本木荘二郎だと悟られないためである。そのため変名を駆使したと推測できるが、思うに彼は自分自身でも「本木荘二郎」の名ではピンク映画を撮りたくはなかったのではないか。あの東宝の大プロデューサーの本木が、ピンク映画の監督に落ちぶれていると見られることを嫌った。黒澤明との約束を守ったのだ。

証拠と言うべき出来事がある。一九七〇年に東宝系で配給・公開された『柔の星』（山田達雄監督）を、同じく翌七一年に配給・公開された『おくさまは18歳　新婚教室』（山本邦彦監督）を、本木は製作している。長く断絶していた東宝との関係が突如修復されて、本木は二本の劇映画をプロデュースする。この時、本木は、久方ぶりに「本木荘二郎」の名前を使っている。当時、撮影所の外で作る外注作品を多く発注し始めた古巣の東宝から声がかかり、本木は、唐突に二本の劇映画を作っているのだ。

どちらもTBS系列で放送されていた少年少女向けの連続人気ドラマがベースにある作品だ。『柔の星』は、人気の『柔道一直線』から主演の桜木健一、相手役の近藤正臣らを起用したオリジナルだ。テレビ『柔道一直線』は東映の製作であり、原作権が取れなかったのだろう。設定その他はかなり似通っている。また、タイトルは『巨人の星』のパクリとも。深刻な興行不振下にあった東宝が、東映の人気子供向け興行「東映まんがまつり」に対抗して打ち出した「東宝チャンピオンまつり」の一本として、『モスラ対ゴジラ』（短縮再編集版）、アニメ『アタック№1』『みなしごハッチ』などと一緒に公開された。

『おくさまは18歳　新婚教室』は、岡崎友紀と石立鉄男の主演で高視聴率、大人気だった連続ドラマ『おくさまは18歳』の映画版。テレビ放送は大映テレビ室制作だった。東宝版を作るため本木ほか二名の名が製作に並ぶ。テレビ版のキャストをそのまま使うことはできず、岡崎と石立以外のキャストは違った。テレビ版脚本の佐々木守は、脚本潤色として参加するのみ。演出もテレビ版の湯浅憲明から山本邦彦に替わっている。同時上映は、吉沢京子主演の『恋人って呼ばせて』（渡辺邦彦監督）で、少女アイドル主演二本立て企画だった。

当時の東宝関係者によれば、二年続けて東宝から製作の依頼があったことに本木は大喜びで、東宝に発注された映画の製作を引き受けたといわれる。本木が東宝を離れてかららテレビ関係の仕事をしていた時期があり、独立プロの低予算に慣れ親しんでいるだろうとの狙いが東宝上層部にはあったと考えられる。以前の問題を不問に付すということではなく、あくまで急激な邦画斜陽化に対処する「低予算化」が至上命題として先にあったようだ。だが、本木にとって東宝との仕事は、本木の名前を出して胸を張り堂々とやれる仕事だった。東宝系映画館のスクリーンに、「本木荘二郎」の名が再び映し出された。

逆に考えるなら、本木にとって「ピンク映画」は、いつまでたってもアンダーグラウンドな、人の目を憚る仕事。人目を忍ぶ世界だったのではないだろうか。本木はピンク映画などに思い入れをする必要のない、輝かしい実績と栄光を日本映画界に残し経験していた。邦画大手五社を脅かす存在、新たな日本映画のジャンルとして人気もあり注目されたが、本木にとって、ピンク映画はあくまで「ピンク映画」だった。ましてや東映や日活までがエロ映画を撮り始めて「ポルノ映画」とも呼ばれるようになり、人目も気になった。

小さな小さな独立プロが量産したピンク・フィルムは、本木荘二郎には誇れるほどの仕事とは言えなかったのかもしれない。

そもそもピンク映画の始まりから、本木は携わっていた。赤坂や六本木のナイトクラブやキャバレーでフロアショウを撮影したのが最初だった。ヌードショウの短編記録映画は地方の映画館に飛ぶように売れた。五社作品の間隙を縫い、地方の小屋の三本立てや四本立ての添え物フィルムとしてよく上映された。俗に「ショウ映画」といわれた短篇ドキュメントだ。ショウ映画の需要拡大が、本木にエロスをテーマにした劇映画作りに向かわせた。撮影所、テレビ、演劇、その他各ジャンルからはみ出した強者が、女の裸を売り物にした劇映画を撮った。やがて、人気の成人指定劇映画は「ピンク映画」と名付けられた。

本木が、当初立ち上げた映像プロダクションでは、テレビ映画もPR映画も撮っていた。それらに「本木」の名を出すのは、東宝首脳部の目があってできなかった。テレビや企業の仕事は、若いスタッフに任せきりだったという証言もある。自分自身は、人目を避けるようにピンク映画ばかりを撮ったのだろう。

そのうち、ピンク映画のブームが去ると、本木はプロダクション経営に行き詰まる。それでも仕方なく、たった一人で本木はピンク映画を撮り続けた。自分は、ピンク映画しか撮ってはいけないと思い込んでいたのだろう。

たった一人で、北新宿のアパートの一室、寂しく死んでしまったとき、本木は六十二歳。

予想外の場所で見つかったフィルム

撮影所時代を知っていた古い仲間たちは、当時の本木と出会い、まるで「七十歳を超えた老人のように見えた」とまで言っている。

ストレスと乱暴な生活から、病も得ていた。心筋梗塞の発作で亡くなり、発見されるとすぐにピンク映画の仲間たちが集まって通夜を開いた。仕切ったのは、監督の山本晋也だった。山本は、本木のことを師のように慕っていた。学生時代から山本が大好きだった日本映画の喜劇王・斎藤寅次郎監督作品を本木荘二郎は何本も何本もプロデュースしていた。

若き日の山本にとって、本木は雲の上の人物が下界に舞い降りて来て、自分たちと酒を酌み交わしてくれたように感じたに違いない。それほど、昔の映画青年にとって「本木荘二郎」の名前は、大きく輝いて感じられた。

生前、本木は山本に黒澤のことや東宝のことを、偉ぶることなく話している。

「東宝は冷たいよ。夏に石鹸を送って来るだけだからなあ……」

本木は、山本にそうこぼした。

撮影所から追放された人に、石鹸が送られたかどうかは本当のところ疑わしいが、とにかく本木は、恨みがましく生きるのを嫌っていたようだ。

ある日、往年の人気ピンク女優で、今は居酒屋のママさんとなっている桜マミさんから、メールが届いた。その内容に驚いて、すぐに道端から携帯で電話をした。いつもながらの、元気良いマミさんの声が聞こえた。

「関ちゃんから連絡があったのよ！　小田原で漁師をやっているって。また電話をすると言っていたわよ！」

関ちゃんとは、往年のピンク映画の世界では知る人ぞ知る存在の関多加志。俳優と助監督の掛け持ちで活躍し、業界になくてはならない人物で、本木のピンクの仲間たちの一人である。だが、もう何年も前から「行方知れず」と言われていた。

「ええ！　それは本当ですか。そりゃお会いしたいです！　連絡はつくんですか？」

「誰かから私の番号を聞いて、電話をくれたのよ。また掛けるって……」

「全てを知っている人ですからねえ……」

あまりの驚きに、言葉にはならなかった。

いや、何をそんなに僕が驚いているのかを説明しよう。早過ぎる孤独死で亡くなった本木の最期を最も知っている男、それが関多加志だった。本木の取材を本格的に始めた時、最初からどうしても会いたいと思っていながらとうとう会うことができなかった、取材ができなかった人物が関なのだった。

本木が亡くなる前夜、次回作の撮影の打ち合わせで会っていたのが彼、関多加志であり、本木が遺体で発見された部屋の本当の借主が彼である。本木は、関の部屋に転がり込んだ居候のまま、死んだのだ。

ピンクの仲間たちが、山本たちから連絡を受けて集まって来て通夜を始めるが、山本に連絡をしたのも関だ。本木は、ぽっくり、卓袱台の上に食べかけのお赤飯を残したまま亡くなった。その一部始終をいちばんよく知っているのは関のはずだ。晩年の本木の姿を、誰よりよく知っているのが関だった。

僕は、夕暮れの街から電車に乗りマミさんがやっている東中野の居酒屋に飛んで行って、そこから関に連絡を取り、関のいる小田原へすっ飛んで行って根掘り葉掘り本木について聞きたい。そんな思いにかられた。でも、そいつは無理だった。もしかして、これは何かの導きなのかもしれない。そう思い、近いうちに関に会いに行こうと考え直した。

本木が遺した桃色フィルムについて、最近次々に判ってきたことがある。

本木のフィルムは、ほぼ行方不明と思われ、散逸しているものばかりと考えられていた。それが、本木とは無関係と思われた映画会社の倉庫から見つかった。

予想外の場所で本木フィルムが見つかったのを知らせてくれたのは、フリーライター仲間の藤木TDCさんだ。藤木は、白夜書房時代から同じ雑誌で隣り合わせのように記事を書いていることが多く、学生時代からピンク映画のファンということで親しくなった。最近、ちょっとしたことがあり疎遠になった彼と以前はかなり仲が良く、彼は、元祖ネグリジェ歌手で往年のピンク女優・内田高子さんと僕を一緒に、彼がパーソナリティをしていたTBSラジオの番組に呼んでくれた。

内田さんと二人で、赤坂のスタジオまで出かけ一緒に帰ってきた。内田さんとのラジオ出演は、本当に僕の生涯の想い出のひとつと言っても良いほどの体験だった。内田高子は元歌手らしく、とても素敵なおしゃべりをして僕らを驚かせた。藤木さんには、何度頭を下げてもいいくらいだ。

本木の桃色フィルムは、ピンク映画とはライバルだった「ロマンポルノ」の日活の倉庫の奥深く、長い眠りについていた。

それも、けっこうな本数のピンク映画、桃色映画が日活の倉庫にはあった。日本映画の製作・配給会社では老舗中の老舗である日活は、何度も倒産している。近年では、めまぐるしく経営者が変わっている。「日活百年」を前に倉庫の蔵出しをしたようで、その際にさまざまなフィルムが出て来たようだった。

藤木に誘われるまま出かけ、日活の担当者から話を伺った。藤木は、僕がラピュタ阿佐ヶ谷で熊本からピンク映画第一号女優・香取環を呼び、他にも内田高子、若松孝二、小川欽也らを呼んで、ピンク映画の特集上映やトークイベントを企画したのを支持してくれていた。そこで、ラピュタ阿佐ヶ谷で見つかったフィルム群を上映できないかと考えたようだった。

聞いてみると、見つかったのは「フィルム原版」だった。多数のピンク映画のネガフィルムが、突然見つかったのだった。その中に、本木荘二郎のピンク映画フィルム原版もあった。見つかった本木フィルムは、以下の一〇本。

『仮面の情事』 高木丈夫監督名、法勝寺三郎・高木丈夫脚本、Gプロダクション、一九六三年九月公開、近衛敏明、小畑通子、寺島康子、林三重子出演

『毒ある愛撫』　高木丈夫監督名、大栗久・高木丈夫脚本、Gプロダクション、一九六三年一二月公開、筑波久子、若杉英二、マルタ・カルボ、ダニエル・ドロン（ダーン・ファンゴールデン）出演
『女・うらの裏』　高木丈夫監督名、伊藤英男撮影、Gプロダクション、一九六四年四月公開、牧和子、植田清、ふじのたまみ出演
『うぶ殺し』　品川照二監督名、渋谷民三脚本、ユニ・フィルム、一九六八年八月公開、相原香織、桧みどり、白川和子、名和三平出演
『半処女学生』　品川照二監督名、渋谷民三脚本、ユニ・フィルム、一九六八年一〇月公開、真湖道代、戸川マユミ、国分二郎、関茂夫（関多加志。以下同じ）出演
『女子学生・処女遊び』　高木丈夫監督名、渋谷民三脚本、ユニ・フィルム、一九六八年一二月公開、乱孝寿、松本ゆみ子、島たけし、関茂夫出演
『狂い責め』　品川照二監督名、Gプロダクション、一九六九年公開、野上正義、美川真紀、清水世津、江島裕子出演
『欲求不満　性の配分』　高木丈夫監督名、渋谷民三脚本、ユニ・フィルム、一九六九年四月公開、江島裕子、野上正義、浜田エミ、関茂夫出演
『女極道狂い咲き』　高木丈夫監督名、渋谷民三脚本、ユニ・フィルム、一九六九年六月公開、美川真紀、柚木かおる、江島裕子、関多加志出演

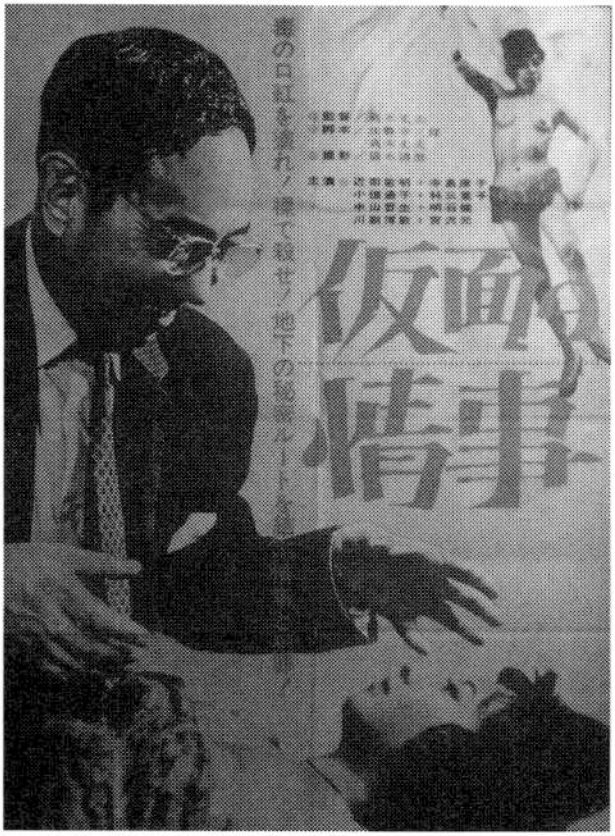

上右／『仮面の情事』1963年　上左／『女・うらの裏』1964年
下右／『白い手袋の秘密』1964年　下左／『枕さがし』1965年

『乳房の悶え』　高木丈夫監督名、渋谷民三・青山繁脚本、Ｇプロダクション、一九六九年七月公開、香取環、清水世津、国分二郎、関多加志出演

これらのフィルムで、最も気になったのが、筑波久子主演の『毒ある愛撫』である。実は、この映画のプリントがフィルムセンター（国立映画アーカイブ）にもある。上映可能のように思われているが、僕が申し込んだ時、フィルム状態が良くないために修復がなされなければ「上映不可」という答えだった。

先にも書いたセンターでの試写では『セックスNo.1』（品川照二監督名、一九七一年）『発情女・乱れ斬り』（岸本恵一監督名、一九七三年）『人妻悶絶』（岸本恵一監督名、一九七三年）、そして『人妻交換・熟れた悶え』（唐沢二郎監督名、一九七三年）の断片一一分を観ることができたが、その他にリスト上にあったフィルムを観ることは無理だった。

観られなかったフィルムのうちで、最も観たかったのが『毒ある愛撫』である。『毒ある愛撫』は、『肉体自由貿易』で前年桃色フィルムの監督となった本木が撮った六本目の成人指定劇映画である。この間にも本木は、ショウ映画などを撮ったが、劇映画が成績を上げると、どんどん劇映画にのめり込んでいった。まだ、誰もが恐る恐るピンク映画を撮り始めた時期に、どんどん撮りまくったのは本木だけだった。製作から配給、そして公開までピンク映画の市場を作ったのは本木と言っても過言ではない事実があっ

た。

今回、日活倉庫から見つかった『毒ある愛撫』のフィルム原版は、本作の上映の可能性が残されていることを意味する。

もし、この『毒ある愛撫』を発見された原版からプリント・フィルムを作って、上映することが可能ならば、最初期のピンク映画フィルムがほとんど失われている現状では、大発見になるのは間違いない。それにより、初期の本木監督作品のクオリティ、特色も検証することができるだろう。

主演が、日活映画で肉体女優としてトップスターとなっていた筑波久子であることも注目したい。相手役は、新東宝で三原葉子や万里昌代の相手役を務めた経験のある若杉英二。ストーリーは、『肉体自由貿易』と同じく人身売買もので、筑波が騙され海外へ売られようとするの

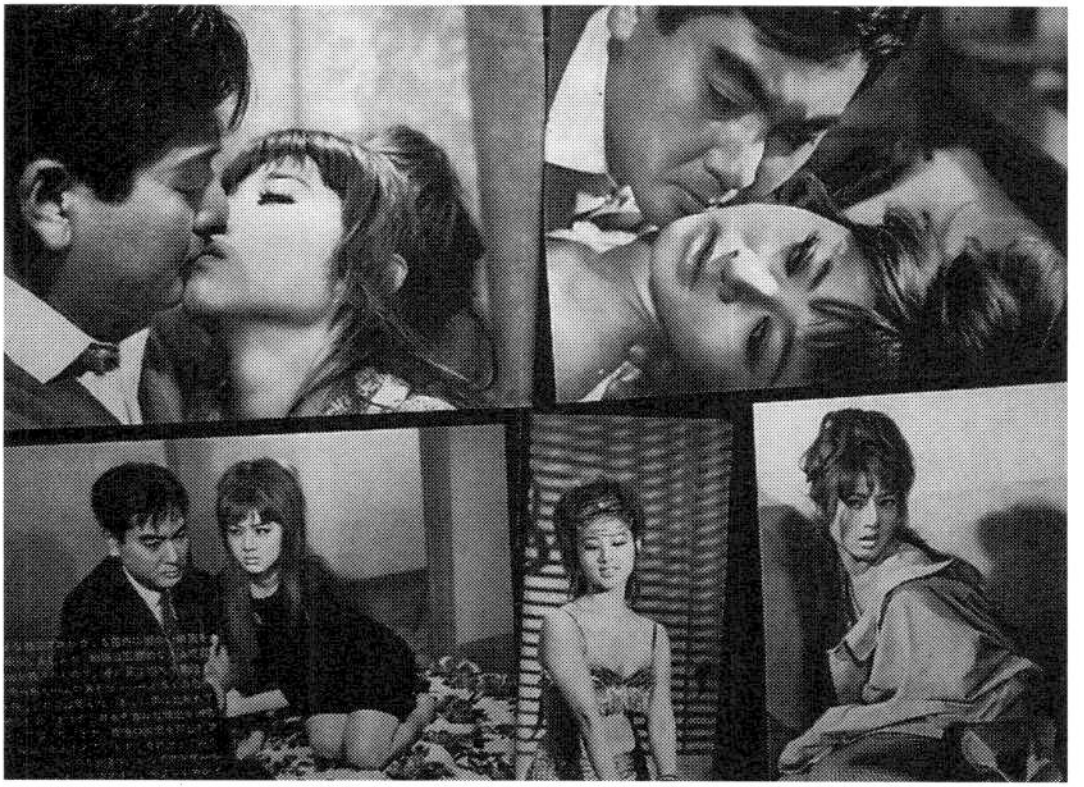
『毒ある愛撫』筑波久子と若杉英二
「別冊事件実話」1963年12月特別号より

を偶然出会った若杉が助けようとするものだ。他にも新東宝末期に出演していた石橋蓮司らがチンピラ役で顔を出しているのも興味深い。助監督は、新東宝系列の富士映画出身で、後にピンク映画の中心的な監督となる小川欽也だ。小川欽也は、ピンク映画黄金時代には大蔵映画の看板監督となった。

筑波久子は、本作の出演を今日では隠している。別件で彼女を取材したことがあるが、『毒ある愛撫』については一言も語ってはくれなかった。忘れたい過去も、人にはあるもので、しようがないと思っているが。本木荘二郎に「もっと脱げ」「もっと大胆に」といわれた筑波は、映画出演が嫌になり、まもなく渡米したともいわれている。『七人の侍』の名プロデューサー・本木荘二郎が監督する作品と聞いて、交渉された筑波久子は出演をOKしたのかもしれなかった。

その後、紆余曲折を経て筑波がチャコの愛称で親しまれ、ロジャー・コーマンの知遇を得て『ピラニア』シリーズのプロデューサーとなるのは、映画ファンならよく知っているところだろう。チャコは、その意味では『毒ある愛撫』出演のマイナスをプラスに転化したと言っても良いかもしれない。熱烈なチャコファンである僕としては、その意味でも本作がどんな映画なのか、実際に観てみたいとずっと思っている。

実は、一九六六年に『毒ある愛撫』はリバイバル公開されている。その時の改題タイトルは『狂熱の女体』である。本記事が都築響一編集のメルマガ「ロードサイダーズ」

に連載されていた当時から、毎回、資料協力をしていただいている研究家で、ピンク映画のポスター・コレクションとしては日本一の質・量を誇る東舎利樹さんにより、その『狂熱の女体』のポスターも発掘されている。

ポスターには、本木の「Gプロダクション」も配給会社である「ファストフィルム」の名も表記されているが、ともにとうに存在はしていない。『毒ある愛撫』『狂熱の女体』、両方のポスターをともに入手した東舎氏の情熱とコレクター魂にはいつもながら感服する。

両ポスターに写し出されている妖艶なる女優・筑波久子は、日活時代の代表作『肉体の反抗』『海底から来た女』などの主演作を凌ぐような、衝撃的なエロチシズムを本作でも発散させて、観客を悩殺したのではないかと僕は想像している。

ところが、『毒ある愛撫』には、もうひとつ別のポスターがあった。

それは、公開時のものでもリバイバル時のものでもないポスターだ。全く違うポスターだった。これも、東舎さんの手によって見つけ出されたものだが、表記から見てもわかるように国内上映のために作られたポスターではない。

海外での上映やビデオソフトも

東舎氏が入手したのは、ヤフオクのオークション。ポスターのサイズは「551×

『毒ある愛撫』ベルギー版ポスター　オランダ語とドイツ語で表記がある

360ミリ」。東舎氏が、言う。

「他にも、日本映画の海外版ポスターや外国映画のポスターが出品されていたうちのひとつで、出品者は専門業者かそういった方面に伝手のある人ではないか」

ポスターには「SHINTOHOSCOPE」と右下に小さくあり、おそらく旧新東宝作品とともに海外に配給された時に、作られたポスターではないかと思われる。ポスターには、タイトルが二つある。赤い文字で大きく書かれている『DE GIFTIGE KUS』はオランダ語で「有毒キス」といったような意味だという。下に青い文字で書かれた『L'ÉTREINTE EMPOISONNÉE』は、フランス語で「毒の抱擁」といった意味だという。どちらも『毒ある愛撫』を訳したものだが、なぜ二か国語で表記されているのかというと、ほぼオランダ語と言っても良いフラマン語（約五五％）、フランス語（約三八％）、ドイツ語（約〇・四％）が公用語であるベルギーという国のポスターだからだと、彼は解説してくれた。公用語として使う言語が三つに分かれているベルギーならではの表記方法で、ベルギー国内において『毒ある愛撫』が公開された証と言っても良い。

ポスターの右の男は、若杉英二にはまるで似ていないが、左の美女は明らかに『毒ある愛撫』日本版ポスターの筑波久子を下敷きに描かれている。着衣のお腹の部分が露出され、日本版よりセクシーに描かれているのも特徴だ。女性が、人身売買のようにして船で連れ去られるという内容も一致しているから、他作品のものとは考えられない。

そう、海を渡ったのは、黒澤のフィルムだけではなかったのだ。

かつて黒澤の相棒とも番頭ともいわれた本木荘二郎の撮ったフィルムも、密かに海を渡っていたのである。

フィルムは、いつも旅をする。

本木の桃色フィルムも例外ではなかった。

黒澤のフィルムが次々に海を渡って行った時、日本にはまだプロデューサーがフィルムとともに旅をする習慣がなかったようである。今では、世界の映画祭にフィルムを作ったプロデューサーが監督とともに同行し、現地で挨拶をするのが習わしのようになっている。現地の劇場で上映されるのをセッティングして、それを見守るために現地へ赴くプロデューサーもいる。しかしながら、本木や黒澤たちが作った『羅生門』『七人の侍』などが公開された時代、そのようなことを考える映画会社も人もなかった。海外の映画祭に出品されることが、作品のプラスになるということさえも考えていない時代だった。

本木の桃色フィルム『毒ある愛撫』が、どのようにしてベルギーで上映されることになったのか。他にも、ヨーロッパの国で『毒ある愛撫』が上映されたことがあったのか。今はまだわからないことばかりだ。

フィルムの旅を記録する人は、思いのほか少ないからだ。

フィルムは、まるで時をさすらうように映画館から映画館へ旅をして、時には海をも渡り、異国の人たちの前で上映もされたのだ。『毒ある愛撫』も。

東舎氏は、さらに面白いことを教えてくれた。『毒ある愛撫』には、何人かの外国人が出演しているが、その一人、日本版ポスターでダニエル・ドロンと表記されている俳優が、ロッテルダム生まれのアーティストのダーン・ファンゴールデンではないかというのである。

ダーン・ファンゴールデンは、一九九九年の第四八回ヴェネツィア・ビエンナーレにオランダ代表作家として参加しているが、一九六三年から六四年にかけて十八か月間日本に滞在した経験がある。東京で創作活動をしながら、俳優やファッションモデルの仕事もしたらしい。どうやら、その折に『毒ある愛撫』にも出演したのではないかというのである。『毒ある愛撫』の脚本など関連資料にダーン・ファンゴールデンの名はないのだが、オランダ語のダーン（Daan）は、フランス語のダニエル（Daniel）に当たる。出演者のダニエル・ドロンは、ダーン・ファンゴールデンの芸名ではないかというのが東舎さんの推理だ。

ダーン・ファンゴールデンは、二〇一四年四月に来日し、大塚のギャラリーMISAKO&ROSENで個展を開いた。一九六四年に新橋の内科画廊で開いて以来五十年ぶりの個展となった。その時に出版された図録「メイドイン・トウキョウ／ダーン・ファンゴールデン」に、筑波や若杉と共演する『毒ある愛撫』のスチール写真が掲載されているというのである。同図録には、「平凡パンチ」（一九六四年六月二九日号）にモデルとして登場している姿も載っている。

既に僕らにとって、一九六〇年代の映画シーンは全てがレジェンドと化している。そんな気にさせる逸話だが、早くからバレエ留学

ダーン・ファンゴールデンと筑波久子『毒ある愛撫』より

などで海外を夢みていたチャコの相手役には、彼のような芸術家は相応しかったに違いない。

日活の倉庫から見つかった他の本木・桃色フィルムも、ひとつひとつ興味深いけれど、まだ中味を見ぬうちは何とも言えない。

これらフィルムの多くに「関茂夫」の名で関多加志が出演しているのもわかるので、いつか関に会った時にひとつひとつ想い出などあるかを聞いてみたい。

フィルムは旅するだけでなく、時にはビデオに変身する。

一般映画なら、レンタル店に並ぶビデオソフトやＤＶＤとなるが、桃色フィルムは、時としてホテル用のビデオ映像に変身することもある。もちろんラブホテルのムードアップのために映し出される映像にである。

本木の失われたとされてきたフィルムが、本木と黒澤にとっても因縁浅からぬ会社からビデオになって販売されていたと教えてくれたのは、やはり友人の映画研究家・小川晋さんだ。彼が、やはりネットの古物市場で手にしたというビデオから、本木の桃色フィルムを何本か見せていただいた。どれも、ホテル用編集・商品化されたと思われるものだから、本木作品としては刺激の強い、後年の監督作品である。前出の桜マミさんなど、知っている女優さんの姿も散見できて、発見も多い。

この際、読者にほんの少し、一本だけビデオから映像を特別に観て貰おう。今日、すぐに観ることが可能な本木の監督作品の映像は、これらだけなのは確かである。（ということで、本書初出のメルマガ連載時には、読者に映像も数分間リンクして視聴していただいた）

本木荘二郎の桃色フィルムは、コンスタントに撮られ続けながら、時代を反映するようにだんだんとエロチックになっていった。

東宝映画随一の巨匠だった山本嘉次郎監督の一番優秀な弟子だった助監督の本木が、晩年は、こんなピンク映画ばかりを撮っていたと思うと考えさせられるが、それもありだろう。

人の一生とは、終わってみるまで何が待っているかはわからない。

本木と黒澤の人生の旅は、どこでどう岐れ道になったのか。ただ、本木と黒澤の二人の旅が、切っても切れない旅の仲間で、行く先も道筋も同じだと、本人たちが思っていた時もある。

僕は、本木の桃色フィルムの発掘ばかりがしたい訳ではない。盟友・黒澤明ばかりではない、本木は山本嘉次郎、斎藤寅次郎、マキノ雅弘、『ゴジラ』の本多猪四郎、『銀嶺の果て』の谷口千吉、彼ら日本映画史に名を遺す監督たちの作品を製作した。彼らに影響され、彼らに多大な影響を与えた本木荘二郎。その才気走った鋭い感性、スキャンダルなどものともしない剛腕、ひとつひとつの戦略と戦術を巧みに使い分け、映画作りに腕を振るった名プロデューサー・本木荘二郎に思いが及ぶ。

名監督たちのフィルムに名を刻む本木荘二郎とは、何者だったのか。

本木プロデューサーが発掘した脚本家、後に日本映画屈指の名脚本家となった橋本忍が亡くなった。彼が、幾度となく、自分を見出し導いてくれた本木のことを語っていたのを思わずにはいられない。

本木の魂は、今は、どこを旅しているのだろうか。

〈追記〉

発見された本木荘二郎のフィルム原版一〇作品は、日活の担当者・谷口公浩さん（映像事業部門版権管理チーム）に問い合わせたところ、現在も日活の冷蔵倉庫に無事に保管されているという。当時考えられたニュープリントは、本格的なデジタル時代突入にあって、費用が高騰し現実的でなくなった。もし、フィルムの映像を復刻するなら、動画配信、テレビ放送、DVD化などを前提にHDマスターを起こす方がコストが抑えられる。そんな話を伺った。可能性を追求するメディアやプランナーの登場を待ちたいものである。

第4章

まぼろしの名優・関多加志と本木荘二郎の最期

「ああいう監督は他にはいないよ」「本木荘二郎がいれば……」

街場の活動屋たち

東中野駅から、道を急いだ。目指す居酒屋「あづさ」は、駅からかなり歩いた先にある。待ち合わせの時間が迫っている。息せき切って、扉を開け暖簾を潜り抜けると、ママから声がかかる。

「いらっしゃい！　来てるわよ！」

長いカウンターの奥に坐った、初老の男性がこちらを向いてニッコリと笑いかけた。穏やかな目と雰囲気が、店内の空気を明るくしていた。

「こんばんは！　はじめまして」

そう言いながら、挨拶もそこそこに、カウンターの彼の隣に坐らせていただく。

「やっとお会いできました。お会いしたかったです！」

「ややあ（笑）。もう飲んでいるよ……」

男性は、低い声でにっこり微笑みながら語りかけてきた。ママからグラスを貰い、ビールで乾杯。鞄からペンやレコーダーを取り出し、飲みながらの取材が始まった。

僕は飲みながらの取材は苦手だが、今日は取材だけが目的ではない。男優と女優の四十年ぶりの再会もある。わざわざこの日のために、神奈川県の小田原から出て来てくれたのだ。これが、飲まずにはいられようか。今日は飲むぞと腹を括って、その男に話しかけた。

「いったい、どこから伺ったものやらですが。本木荘二郎さんのことを中心にピンク映画時代のことを根掘り葉掘りお聞きしたいです」

俳優の名は、関多加志。ピンク映画に詳しい人でも、知る人ぞ知る男優だが、ピンク映画業界では一時代名物男のような人だった。

もともとは役者だが、やがては制作進行、助監督、コーディネーター、舞台演出、ス

関多加志（当時76歳）と桜マミ「あづさ」で

トリップ出演エトセトラ……。どうやら聞くとお蔵入りしてはいるようだが、監督作品の経験もあるという。

　この店のママで、かつてはピンク映画でもトップクラスの人気女優だったのが、桜マミ。山本晋也作品などを中心に、多くのピンク映画に出演、純情娘からストリッパーまで大活躍していた。

　関と桜は、その昔、「ピンク」と呼ばれた撮影現場で、何年も仲間として、また同志のように、何本も何本も映画を作り続けた。独立プロと言えば聞こえは良いが、「ピンク」即ち「成人映画」は、六〇年代の高度経済成長期以来、いつのまにやら日本映画の底辺に活況を呈した撮影現場。賑やかに、そして元気よく。しかし、先の見えない桃色アルチザンたちのお祭りのような場所だった。

　少数精鋭のスタッフで、素人上がりの女優たち、熟練工のような男優たちとチームを組んだ。劇団や撮影所、テレビ局などで経験を積んで来た人たちもいたが、削れるだけ削った予算とスケジュールで、いつも目の回るような忙しさだった。あらん限りの速度と熱量とで、一本の映画を撮り上げ、完成させてしまう。まさに、究極の手作り映画の現場だった。女の裸体と男の妄想を詰め込んで、場末の映画館、白いスクリーンに踊る桃色裸身。桃色パラダイスが、映し出された。

　映倫から「成人指定」のお墨付き（？）を貰えば、宣伝費をかけずとも噂が噂を呼んで大ヒットも夢ではなく、可憐というより大見得切った開きなおりの仇花として、昭和の巷に咲き誇ったのがピンク映画である。

大手撮影所で量産された映画からは日々なくなっていった「活動屋」「映画屋」の気風、気概が息づいていると言われたピンク映画。映画の「原点」ともいうべき現場だった。

海の向こうから伝来して無声映画、サイレントムービーといわれた時代に、映画は「活動大写真」ともいわれた。その作り手だったことから生まれたのが「活動屋＝カツドウヤ」という言葉だが、今日では死語に等しい。

だが、まだまだあの頃、「活動屋」としか呼びようのない映画職人たちが、「街場＝マチバ」と呼ばれた、撮影所の外の撮影現場で、とてつもなく楽しく苦しく、やけっぱちみたいに元気で過酷な映画作りを続けていた。

関多加志について、最初に教えてくれたのは、映画ライターとして駆け出しの頃知り合い、新宿ゴールデン街で夜ごとグラスを交わした野上さんだった。野上正義、通称ガミさんとは、エッセイ集で自伝でドキュメントでもある『ちんこんか』（三一書房）という題名の本を作ったこともある。野上さんは、ピンク映画最初期から活躍し、椙山拳一郎らとともに元祖ピンク男優の一人だ。

野上と関は、俳優仲間として切っても切れない友情を結んでいた。それが、ある時、関がピンク映画業界から身を引いて、その後行方知れずになった。『ちんこんか』を作っていた頃、ガミさんが、関さんの話をよくしていたのを想い出すが、すでに行方不明。互いに事情があって、追うことも捜すこともなく月日が過ぎた。だから、それから関と野上の再会はなかった。この日、関は「俺も会いたかったけど、ガミさんも会いたかっただろうな」と、ポツリとつぶやいた。

青いカバーのキネマ旬報『日本映画俳優全集　男優編』（一九七九年版）には、関多加志についてこう書いてある。

「1943年5月23日埼玉県生まれ。本名関成夫。県立与野高校卒業後、映東養成所に入り俳優修業。工員、トラック運転手、ボーイ、バーテンなどの職を転々し、64年にテレビ映画『忍者部隊月光』に出演して芸能界入り。67年、東映の『喜劇・競馬必勝法』で映画初出演。以後は独立プロ系に出演、喜劇タッチのサラリーマン役に飄々たる味を見せて主演作八本をふくめ百本以上に出演。『絶品つぼ合わせ』77では温泉場を渡り歩くお座敷ショーの夫婦を南ゆきと演じて底辺に生きる男のペーソスを好演。関プロを主宰し夫人は女優の路さとみ。（小田）」

書いたのは、ピンク映画に詳しい数少ない映画評論家の一人、小田克也さん。東映動画（現・東映アニメーション）の社員としてアニメ映画作りに携わりながら、仕事帰りや休日にピンク映画専門館でピンク映画を観まくり、「映画芸術」や「キネマ旬報」でピンク映画時評などピンク映画を紹介する記事を書いた。ピンク映画の他にも、韓国映画やアジア映画にも詳しかった。自分がまだライターになる前、何度か映画上映会、その後の二次会などで交流させていただいたことがある。当時から、ピンク映画の始まりや昔話をおもしろおかしく教えていただいたものである。

「ピンク映画」の名付け親といわれた村井実さんは、内外タイムスの映画記者だった人でジャーナリストだったが、小田さんはアニメーターだが、生粋の映画ファン。ピンク映画を評するまなざしは、いつも優しく鋭いものだった。小田さんならでは批評眼には、いつも唸らせられ

ピストル片手に若き日の関多加志と2018年に亡くなられた関夫人

た。そしてまた、ピンク映画に埋もれている女優や男優をこよなく愛する人でもあった。

実はある時、急に小田さんに会いたくなり、御自宅近くの埼玉県所沢まで出かけて行きお話を伺ったのだが、認知症が始まっていて実りのあるお話を聞くことができなかったのが残念だった……。同行の奥様が、とても済まなそうな顔をされていたのが、とてもつらかった。小田克也のピンク映画評が映画雑誌に載っていた時代、僕は映画巡礼者のようにピンク映画を観まくっていた。小田さんがおもしろいというピンク映画を探して、あの街この街のピンク映画館をはしごした。懐かしい名画座全盛時代でもあった。

小田さんは「俳優　関多加志」の経歴を書いているが、関は徐々に俳優だけでなく制作進行や助監督としてピンク映画の撮影現場で活躍するようになる。始まりは、東京興映時代の山本晋也監督の現場だった。山本は、関を大事に思って重用したようだ。他にも多くのピンク系監督の現場に、俳優ではなく助監督として付いている。俳優経験のある監督がピンクに少なくなかったように、俳優としてキャリアのある助監督というのは、ピンク映画の現場でも貴重な人材だったに違いない。

やがて、山本と仲が良かった本木荘二郎の撮影現場を、関は手伝うようになる。

拙著『「世界のクロサワ」をプロデュースした男　本木荘二郎』を書いた時、取材をしながら最初に会いたいと思ったのが、関である。本木の最期を誰よりも詳細に知っていたのが関だった。だいたい本木が死んだのは、関の部屋だったのだから。関が「ここに寝泊まりしたら」といわれ、転がり込むようにやって来たのが本木だった。

関を捜したが、行方は知れず。やっとわかった電話番号に電話をしても、本人が出てくれることはないままだった。

本木荘二郎が一九七七年五月に亡くなった時、本木の最期を看取った男として、夕刊フジの取材に応えて、関が話している。


「ピンク映画だけで二百本は撮ったんじゃないですか。小さなコヤでかかるものやら、旅館辺りに売れるブルーフィルムまで……。あの人はともかく、死ぬまで映画を作っていたわけですよ」

（「夕刊フジ」一九七七年五月二七日）


本木が五月二一日に息を引き取り、六日後に掲載された。本木荘二郎の訃報を載せた新聞報道唯一のものだった。世界的巨匠だった黒澤明の名声に比べれば、黒澤の代表作『羅生門』『七人の侍』のプロデューサーの訃報としては、あまりに寂しい記事だったが。

本木の生涯については、拙著『本木荘二郎』をお読みいただきたく思う。

多くのピンク映画関係者に、本木の急死、通夜などについて聞いたが、肝心の最期を知る関にはとうとう会えず仕舞いだった。

本木が、たった一人で亡くなった北新宿の部屋は関の名義で借りた部屋であり、本木に住まわせるまでは関が住んでいた。本木と関は、本木が亡くなる前日にも、新大久保の喫茶店で会っていた。一週間後にクランクインが迫っていた、次回作の打ち合わせをしていたのである。

本木の最晩年を知る男

その日、夜の更けるとともに関から本木について多くを聞いた。思い描いていた本木像を裏付ける言葉が、次々と関の口から出た。

「私はね、本木さんが大変だと思って、助監督をやったり、制作関係やっていろいろずっと手伝ったんだ。そん時、本木さんはプロデューサー上がりだから、ピンク映画には珍しく監督なのに俺に全部金を預けてくれてね。これでやって下さいよって。そんで、撮影現場に入って食事になったらね、本木さん、自分で金を持ってなかったりしてね（笑）。あれ、なんだ〜って言って、じゃあ、出しますよと言って、僕が預けられた金から昼飯代払ったりしてね。

ピンク映画の現場では、監督が金を持っているのが当たり前だったんだ。本木さんは、自分は監督に徹して俺にプロデューサーをやらせようとしたんじゃないかと思っている」

「（本木さんと）知り合ったのは、随分前だよ。最初は役者として出ていた。俺は、渋谷警察の近くにあった井上プロに所属して映画に出ていた。ガミさん（野上正義）もいたね。ところが、井上プロが労働許可なくプロダクションをやっていて警察に捕まってね」

「本木さんが、第2淀橋荘の俺の部屋に来たのは、俺がプロダクションみたいなことをやるんで引っ越したから、（部屋が）空いてるよって言ったから。本木さん、代官山のアパートの四畳半から引っ越して来たんだ。前の所、家賃未納でまずかったんじゃないかな。引っ越ししたのは、夜だったもの」

「本木さんが亡くなったのは、ちょうど高倉健の『八甲田山』が封切られる時だよ。『八甲田山』のプロデューサーが田中友幸さんだったのでよく憶えている。田中友幸さんには本木さんの死を知らせて、それから付き合いが始まったから。リンゴを送ってくれたりね。田中さんともう一人、東宝で本木さんの下にいたという渡辺プロの金原二郎さんにも世話になった。二人が、東宝との間であれこれ話を付けてくれたんだ。

亡くなった日は、通夜の前に遺体を持って行かれちゃった。本木さんが献体の約束をしていたからね、白菊会の車が来て、通夜が始まる前に霊柩車で持って行った。ピンクの連中が、五、六人か駆けつけて来ててね。憶えているのは、女優の茜ゆう子が走り去る車に向って『バカヤロー！』って大きな声で叫んだんだ。俺は、おい、失礼だろって思ったけどね。感極まったのかもしれないなあ」

「亡くなってから、(青山で行った) 偲ぶ会をやるまでにはいろいろ準備があった。会の当日は、お金のないピンク映画関係者と東宝時代の関係者とは、受付を別にした。会費も、ピンク関係は金がないから三〇〇〇円、東宝関係は一万円。金額が違うんだ。だけど、会場内に入ったら同じでね」

「引っ越しの荷物は憶えてる。浴衣と卓袱台、それから段ボール箱が一箱。中味は、(ベネチア映画祭) グランプリの金獅子像、そそれから黒澤明さんの手書きの原稿。『七人の侍』や『羅生門』『酔いどれ天使』なんかの脚本原稿だった。脚本が印刷された後、プロデューサーだった本木さんの手元に残ったんじゃないですか。『羅生門』は大映の作品だったけど、東宝の原稿用紙に書いてあったのを憶えてる。金獅子像は、当時、

晩年の本木組。後列左から関多加志、一人おいて本木荘二郎、野上正義。撮影は本木組のスチルカメラマンだった津田一郎

ネジが緩んだりしてガタピシしていたね（笑）。

遺品の段ボールは、数年後、私が新宿から千葉の柏に引っ越す時まで持っていた。最終的には田中友幸さんに渡したんだ。田中さんは、京橋のフィルムセンターに入れるからと言っていたね。みんなが見れるようにしようって言ってた。黒澤さんが若い頃に書いた時代劇の脚本もあった。小国英雄さんが書いたという『アンナ・カレーニナ』の脚本は、偲ぶ会の時に、小国さんに直接渡したよ。よくあったねって言って喜んでくれた。他の遺品はほとんど、田中さんに渡している。五、六年経ってから、ライトバンに積んで持って行ったんだ」

「他には、筑波久子が出たというフィルムだけが押し入れにあった。それだけは、埼玉の俺の実家に送ったんだけど、その後処分したんじゃないかと思う。今はないから……。本木さん、昔話はほとんどしなかったけど、筑波久子がどうしたとかっていう話を聞いた記憶があるね。（筑波久子が）思い通りに脱がなかったみたいな話だったと思う……」

本木が死んだ第2淀橋荘周辺　当時の道幅はこの３分の1だった（2012 年撮影）

聞き始めたら、関さんの話は、終着駅が見えなかった。こちらも、寄り道、岐れ道から、脱線、迂回、各駅停車で終わらない。そのうち、お互い酒が回ってきてしまった。

二人の会話を聞きながら、カウンターの向こうで次々に美味な料理を作ってくれた桜さん。往年のピンクスターで主演作も多いが、東映作品では個性派俳優の佐藤慶さんとベッドシーンを演じたこともある。とうの昔に、映画界から足を洗っていて、これまで東京都内で何軒も酒場を経営して来た。僕も、新宿歌舞伎町の頃から何度もおじゃましているが、東中野に移ってからは駅から遠いのもあって、年に数回しか行けなくなった。前にも書いたが、マミさんから「関ちゃんから電話があったわよ！」と連絡をもらったのは、ある日の午後のことだった。東京駅近くの路上を歩いていた時だった。

僕も「関ちゃん」という名前に俄かに「ウソ！」と思い、言葉を失った。で、関さんが小田原で「漁師をしている」というのは、久しぶりに連絡したマミさんに向けたギャグだったようだ。真相は、長年連れ添った夫人を亡くされて、昔の友人に会いたくなったということのようだ。

「生きてんのは、マミと俺だけだな、本当だよ」と言った関さんに、マミさんがカウンターの向こうから、料理を作りながら相槌を打つように言う。「そうだね……」。

桜マミをよく知らない若い読者のために、やはり、キネマ旬報の『日本映画俳優全集女優編』（一九八〇年版）から引こう。

「1951年8月5日東京都の生まれ。アニメイションの彩画員を経て71年、ワールド映画『無軌道娘・性教育肌合わせ』で映画デビュー。翌72年、日活『団地妻・忘れ得ぬ夜』に助演したほか、独立プロの『続ニッポン発情地帯』『夫婦ごっこ』などの成人映画に出演。73年の『濡れ濡れ欲情記』ではドサ回りのストリッパーの生活と哀歓をにじみ出させて好演した。同年、東映の深尾道典監督『女医の愛欲日記』に端役で出演し、独立プロの『㊙失神トルコ風呂』『乱行しびれ妻』などに主演。その後、『華麗な浮気夫人』『痴漢百年史』75、『未亡人学校』76ほかに助演した（小田）」

書いたのは、関多加志と同じく小田克也さん。

小田さんとマミさんとのことで思い出すことが、ひとつある。その昔、小田さんがマミさんと乱孝寿さん

桜マミ　右／『ポルノだよ！全員集合　㊙わいせつ集団』1974年・山本晋也監督　左／『㊙追跡レポート　初夜の性態』1974年・代々木忠監督

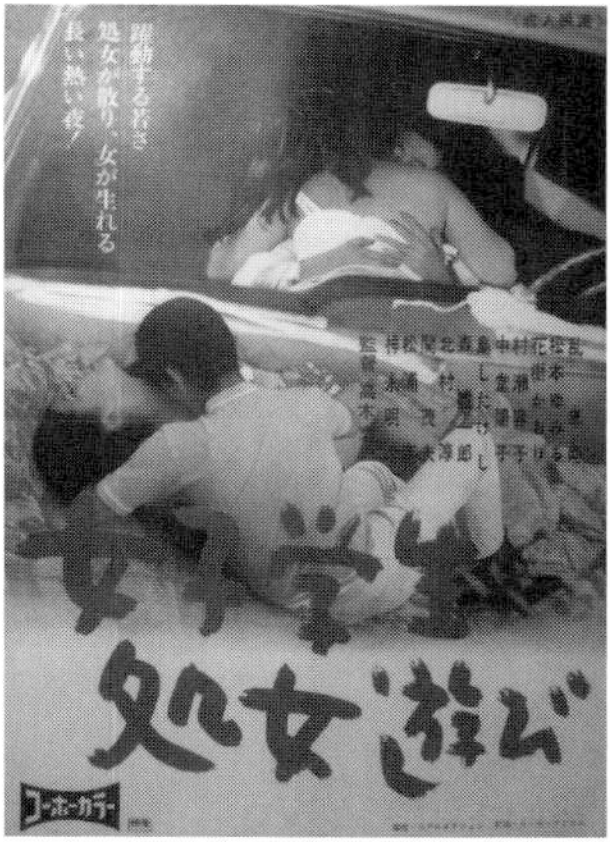

上右／『女子学生・処女遊び』1968年　上左／『女極道狂い咲き』1969年　下右／『女子学生ポルノテクニック』1972年　下左／『人妻バイトSEX』1972年

とを上板東映で僕らが開催したイベントに連れて来てくれたのだ。この日、ピンク映画談義のトークの司会役だった小田さんが、出演作品の話題から、なにげにファンサービスを希望すると、マミさんと乱さんの二人が、壇上で景気よく上半身を脱いでファンサービスをしてくれたのである。これには驚いたが、小田克也さんのピンク業界への神通力に尊敬の念を抱いたものである。もちろん、脱いでくれた二人が素晴らしかった。日本映画ファンのメッカだった、当時の名画座・上板東映は、東武東上線上板橋駅前にあった。多くのイベントがあったが、トークの壇上でスパッと脱いでくれた女優さんは、マミさんと乱さんだけだった。

関多加志と桜マミが共演した作品は数知れないが、途中から助監督に専念する関とは、他の俳優にも増して仲間意識が強いようだ。昔の仲間の消息を一人一人確かめている二人の会話は、成人映画の黄金時代を彷彿させた。

もちろん話し役はもっぱら関さんで。料理の手が忙しいマミさんはもっぱら聞き役。以後、関さんの一人語りのように再録する。

「小杉じゅんっていただろ。あいつが本木さんの組に出た時が面白かったんだ。……そう、口ひらいて。バカバカバカ！　そうじゃないんだよ。バカバカ！　アフレコだからさ。指を噛む、指を噛むんだよ。バカバカバカバカ、カット！　って（笑）」

「たこ八郎っていうと、山本晋也だろ。チョクさんにたこ八郎を紹介したのは、俺。たこちゃん、新宿で飲み屋をやっていたんだよ。そこへ俺、よく飲みに行っていた。ある時、朝の新宿西口に集合したら、松浦康さんが来ないんだよ。松浦さん、春になるといなくなっちゃう人でね。病院に入院しちゃうんだ。それで、誰かいないかってことになった。俺が言ったんだよ。おもしろい奴がいるよって。

　新宿だからさ、西口の地下の公衆電話から電話して。たこちゃんを叩き起こして、現場に連れてったんだ。それからなんだよ、たこちゃんが警官のカッコをして『未亡人下宿』に出るようになるのは……」

「こないだ山谷初男さんが亡くなったろ。想い出したよ！　若松プロの映画（筆者注『性の放浪』か）でさ、足立正生の脚本、福島県の温泉場に行って撮ったの。ハッポンが事件の犯人で、俺が田舎の警官の役。まだ二十三、四の時だよ。俺が追いつめて行く。『すいません、〇〇いますか？』って旅館に行くと、ハッポンが逃げて。自転車で俺が追いかけるんだけど、自転車が倒れて逃がしちゃうんだ。若松さんに『おまえみたいな素人っぽいのが良いんだよ』っていわれたのを憶えている……」

「若松監督のATGの映画（筆者注『天使の恍惚』）にも出たよ。ガミさんが行けないっていうんで俺が行った。新宿の末広亭の近くで、朝の四時頃の撮影。カメラマンは伊藤（英男）さん。これも、オマワリの役。犯人が逃げて来るのを追いかける。ちょうどマンホールがあって、それに滑って転んだんだ。立ち上がって、追いかけようとして。若松さんに『いいよ、良かったよ』っていわれて一発OKだったね。タイトルバックのすぐ後に出てくるよ」

「チョクさん（山本晋也）が、あの有名な過激派の連合赤軍のリンチ事件を撮った映画って知っているよね？　題名はわかんないんだけど（筆者注・『ポルノ総括　狂気の欲情』）。あの映画、箱根で撮影したんだけど、最初は全然、違う話なんだ。撮っているうちに、どんどん脚本と変わって行ったんだ。山本晋也の頭の中で変わったんだね。『いや、関ね、こうやってこうしろ！』『おまえ、良かったぞ！』って言われながらさ。

それで、いつの間にか、俺が主役みたいになっていたの。映画館で観た友達に『凄いよ、オマエ主役だよ！』って言われた。警察の人間の役だよ。追い詰めていく。小島マリの首を絞めて殺すシーンもあった。連合赤軍が群馬県の山岳アジトで起こしたリンチ事件、そのまんまを、やろうとした。ピンク映画でだよ。左翼学生が山に籠っている話

関さんが主役になった（？）『ポルノ総括　狂気の欲情』（1972年・山本晋也監督）　マミさんも出演

になってね。登山のピッケルを振っていたら、ピュッと飛んで行って、女の股に刺さっちゃう……」

「チョクさんの『大色魔』。あれは、名作だよ。あれには、出てない（筆者注・ワンシーン出演している！　セリフもある）。でも、助監督。あれは、俺の地元、埼玉県の与野で撮ってるんだ。実際の当時の商店街で撮っている。実家の近くに商店街があってね。チョクさん、俺ン家に、よく遊びに来ていたからね。そいで、俺の地元で撮ることになった。今では、商店街は影も形も無くなっちゃったけどね。

フィルムが、見つかったんだってね。ぜひ、もう一度観たいな。俺の育った街が映っているんだから。懐かしいよ。上映したら、解説するよ……」

「山本昌平も最近亡くなった。お別れ会があったらしいね、新聞に出ていた。そいで想い出したんだけど、山本昌平と宮下順子で、実演をやったことがある。新宿歌舞伎町に地球会館ってあったでしょ。上が獅子林って中華飯店で、下にジョイパック系の映画館があった。あそこでやった、そん時のショーが、ピンク映画の合間にやる実演の走りだよ。俺のプロデュースなんだ。テレビで流行っていた『木枯し紋次郎』のパロディでさ、山本昌平が楊枝を銜えて旅姿で出てくるの。なかなかウケたね（笑）。

宮下順子は、まだデビューして一、二か月だった。美剣士の役で、山本昌平と対決するんだよ。長台詞があったけど、宮下が覚えが良かったのを記憶している。ナンダ、できるじゃないかって思った（笑）。宮下の衣装は、大映の衣装部で、俺が借りて来た。市川雷蔵が着たっていう紫の着物で、本格的だったね。あの芝居は、デキが良かった」

関多加志の回顧録は、終わりがなかった。取材が終わって、数日後からつづきをお互い電話のかけっこで延々することになった。

関多加志の話は、聞いても聞いても、聞き足りないほど面白かった。

例えば、初期の滝田洋二郎監督の『痴漢電車』シリーズでは、山本晋也組の出身ということもあってかキャスティングに大きく貢献した。なかでも、当時は舞台でコントをやっていたという螢雪次朗を映画に入れ込んだのは関さんだったというのは初耳情報に認定だ。

愛染恭子が『白日夢』の後で、長くストリップ劇場回りをやっていた時に、野上正義とともに愛染の相手役を務めていたのが関だった。その後、劇場出演はずっと関の仕事の中心になり、長い間続いた。

スキャンダル事件で逆に人気の出た高崎慶子の相手役として劇場回りもやったという。結局、これが離婚の原因になったようである。しかし、その後、関は一般女性を妻にして桃色映画業界と縁を切ってしまう。

根っからの映画人、本木荘二郎

関多加志から話を聞くことができていれば、晩年の本木荘二郎が、やはり金には困っていたが、映画を撮ることに人一倍の情熱を燃やし続けていたことを、拙著『「世界のクロサワ」をプロデュースした男』でも、もっと詳しく正しく伝えることができたかもしれない。

その日、関は、言った。

「鈴木さんの本に、新高恵子さんが本木さんのことを語っているくだりがあるでしょう。あれが、本木さんのことを言い当てているよ。

ワイシャツがジャンバーになったかもしれないが、バリッとして一本筋の通ったところはずっと変わらなかった。あの人は、絶対ね、人は悪くない。映画が好きだった。ピンク映画には、ああいう監督は他にはいないよ。本木さんと付き合って、いろんなことを学べたなあ……。

野上（正義）も自分が監督する時に、本木さんからこと細かく教えてもらっていた。あの時代の映画屋は、みんなテレビをバカにしていたからね。だから、本木さんは、映画に死ぬまでこだわったんじゃないかな。

あの頃は、高倉健をはじめ映画スターはテレビのコマーシャルには出ないような時代だった。映画で有名な人はテレビに出てないよ。だから、本木さんもテレビじゃなく映画だって思ったんだよ。ピンク映画に来たら、それは自由に撮れるから。

だって、凄いんだよ、編集が。本木さん、編集を一人で寝ないで朝までやっているんだから。新大久保にあった東音スタジオ、あそこをいつも使っていた。朝まで、たった一人でやっているんだ、一人でフィルムをバチン！　と切ってね。翌日は、アフレコでみんなが集まって来るからね。それを、本木さんは、朝から起きて待っているんだ。そいで、次の日はダビングになる。好きじゃなきゃできないよ」

「現場でも、みんな本木さんって、さんづけで呼んでいたよ。ジイサンだとかなんとかってバカにしたって言うやつ（筆者注・久保新二）がいるけど、そんなのは、後から言っていることでね。パン代を貸したけど返さなかったとかいう話も、たまたま小銭がなくてそうなっただけなんだよ。現場を仕切っていたのは、俺だから。本木組のギャラは、ちゃんと俺が払っているからね。金に困っていたといったって、ピンクの本木組に未払いはなかったね。自分では監督や脚本に徹していて、一人で編集もしていて、俺にプロデューサーの代わりをさせたんだ」

関多加志の取材を終えて数日後、『本木荘二郎』を書いた折にお世話になった映画評論家の白井佳夫先生から、あるテレビ番組を見るようにと連絡があった。

ＮＨＫ ＢＳプレミアムの人気番組『アナザーストーリーズ』で、「天才激突！　黒澤明ＶＳ勝新太郎」と題し、映画『影武者』での勝の主役降板劇の一部始終をドキュメント番組にしたのだ。

世界の巨匠となっていた黒澤明は、長年の黒澤ファンだったフランシス・コッポラやジョージ・ルーカスから資金援助を受けて、戦国時代、武田信玄とその影武者に材を得て、大作『影武者』を構想、クランクインした。

主役は勝新太郎、信玄と影武者の一人二役だった。久々の監督作品に挑む黒澤明と『座頭市』で当代一の人気スターとなった勝新太郎の顔合わせは、日本中の映画ファンの期待を背負っていた。

ところが、撮影現場に自分自身で演技をチェックするためにビデオカメラを持ち込むと言った勝と、黒澤が、撮影所内でぶつかった。「監督は二人要らない」「降りてもらうしかない」と、黒澤の怒りはエスカレートした。その日を境に、勝は撮影現場を去り『影武者』から降板した。それは、言うならば「日本映画の悲劇」としか言うべき言葉がない、衝撃的な出来事だった。

番組は、第一の視点を勝の付き人の視点から描いて、第二の視点を黒澤のアシスタントプロデューサーだった野上照代から描いた。三番目の視点で白井佳夫が登場し、悲劇を回避する道はなかったのかを論じた。最後に、白井は言った。

「本木荘二郎がいれば……」

白井は、『影武者』におけるプロデューサーの不在を言ったのだ。

担当した田中友幸プロデューサーは、『ゴジラ』シリーズのプロデューサーとしてはよく知られているが、世界の巨匠と化した黒澤明を操縦する術はなかったようである。黒澤明をプロデュースできたのは、本木荘二郎ただ一人だけだったに違いない。それは、若い日から黒澤に気に入られた唯一のジャーナリストだった白井佳夫ならではの、熱い思いだった。

関多加志も、思いは同じだった。

関は、話をこう締めくくった。

「本木さんが、言っていた。黒澤が死んだら、『黒澤明物語』っていう映画を撮ろうよ、関ちゃんって。

でも、まだ生きているからダメだよって(笑)。黒澤のこと、何でも知ってるって。それ以上は言わなかったけど。結局、黒澤監督より、ずっと早く、本木さん亡くなった」

黒澤明の復活と騒がれた、映画『影武者』が公開されたのは一九八〇年。本木荘二郎が亡くなったのは、その三年前の一九七七年だった。


〈追記〉

本木荘二郎の墓は、拙著『「世界のクロサワ」をプロデュースした男　本木荘二郎』では、東京・文京区小石川伝通院山内真珠院の共同墓地に眠っていると書いた。最期を看取った関多加志さんや山本晋也監督からも、そう聞いていた。実際に墓参りにも行って来た。

しかし、先日、本書の手直しを進めているとき、一枚の葉書が拙著『本木荘二郎』の版元・山川出版社の編集部に届いたのだ。

そこには、こうあった。

「赤帽の元理事長の本木英朗さんは、本木荘二郎さんの甥です。

北新宿に身元確認に行ったのは、警察からTELがあって英朗さんの母です。

真珠院の無縁仏では、カワイソウと思って、親類一同の反対を押し切ってか隠して、増上寺近くの本木家の墓に納めなおしたそうです。

荘二郎ではなく大二郎と変名してだそうです。

私は、映画界に入ったのが昭和46年です。石原プロモーションに入ったのですが、1年半後にフリーランスになりました。プロデューサーになりたかったのですが、製作担当者で転業しました。

プロデューサーって人相が悪くなる程の職業です。本木さんは黒澤明のために身を捨てたのだと思います。」

編集部から回送されてきた文面を読みながら、しばし悩んだが、葉書の送り主である堀井健一さんにお会いした。葉書に書かれてあったことの裏付けが欲しかったからだ。

僕は、「本木荘二郎」執筆時には、本木の遺族に取材を申し込んでいるが、ことごとく拒否されているし、既に近しい遺族は多くが鬼籍に入られていた。

名前を変えてまで、遺骨を共同墓地から本木家の墓へ移した妹さんがおられたというのは、初めて知った情報だった。少しだけ、ほっとした気持ちにもなった。

堀井健一さんは、ハガキの文面にもあるように石原プロモーションを振り出しにして、長年、映画製作担当者として活躍されていたとのこと（現在74歳）。映画を離れた後、運送業を始められ、その会合で本木英朗氏と知り合い、本木の骨が共同墓地から本木家菩提寺に移されたことを直に聞き及んだとのことである。

堀井さんによれば、本木家の先祖は三河国出身で、文禄年間に江戸に下り芝三嶋町で印版師を開業、大小名、旗本、諸家にも出入りしたという。すれば、徳川家縁の商人。後の世になって銀座のど真ん中で「本木洋品店」を営むのも頷けるというものである。

また、堀井さんは、『黒部の太陽』『栄光への5000キロ』を観て、石原プロに入社した。「コマサ」こと大番頭・小林正彦から薫陶を受けて、やがて映画製作者として一本立ちしたと話してくださった。澤田幸弘監督『月光仮面』（一九八一年）、和泉聖治監督『魔女卯』（一九八四年）、福岡芳穂監督『ダンジェ』（一九九九年）、馬場康夫監督『メッセンジャー』（同年）をはじめとする数えきれない作品に参加されたということである。

鈴木清順監督と作ったテレビドキュメントの裏話など聞くこともできたが、やはり石原プロ時代が面白そうだった。テレビ作品も多く経験された。松田優作の遺作『ブラックレイン』や深作欣二監督のことでも、想い出があるといわれる。

詳しくは、一度順を追いじっくり話をお聞きしてみたいと考えている。インタビュー、あるいはご本人に手記など書いていただくのはどうだろうか。

第5章

まぼろしの名作『大色魔』と山本晋也の喜劇

失われたフィルモグラフィ、散逸したフィルムたち

幻に終わったビデオソフト化計画

どれもこれも、やっと捜し出したフィルムだった。何度も映画会社に電話をし、実際に企画の説明にも出かけた。映画会社にとっても古いフィルムが稼働するのは願ってもないという雰囲気で、旧作が再評価されることも良いことだと言ってくれた。しかし、実際に作品名で映画の原版をお願いしても、それを膨大な倉庫に保管されたフィルムから見つけ出すのは、こちらが思う程には簡単にはいかないものらしく、それなりに長い時間を要した。「ありましたよ！」と電話があると、小躍りして喜んだものである。

まだまだ、あの頃、ピンク映画のフィルムは、ほとんど捨てられてはいなかった。

日本中がバブル景気に酔いしれていた頃、僕はピンク映画のフィルムを本気で捜し始

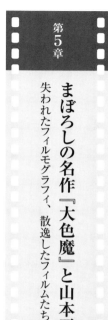

めた。理由はフィルムをビデオにする為だった。

新東宝、ミリオンフィルム（ジョイパック）、東映セントラル、日活など各社の倉庫には、粗大ゴミのように扱われながらも膨大な量の「桃色フィルム」即ちピンク映画が眠っていた。各社を訪ねて歩けば、フィルム倉庫の奥から噂に聞いただけで、僕らの世代では観たこともない名作やチン作が確認された。倉庫に入ることは不可能だったが、担当者たちは、それを知らせてくれた。どれもこれも、ビデオにしてみたい気持ちになった。

ピンク映画のフィルム捜しを、僕に依頼したのは、大陸書房の塚田社長だった。塚田さんとは、僕が、全くの駆け出しの映画ライターだった頃、友人を介して「ウチでも書いてみないか？」と誘われたのが始まりだ。ポルノ&ピンク映画専門の映画雑誌「映画タウン」（壱番館書房）で仕事をさせて貰ったのに始まる。塚田さんは、印刷業界大手の廣済堂の子会社だった壱番館書房の社長兼編集長で、立ち上げたばかりの「映画タウン」に、映画のことを書けるライターがいないか探していた。司書房やセルフ出版（白夜書房）などのポルノ・ピンク系映画雑誌で記事を書き始めた僕に、声をかけてくれた。それから数年、「映画タウン」で特集からインタビュー、作品紹介、などなど書きまくった。「若松プロ特集」「渡辺護インタビュー」「女優インタビュー」「現場ルポ」「映画紹介記事」……。

その後、何年ぶりかで再会した塚田さんは、大陸書房という出版社の社長になっていた。地味な単行本出版社に過ぎなかった大陸書房を、人気ヌード写真集やアダルト系ビデオを中心にした巨大エロ本出版社に再生したのは、塚田さんだった。出版界には、折からのバブル景気に乗っかって、エロとビデオの旋風が巻き起っていた。大陸書房は、イケイケどんどんで出版事業を拡大していた。

「ウチでピンク映画のビデオを作らないか？」と、塚田社長は切り出した。

大陸書房は、にっかつ（日活の社名は当時平仮名）と提携し、日活ロマンポルノ映画の廉価版ビデオを売り出し、大ヒットさせていた。それまでのアダルト系ビデオソフトは、高価な商品で、一般的にはレンタル版ビデオをレンタルビデオ店で借りて観るのが主流だった。ようやく徐々に各社から多様なジャンルの廉価版ビデオが発売され始めていたが、一気にビデオのセル市場を加速させたのは、大陸書房の「ロマンポルノ」や「アダルト写真集」を始めとした「セルビデオ」商品だった。レコード店や電気店などで主に売られていたビデオソフトを、書店にまで販路を拡大したのだ。書店にビデオソフトコーナーができたのは、この頃からである。市場を開拓する先頭には、いつもエロチックな商品があった。当時、大陸書房は開拓途上のセル市場を牽引するメーカーにまで成長していた。

大陸書房の社長室で、二つ返事でその企画に乗った。理由は単純明快だった。儲かりそうだったからだ。まだ、映画フィルムをビデオソフトにして保存しなければならないなどとは考えていなかった。

だって、映画フィルムがこんなに早くこの世から消えていくとは想像さえしてもいなかったからだ。

僕は、既にピンク映画の歴史を調べた著作『ピンク映画水滸伝』を上梓していた。旧知の鈴木に相談して、ロマンポルノの廉価版にも負けないヒットシリーズとしてピンク映画のソフト化を実現したいと塚田社長が思ったのだろうか。まあ、ピンク映画も充分にセルビデオとして商品になると踏んでのことだったろう。セクシー女優に高額なギャラを提示し、海外ロケーションでヌードビデオを撮るよりは、利益率が高いと踏んだのかもしれない。社長室で社長秘書も同席した、なんだかかっこいい（？）打ち合わせで、僕は言った。

「まずは、山本晋也と若松孝二からやりましょう。その後、高橋伴明や中村幻児といった若手の監督の作品に繋げて、成人映画の名作全集を作りませんか？」

「くだらないピンク映画をいくらビデオ化しても売れやしませんよ。もう、みんなピンク映画には飽き飽きしていて、高橋伴明も中村幻児もＡＴＧや大手に進出し、ピンク映画なんか撮らない。若松孝二だって東映や大手で撮っている。山本晋也は、テレビのレポーターになっちゃってますから。新作よりも、往年の黄金時代の名作ピンク映画をビデオソフトにしたら、名画座で学生が群がって観ているように大ヒットするんじゃないですか」

一九六〇年代に始まったピンク映画だが、昭和元禄とともに乱熟を極め、七〇年代は混戦模様の乱世となり、八〇年代に入りピンク映画の巨匠、俊英たちがみな挙って大手へ進出して行った。時代の大きな変動は、日本映画の最底辺「ピンク映画」にも及んでいた。僕は、僕なりに時代的な企画を出したいと考えたのだ。二一世紀までちょうど後十年、一九九〇年のことだ。

僕の話を聞いていた社長は、少し考えてから頷いた。以前仕事帰りにお酒を飲んだ時のようにニッコリ微笑みかけて、「よし、やってみよう。すぐ企画書を出してよ。ラインナップを考えろ！」と言った。仕事が早いのが、塚田社長が成功した秘訣だった。あっという間に、僕のビデオソフト・シリーズ企画「成人映画傑作全集」は動き出した。

ちょっとその後の順番が想い出せないが、各社、各担当者を回ってビデオ化作品を発注していった。若松孝二作品は若松プロ、即ち若松監督自身に相談をして作品を準備していただいた。『胎児が密猟する時』を手始めにして『新宿マッド』『ゆけゆけ二度目の処女』『日本暴行暗黒史・異常者の血』などをビデオソフト化した。若松監督は、自分が撮った作品を、学園祭や上映会などで学生に貸し出し稼ごうと、配給会社からフィルムを引き取り事務所や関連施設で保管していたので、作業は比較的楽だった。

ピンク界の喜劇王、山本晋也

山本晋也監督は、自分で撮った作品を保管することなどしてはいなかった。フィルモグラフィに沿い、当然各社を捜さねばならなかった。だが、人気のある山本作品のビデオ化はシリーズの目玉作品だった。テレビの深夜番組で人気絶頂の山本カントクの傑作群の面白さを、当時の若者たちはよく知らなかった。彼らに、山本晋也の傑作喜劇をアピールすれば、「成人映画傑作全集」は爆発的に売れるのではないかと考えたのである。まずは、山本作品の配給が数多い新東宝系列から行こうということで、山本晋也の喜劇作品の原点といわれた『痴漢』シリーズからチェックした。シリーズ初期のヒット作で、警察官が実は痴漢だったというスゴイ映画『痴漢３６５』（一九七二年／東京興映）のビデオ化から始めた。マジメな警官が、家庭のストレスから痴漢に手を出すという主人公を山本作品ではお馴染みの俳優・野上正義が演じている快作だった。地下鉄職員がレイプ魔となる『水のないプール』（若松孝二監督／内田裕也主演）など作られるずっと前の作品だった。

『痴漢』シリーズは、その後延々と続篇が作られ、監督が稲尾実、滝田洋二郎ほか交代また交代しながら二一世紀に入るまで作られ続けた。途中から、痴漢と言えば朝夕の満員電車が舞台ということで『痴漢電車』がシリーズ化され、当時のピンク映画の主力商

山本晋也初期傑作群のポスター。上右／『狂い咲き』1965年・監督デビュー作　上左／『虹の乳房』1966年　下右／『女湯物語』1969年　下左／『貸間あり　未亡人下宿』1969年

品となる。シリーズ化された『痴漢電車』の輝かしい第一作目、山本晋也が撮った元祖『痴漢電車』（一九七五年／新東宝）。そして、公開当初から傑作との評価も高かった第二作『痴漢地下鉄』（一九七五年／新東宝）。また、かつて昭和元禄時代のブラウン管テレビで大ヒットした人気ドラマ『時間ですよ』誕生の引金になったといわれる『女湯』シリーズから、三島の銭湯を舞台にした痛快ヒット作『女湯・女湯・女湯』（一九七〇年／東京興映）。同じく『女湯』シリーズから、シリーズ第五作『喜劇・女湯騒動』（一九七二年／東京興映）などをビデオソフト化した。特に女湯のヌード乱舞でヒットして、名テレビマン・久世光彦に下町の銭湯が舞台の物語を発案させた『女湯・女湯・女湯』は、渾身のビデオ発売と思っていた。

次々と発売した山本晋也作品は、既に日活系ではロマンポルノとともに正月公開される人気作品となっていた『未亡人下宿』しか知らない若者に、ショックを与えたようだったが、オジサン族は「ああ、昔、学生の頃に観たあれか」ということだったのか。「成人映画傑作全集」の目玉であったのは違いないが、売れに売れるとまではいかなかった。

準備しつつあった山本晋也フィルムが、実はもう一本あった。作品タイトルは『大色魔』（一九七一年／東京興映）。まさに、そのものズバリのようなタイトルだが、あにはからんや、図抜けた喜劇映画であり、シリアス文芸調から一転、ドタバタ喜劇となり、ホラ

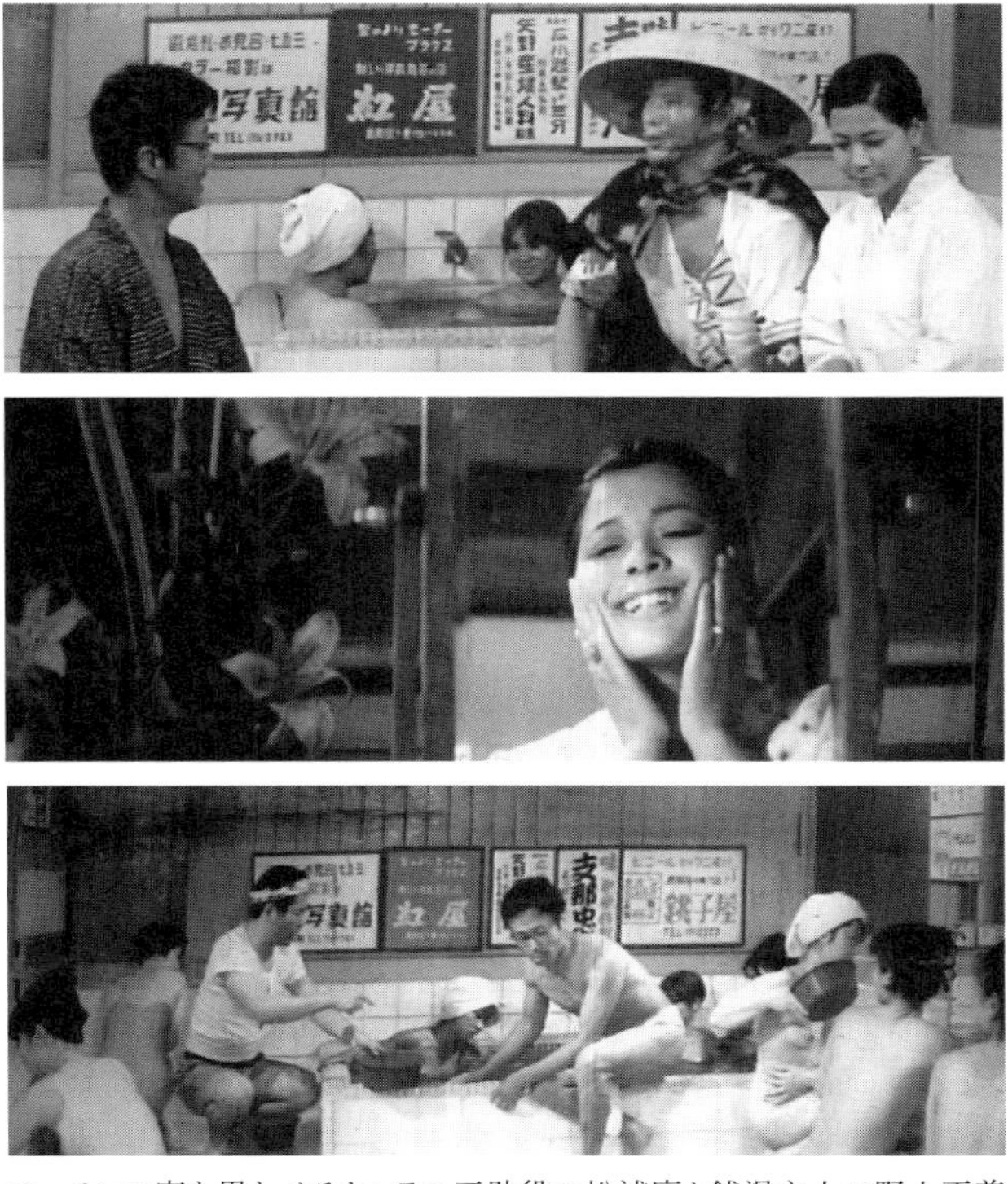

フーテンの寅を思わせるキャラの三助役の松浦康と銭湯主人の野上正義の掛け合い。白川和子の女将さんぶりも若くて美しい！『女湯・女湯・女湯』より

ーの要素もあるという、名作ピンクの誉れ高い。山本晋也監督自身も、自他ともに認めた傑作フィルムだった。これを、なんとか今回ビデオソフトにしたいというのが僕の密かな企み、いや戦略だった。

『大色魔』は、多くの映画評論家にも誉められ、かつて各大学にあった映画研究会系の学生たちからも圧倒的に支持された映画だった。

にもかかわらず、『大色魔』は既に「幻の名作」だった。ピンク映画の上映サイクルは、約三年間といわれ、その後は上映用プリントの劣化と保管の都合からフィルムは廃棄されることが多い。原版が現像所に保管されても、上映用プリント・フィルムが失われるのはごく当たり前の慣習だった。常に新作が必要な桃色映画、ピンク映画の世界で、三年前のフィルムはヌードの露出度や性表現が過去の遺物になってしまっていることも多い。観客は、もっと露出を、新鮮な女優を、斬新な表現をと求めるものだ。それは、「ピンク映画」の仕方のない宿命のようなものであった。

『大色魔』が公開された一九七一年に十四歳だった僕は、残念ながら『大色魔』の話題や人気をその後知りながら観ることができなかった。十五歳でロマンポルノに出会い、逆流するようにピンク映画を見た。でも、映画館で『大色魔』を観ることができなかったのである。

山本晋也の最も脂の乗り切った大活躍期の始まりに属する一本『大色魔』が観たかっ

た。なぜなら、僕が映画評論の師と思っていた斎藤正治、ルポルタージュの師と考えている竹中労、二人が『大色魔』をベタホメに誉めていた。二人から「『大色魔』は凄い」「キミ、『大色魔』はいいよ」と、何度も聞かされた。東映動画のアニメーターでピンク映画の評論家だった小田克也も『大色魔』を絶賛していた。小田さんは会う度に「山本晋也は『大色魔』が最高傑作かもしれない」と言った。

『大色魔』が観たくてたまらなかった。しかし、『大色魔』を上映する映画館はどこにもなかった。映画館や映画ファンが金を出してフィルムを焼くことはなかったし、映画配給会社もそんなことは考えない時代だった。

右／『大色魔』ポスターより拡大。野上正義、一世一代の名演技
左／1985年に行った山本晋也（右）と野上正義（左）の対談では『大色魔』も話題に

本当は、この「成人映画傑作全集」の最初から『大色魔』をビデオ化したかった。でも、誰もが知る作品からビデオリリースしてみようという考えで僕と社長の意見は一致した。分かりやすい作品からやって行こう、と。そして、「成人映画傑作全集」の売れ行きが安定した頃、とうとう『大色魔』を出すことになった。『大色魔』のフィルムを捜してもらった。だが、すぐには見つからない。「僕が倉庫に行きましょうか」と言った記憶がある。ピンク映画の系列は統合や連携を重ねているので、以前の配給会社から引き継いだフィルムが倉庫の中で紛れてしまい、迷子フィルムになることがよくあった。ましてやビデオ化には画像と音声の両方のネガが必要だった。

裁判で参考上映された『大色魔』

新東宝撮影所出身の監督小森白が起こした独立プロダクション・東京興映で製作された映画は、全て新東宝興業が引き継いだ。その膨大な量のフィルムの中から、『大色魔』の原版がようやく見つかった。

ビデオ化作業が進んで、見本ができて来たのは数か月後。商品化にまではまだいくつかの作業工程があったが、解説を書くために、できたてのVHSのサンプルビデオが僕のところに送られて来た。僕はワクワクドキドキでデッキにテープを入れた。

ぶったまげた！

笑いながら泣きながら、エッチな気分を満喫しながら、グッとくるオチが待っていた。とにかく、それまで観て来た一〇〇本以上の山本晋也作品では、群を抜く圧倒的な面白さだった。笑いの底にあるペーソスとヒューマン。これぞ、完璧な映画いや名画だと思った。ハリウッド映画にだって、小津安二郎にだって負けないいんじゃないか。本当に、そう思った。

興奮も冷めやらぬ気分で解説を書いた。親しくしてもらい『ちんこんか』なる本まで作ったピンク男優の大御所で、本作の主演だった野上正義さんのことを書いた。『大色魔』は、野上さんの名演なくしてないと思ったからだ。

舞台となるのは、下町の肉屋。肉屋の親父に松浦康、その肉屋の若い女将さんに篠原千恵。肉屋の住み込み店員にガミさんこと野上正義。下町のどこにでもある肉屋の毎日に潜む淫らな欲望。繊細な表現が、作品を喜劇でありながら、まるで文芸作品のように描く。

僕が『大色魔』の解説を書き終え、商品パッケージが出来上がろうとした頃、事件は起きた。ピンク映画を専門にする女性映画評論家が、横から口を挟んで来たのである。

「『大色魔』って、公開時に問題があったのを知らないの？　まずいわよ。これ、ビデオにしたらトラブルになるかもしれないよ」

女性映画評論家の名前を出したい衝動にかられるが（いつもは言っている）、秘匿する。彼女が言いたかったのは、こういうことだ。

『大色魔』が映画館で公開されてまもなく、新東宝の関西事務所に観客と名乗る男性から電話があったという。なにかしら観たばかりの『大色魔』にイチャモンを付けて、そのまま「おい、肉屋をバカにすんなよ！」という怒鳴り声でガチャンと電話を切ったらしい。

映画『大色魔』は、確かに肉屋さんを舞台した人情喜劇だ。ダークなオチもある。だが、作品の中に肉屋をバカにした表現や台詞は全くない。それをどう勘違いしたものか。関西でたった一件、「あの『大色魔』って映画な、肉屋をバカにするな!」という電話があっただけだった。当時の関係者、亡くなった新東宝の市橋隆二プロデューサーから、確かにそういう電話があったと聞いている。

しかし、それで映画館での上映が中止されたり、マスコミや運動団体が動いて「差別映画」として糾弾騒ぎになった訳ではない。

『大色魔』は、映倫審査も通過したれっきとした劇場用映画である。猥褻表現も差別表現も、映倫審査で指摘されたことは全くない。日本映画全般の劇場公開作品をチェックする映倫の映画審査では、そうした社会的問題に関する表現に関しても審査は行われている。『大色魔』は、良くも悪くも映倫審査通過作品だ。全国の映画館で公開され、数多くの映画観客の目に触れている作品だ。

それだけではない。『大色魔』は、日本の法律の元締めのひとつといって良い裁判所でも上映されたことがある。一九七二年に開始まもない日活ロマンポルノが次々と警視庁によって摘発され、猥褻図画頒布の罪状で起訴された。摘発・起訴されたロマンポルノ作品『恋の狩人』他の四作品が猥褻か否かを問う裁判は、その後足掛け八年にもおよぶ。だが、最終的には東京高裁で起訴された監督ほかプロデューサー、映倫審査員などの全員が「無罪」の判決を勝ち取っている。裁判の進行過程で、関連作品の参考上映が行われた。その中の一本が『大色魔』だったのである。

一九七四年三月、東京地裁内の講堂（映写設備もある）で、摘発四作品とともに参考類似四作品が上映され、『大色魔』も上映された。

法廷審議の参考として上映された他の作品は、所謂「洋ピン」と呼ばれる外国映画のポルノ作品、日活ロマンポルノ第一回封切り作品『団地妻・昼下りの情事』、『大色魔』と同じピンク映画の小林悟監督作品『女紋交悦』（宮下順子、山本昌平主演）だった。『大色魔』と『女紋交悦』は、近年のピンク映画の傑作として推薦され、裁判所が該当摘発作品を「猥褻」とするか否かの判断材料のひとつとして上映されたのである。

その時も、法廷で差別的な表現について裁判官や検事に指摘されることはなかった。もちろん猥褻な箇所があるといった指摘もない。裁判所は、あくまで性表現の動向と摘発作品との差異などを確認、注視していた。

ピンク映画まではあまり観ることはなかったルポライターの竹中労が、『大色魔』を観ていたというのは、この時の公判および上映を「傍聴」していたからである。『日活ポルノ裁判』『権力はワイセツを嫉妬する』など日活ポルノ裁判ルポの著作もある映画評論家の斎藤正治も、この時に『大色魔』を観賞している。上映後、竹中と斎藤は『大色魔』を絶賛したのである。

三年後の一九七七年八月、山本晋也は、親しい同じピンク映画監督の渡辺護とともに裁判の弁護側の証人として出廷・証言した。現在では、裁判所にも公判記録が残されていないといわれる当日の模様を、斎藤がキネマ旬報誌上で連載、単行本化した『権力はワイセツを嫉妬する　日活ポルノ裁判を裁く』（風媒社）で記録している。長くなるが引用してみたい。

弁護人　証人は成人映画にコミカルなものを取り入れた最初の人と聞いているが。
山本　業者から注文がくるが限界がある。性行為に至るまでのおかしさみたいなものが、人間のおかしさと一致すれば、変わった意味での性描写になるのかも知れないと思っている。一種の逃げかも知れないが……。映画が本来、笑いと涙なら、私は笑いに走ったかも知れない。
弁護人　今まで何本ぐらい撮ったか。

山本　先頃公開されたので百六十本目だ。

弁護人　映倫とカット、カットで議論されたことはあるか。

山本　今もある。表現に対する意見は反論されてしかるべきだ。審査員のひとつの意見が、機関としてではなく、映倫の意見ではなかったか。対立があながちチェック機関だとは思っていない。そういう意味で、映倫とぼくとは機能していたのではないか。

弁護人　全裸のフルショットは避けたいとか、位置とか、性交体位で、議論になったか。

山本　審査員と議論になる。普通の男の正常位でも、乳房がひとつ上がっているか、下がっているかでは性描写が違う。一般の人が見てもそうで、そこに疑似体位が出てくる。演出だけでなく、役者によっても違う。

弁護人「大色魔」（山本監督作品。類似映画として証拠物に採用）のテーマは何か。

山本　下町の三人家族の中で行われる人間生活のおどろおどろしさ、正常さと異常さ、ちょっとしたことで狂ってしまう人間性、性の匂い、大衆の匂いをムンムンさせたい、というようなことを描こうとした。

弁護人　八名審査員の審査はどんな審査か。

山本　緻密だ。

弁護人　武井審査員は。

山本　幾分、放任主義。

1974年の山本作品『ポルノだよ！全員集合　㊙わいせつ集団』は、もしもテレビ放送が全て「ポルノ」になったら？　という妄想的快作だった／左4点とも『㊙わいせつ集団』

弁護人　荒田審査員は。
山本　矛盾する演出を、見極めて発見する人と記憶している。三人とも作者側にとっては、いやらしいが、やむを得ない。
弁護人　摘発された四本を「大色魔」と比較してどうか。
山本　どうという変わりはない。作品の出来上がりのフィーリングに関しては、性を扱い、性表現をしていることは同じだ。
（検察側反対尋問）
検事　昭和四十年頃の審査基準は。
山本　全裸は動いてはいけない。乳房を出すことはいけない、という状態だった。
検事　その後、変わらなかったか。
山本　時代とともに……。よくわからない。ああしろ、こうしろという通告は来ない。
検事　文章の規定はないか。
山本　あの当時はない。
検事　規定を見たことはないのか。
山本　昭和四十年のか、それなら見たことがある。
検事　いつか。
山本　いつごろだろうか。
検事　四十年だろう。
山本　詳しい年はわからぬ……。
　弁護人、主旨と関係ない、と議論。別な弁護人も「時代とともに、といっているので、それ以上必要なし」と異議、検事との激しいヤリトリがあった。これを見かねてか、裁判長が、証人尋問を行った。

裁判長　文章化されたのを見たのはいつか。
山本　記憶は定かでない。見たことはある。ぼくの場合、若松孝二監督の作品を見せてもらい、ノートにチェックしたりして規定を出した。
裁判長　自分で考えてか。
山本　もちろんだ。
裁判長　使っているうちに変わってきたものはあったか。
山本　仲間うちによって伝達されてきた。
裁判長　映倫との意見交換ということか。
山本　そうだ。
裁判長　あなたの作品は摘発されたことはあるか。
山本　ない。
裁判長　あなたが監督をはじめられた当時と、最近とで、性の表現を比べてみてどうか。
山本　もう信じられないくらいに、エスカレートしている。

「ほとんどビョーキ」「すごいですねぇ」を連発し、サングラスと髭をトレードマークにしたテレビタレントでもあった山本カントクが、ここまでマジな発言をしていたのを知る人は、昨今では少ないかもしれない。

山本晋也は、当時、裁判所即ち日本国家を相手に猥褻を語り、映画を語り、映倫を語っていた。その過程で参考上映した自作『大色魔』を語ってもいる。

破棄された原版と見つかったフィルム

一九九〇年、僕が企画した「成人映画全集」から山本晋也の『大色魔』はビデオソフト化できなかった。

結局、女性評論家の一言により映画会社（新東宝）も大陸書房も作業をストップしてしまったからである。数あるピンク映画作品から、何も問題の起きそうな作品を好んでビデオ化せずとも良いではないかという判断だ。事なかれ主義と過剰な反応があったと思う。

自分としては、とても納得のいく結末ではない。悪意があったかどうかは別として、ふと発言した女性評論家の一言で、ビデオ化直前に作業は中止された。随分と説得したが、関係者は取り合ってくれなかった。なぜ、こんな結末になったのか。僕は、長く理解に苦しんだ。

山本監督には、当時、報告することもできなかった。カントクは、テレビで猛烈に忙しい時期だった。

悔し涙を呑んで『大色魔』のビデオ化を見送った少し後、「成人映画傑作全集」の発売は打ち切りになった。もしかしたら、この出来事が尾を引いたのかもしれない。ただ、急速に世の中は変わっていて、バブル崩壊とともに廉価版ビデオの売り上げも頭打ちだった。

数年後、大陸書房は多額の負債を抱えて倒産する事態に至る。ＶＨＳビデオの「成人映画傑作全集」は過去の遺物となり、時代は新たなメディアであるＤＶＤやパソコン動画の時代へと大きく様変わりしていった。

さらに数年の後、何かの取材の折、ビデオ化直前で見本版まで作った『大色魔』のフィルムや原版も、多くのフィルムとともに廃棄処分になったと配給の新東宝など映画関係者から聞いた。

この世から、山本晋也の最高傑作の呼び声もある『大色魔』は、とうとう永遠に失われたかに思われた。実際、知った時はガックリして言葉がなかった。

御存知インターネットのウィキペディアによれば、「山本晋也」の項目のはじめの方には、こう書いてあった。

「１９６０年代から１９７０年代にかけて、約２５０本の作品を撮影した。中でも「未亡人下宿」シリーズは外部買取作品ながらもにっかつのドル箱作品となり続編も多数作られ、ピンク映画のヒットメーカーとして一躍脚光を浴びる。ピンク映画から一般映画に進出した先駆者の一人であり、その喜劇演出は助監督だった滝田洋二郎にも影響を与えたといわれるが、その後タレント業が中心になったこともあって、映画監督としての体系的な評価はまだ十分に行われていない。滝田のピンク時代の作品が現在も多数ビデオ流通し、当時から才能が花開いていたことが確認できるのに対し、山本の映画は現存しているもの自体が少ないということもある」

そう、その通りだと思った（現在は、最後の文章の表現が違うようだが）。

誰が書いたか知らないが、ウィキペディアも、まんざら嘘は書かない。『おくりびと』でアカデミー賞外国語映画賞を受賞した滝田洋二郎監督の作風に、山本晋也の世界と流儀が影響を及ぼしたのは紛れもない事実である。それにもかかわらず山本晋也の作品世界が、日本映画史から失われたミッシングリンクになっているのも、また本当のことである。

山本晋也は、早過ぎた天才だったのか。

山本晋也が、喜劇映画を数多く撮ったのには理由がある。近年、ＮＨＫ衛生第２テレビで黒澤明や山田洋次の『男はつらいよ』の解説をしているが、それにも理由がある。

学生時代には、落語研究会と映画研究会を掛け持ちしたといわれる山本晋也。当時から師とも仰ぐ日本映画史上の名監督がいた。黒澤明ではない。山本晋也ファンなら知っ

上／月刊「成人映画」1969年6月号より「脱がせ屋の素顔⑤山本晋也」　中右／人気に火が点いた「山本晋也ワンマンショー」（文芸地下劇場・1975年12月）　中左／撮影中の山本晋也　下右／『ドキュメントポルノ女紐（ひも）』1973年　下左／『ドキュメントポルノ・続痴漢』1973年

ているかもしれないが、「喜劇の王様」「喜劇王」といわれた斎藤寅次郎である。

斎藤寅次郎は、無声映画時代に若くして頭角を現し、数々の抱腹絶倒ナンセンス喜劇映画をこの世に送り出した。『男はつらいよ』の寅さん、車寅次郎の名前の語源にもなったといわれるのが、斎藤寅次郎。わが国喜劇映画のパイオニアにして唯一無二の監督、笑いの王様である。斎藤寅次郎組から、エノケン、ロッパ、エンタツ、アチャコ、柳家金語楼などニッポン・オールスター喜劇陣が育ち、若き日の歌姫・美空ひばりも羽ばたいている。

山田洋次の『キネマの天地』（一九八六年／松竹）でもって、山本カントクが役名では佐藤監督だが、斎藤寅次郎監督その人を演じている。撮影当時、山田洋次の粋なはからいとも言われた。映画草創期の松竹蒲田撮影所を舞台に、山田も尊敬する斎藤寅次郎監督役を山本が演じた嬉しさは、天にも昇る気持ちだったのではないか。

ところで、斎藤寅次郎の戦前のサイレントフィルムの傑作群がほとんど失われてしまったことと、山本晋也のピンクフィルムが消失した問題を比べて語るのには無理があるだろうか。

ほとんどの映画作品が散逸、消滅して残されていない戦前のサイレント時代と、山本晋也の失われたとされるピンク映画が作られた戦後高度経済成長期とでは、大きな時の隔たりがある。しかし、日本の文化情況、映画界は何も変わっていないようだ。

山本晋也をはじめとする桃色独立プロのフィルムは、「ピンク映画」と呼ばれ、興行的にも作品的にも、一般映画からは差別の対象にされた。黄金時代といわれ、輝きを放った一九六〇年代から七〇年代にかけてのピンク映画は、その後も不当な扱いを受けた。倉庫代がかかるから、もう興行的に商売にならないからといって、多くのフィルムや原版を処分して来た。もしかすると、その廃棄したフィルムの中には、幾多の見果てぬ傑作や名作が紛れ込んでいたかもしれない。配給会社各社が、せめて原版だけでも残しておいてくれたなら……と思うと残念である。

同じポルノ作品でも、日活ロマンポルノは原版が残っている。日本映画誕生期からの老舗日活は、いくら倒産しているといっても大事な作品原版を廃棄してしまうことはなかったようだ。比べて「ピンク映画」と呼ばれたフィルムは、桃色独立プロによる中小企業製作の「小型映画」だ。戦後の手作り映画の一方の雄だったのだ。中小零細企業だったとはいえ、量産し大切なフィルムや原版をあっさり処分してしまうなんて、来る日も来る日もピンク映画を観ていた若い頃には考えもしなかった。

だが、近年、実は『大色魔』のフィルムがある所から新たに見つかったのである。俄かには、信じられないことだった。それを初めて知ったのは、第3章で書いた「本木荘二郎のピンクフィルム」を発見して訪れた日活映画でのことだった。日活の倉庫には、本木フィルムだけでなくかなりの量のピンク映画のフィルムがあった。これらのリストの中に『大色魔』が、まさに紛れ込んでいたのだ。

六〇年代のピンクフィルム多数の中に、この一九七一年公開の『大色魔』が混じっていたのは、いかにも不思議だったが、推理した。

なぜ、日活作品でもない『大色魔』のフィルムが日活の倉庫から出て来たのか。当時配給を委託されていたと考えられる独立プロ作品とは違い、『大色魔』が日活系および日活配給で映画館上映された記録はない。だとするなら、考えた末に浮かんだのは、先に述べた日活ポルノ裁判で上映された『大色魔』のフィルムである。

あの時、法廷で参考上映されたフィルムが上映後、配給会社の新東宝に返却されることなく日活の倉庫に収納されていたとしたら、話の筋道が通るのではないかと考えた。

上映後、日活裁判の被告だった日活関係者の手によってそのまま日活の倉庫に保管されていたのではないか。それなら、たった一本だけ『大色魔』が迷子フィルムのように倉庫で眠っていてもおかしくないのではないか。

東京地方裁判所・地下講堂は、今はもうとっくにない。地裁は、高層ビルの新庁舎になっている。あの時、あそこで、裁判所という異空間でピンク映画の傑作が上映されたことさえ、今は伝説だ。ところが、そのフィルムが、ふとしたきっかけで、倉庫を点検しようとした人の前に唐突に出現した。そうとしか考えられないではないか。この推理を裏付ける術を、フィルムの出所を検証する術を、僕は今のところ持っていない。しかし、この推理というか妄想を、僕は固く信じているのだ。そう、それしか考えられない。

　映画会社はどこでも、とっくに昭和の担当者はみな引退している。それどころか、日活という会社は何度も経営資本が変わっている。突然に倉庫から見知らぬ山本晋也のフィルムが現れて、本当に驚いたのではないだろうか。

　社内的な確認作業もあったと聞いたが、この『大色魔』のフィルムは、それから時を置かず、当時の国立フィルムセンター（現・国立映画アーカイブ）に寄贈されている。

　前出の日活・谷口さんから、『大色魔』フィルムが国立映画アーカイブに寄贈されたことをお知らせいただいた。山本晋也監督の貴重なフィルムであり、日活配給作品ではないことから、他の発見作品に先行して国立映画アーカイブへの移譲が決められた。一種の

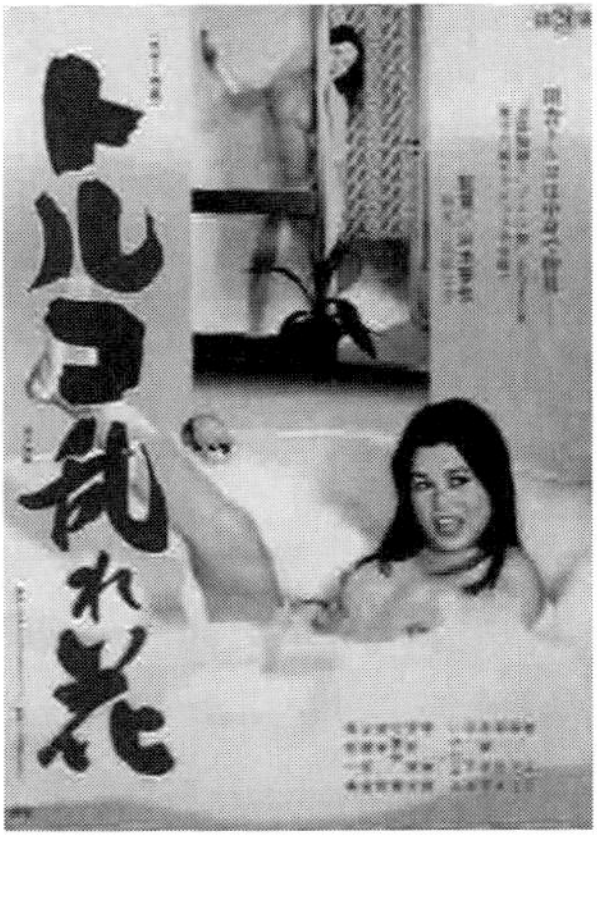

桜マミは山本組のヒロインだった『トルコ乱れ花』1976年

国立映画アーカイブの『大色魔』上映に駆けつけた関多加志(2021年)

「迷子フィルム」であった『大色魔』フィルムは、国立保存機関に委ねられた訳である。『大色魔』を配給した日本シネマは、後に新東宝興業に吸収されており、その時残されたフィルムは少ないが、既に多くが国立映画アーカイブの保管になっている。

かくて、『大色魔』フィルムが、後世に向けて永遠に残る可能性が出て来たのである。連絡を受け、僕は人知れず小躍りした。行方不明だった幻のフィルムに、一条の光が与えられたように感じられた。おそらく山本監督は、このことを知らないだろう。いつかお伝えしなければとも思った。あの名作フィルムが、もしかしたら、また観られると思うとゾクゾクワクワクした……。

もう、このフィルムをめぐって、誰かに妨害されることもない。いつの日か、山本晋也の最高傑作『大色魔』を、公開時のように誰もが見られるフィルムにしたい。そんな思いがムラムラと湧き上がって来た。それをきっかけに映画監督・山本晋也が再発見されるのではないか。心の底から、その日が来るのを願った。フィルム『大色魔』の数奇な運命、そして奇跡的な展開について詳細に書いたのは、今回の「ロードサイダーズ」連載記事が初めてである。文中でも触れたが、山本晋也の失われた傑作、名作はまだまだ多数ある。それらのフィルム発見はもとより、作品の検証をしなければならないと感じている。

〈追記〉

二〇二二年一〇月九日、コロナ禍二年目の秋、国立映画アーカイブにピンク映画好き（?）の精鋭たちが集まった。『大色魔』を観賞するための会合だった。映画ジャーナリスト、映画研究者、大学関係者、そして映画ファン。

本当は、どこかの映画館や小ホールを借りて、広く多くの映画ファンにも見せたかったが、それは難しいということで、日大芸術学部関連の研究会ということで上映会を実施した。たった一本しかないプリントがない場合は、原則国立映画アーカイブの外での上映は許可されない。原版も行方不明のプリントだ。何かがあってはいけないということだろう。アーカイブ内試写室での上映ならば構わないとの許可が下りた。僕らは、『大色魔』を上映した。

旧知の日大芸術学部教授の田島良一先生の尽力があって、映画ジャーナリストや大学関係者など約二〇名、『大色魔』を観賞した。当時の『大色魔』の助監督で、ワンシーンながら出演もしている関多加志さんを招いて、上映のあと時間の許す限りお話も伺った。ヒロイン役の篠原千恵と当時お付き合いもあった（!）ことまで、赤裸々に多々学術的かつ文学的にトークは進んだ。

もちろん山本監督にも手紙を書きお知らせした。コロナ禍でなければぜひ、お誘いしたいと思った。ただ、都内から近県へ引っ越されていて、コロナで移動制限も提唱される時世で厳しかった。

連絡すると、山本監督も「ぜひ駆け付けたい!」と言われた。上映日直前にも電話がかかって来て、ビックリした。そう、山本晋也は『大色魔』のことを忘れていない。自分が生んだフィルムのことを忘れてはいないんだと思うと感慨もひとしおだった。

僕は、大陸書房でのソフト化作業でビデオテープから観て以来のことだが、スクリーンで観賞するのは約三十年ぶりだった。当日、集まった人の多くが、初めて『大色魔』を観る人たちだった。ここに感想を書き連ねることはできないが、ピンク映画全盛期に、それも白黒パートカラーの時代に、このような傑作が作られていたことに、皆一様に驚きを隠せなかった。野上正義と松浦康の巧みなリズムと喜劇スタイルは、桃色映画の範疇をはるかに超えて斎藤寅次郎の喜劇映画を彷彿させた。

関さんのおしゃべりもすばらしく、二次会まで残ったメンバーは、夜の更けるまで昭和のピンクの世界、想い出話を伺うことができた。

山本監督がお元気なうちに、なんとかして監督トーク付きの上映会を実現したいものだと考えているのだが、フィルムの完全復刻が先かもしれない。いや、上映されたフィルムは、二か所ほど経年劣化で傷んだ箇所もあったが、全体的には予想をはるかに上回る状態良好のフィルムだった。これは、全国の映画館で上映され、倉庫に戻ったフィルムではなく、東京地裁の日活ポルノ裁判で一度だけ上映後、倉庫に仕舞われたフィルムでないかという思いを今一度強くした。

『大色魔』は、誰がなんと言おうと山本晋也の最高傑作である。その気持ちに変わりはない。『未亡人下宿』も、ここから始まった。まさに映画史のミッシングリンクそのものという思いである。

そして、ブルーフィルムのエロ事師を描いた『お座敷四十八態』（一九六八年／東京興映）、連合赤軍のリンチ事件を扱った『ポルノ総括・狂気の欲情』（一九七二年／東京興映）などなど、まだまだ数多くの山本晋也の傑作フィルムが、行方知らずなことに思いを馳せる。散逸もしくはこの世から消滅してしまった山本晋也フィルムが、いつの日か、次々と発見され、大きなスクリーンに映し出される日が来るのを夢に見ている。

そうでなければ、悲しくてやりきれない。

第6章

疾走する桃色女王　香取環と若松孝二

『甘い罠』と『引裂れた処女』　発掘されたフィルムたち

エロダクションの青春群像

若松孝二と仲間たちを描いた映画『止められるか、俺たちを』（白石和彌監督／二〇一八年）、通称『止め俺』がおもしろい。まずは、この話から入ろう。

激動の一九六九年、若松プロダクションとその仲間たちが織り成す、破天荒な映画作りとやんちゃな生活が映画になった。「昭和元禄」とも呼ばれた時代の先頭を走り抜けた「ピンク映画」の現場報告であり、若松孝二の映画作りの疾走感が描かれていて興味深いが、どこか再現ドラマっぽいのは仕方ない。

ドキュメントタッチで綴る、「ピンク映画」の世界に迷い込んできた若者たちと、若松孝二という風変わりなオヤジの交流が軸だ。桃色映画屋たちの青春群像劇だが、なによりも井浦新の若松孝二という一見ミスキャストのような配役が生きている。井浦が演じた若松は、口うるさいオヤジというより映画が飯より好きな青春オヤジ感覚が出ている。

むろん若松孝二の映画をリアルタイムに観てきた世代には、ちょと物足りないかもしれない。どうやら、若松孝二のピンク映画、エロ映画を見たことがない若い世代にもわかるように作られているらしい。やや思い違いもあるようで、一部に違和感も指摘されたが、独特な語り口がスタイリッシュにも見える。青春映画っぽいこだわりがクサくないのは、やはり登場人物たちの存在感あってのことだ。異色な登場人物たちの「青春映画」に仕立てたのが成功したか、予想以上に評判を呼んだ。

若松プロダクションとは、「ピンクの巨匠」「ピンク映画の黒澤明」「暴行の若松」などの異名をとった映画監督・若松孝二が作った小さな小さな独立プロダクションのことである。一九六〇年代から八〇年代にかけて、若松監督を中心にして、多くの監督が出入りしピンク映画を量産し続けた。かつて、週刊誌が特集記事で名付けたとされる通称「エロダクション」の草分けのひとつである。

若松プロが凄いのは、山あり谷ありの業界で、延々とピンク映画を撮り続けられたことにある。ある時期からは、若松監督とともに一般作品やテレビその他にも進出した。近年に至っては、若松孝二監督作品が「世界三大映画祭」（カンヌ、ベルリン、ベネチア）に出品され、各映画祭で監督賞をはじめ多くの賞を受賞する快挙を成し遂げた。世界映画市場にまで知られたプロダクションと言えよう。

とにかく、原宿表参道のビルの一室の小さなエロダクションだったものが、一躍日本映画を代表する製作プロダクションになってしまった。若松プロをピンク映画のプロダクションと思っている人はいない。それもこれも、若松孝二という不世出の「映画屋」がいたからこその足跡だ。

若松孝二監督／若松プロ事務所にて　2004年

ピンク映画草創期から、若松プロは、ピンク映画業界を代表して来た。客を呼べるピンク映画を撮り、市場も開拓した。傑作ピンク映画を生み出し、異能の人材も数多く生んだ。

映画『止め俺』の主人公は、当時、ピンク映画の現場には極めて珍しかった女性助監督だった吉積めぐみである。ピンク映画の世界に迷い込んだ不思議の国のアリスのように、彼女の視点を通し、六〇年代末のピンク映画の現場を描いている。要は映画屋さんたちのドタバタ劇。バックステージ映画である。

吉積を巡る二人の男たちも、この映画の主人公と言って良い。彼女を若松プロに誘った新宿のフーテンで、若松プロの助監督兼俳優でもあった「オバケ」こと秋山道男。若松プロには理屈っぽい、左翼指向の映画青年が多いなかで、感覚だけで映画を作ろうとするアート派の飄々とした変わり者だ。秋山は、当時の若松プロのキーパーソンとして登場する。

フーテン上がりから、ゲバ学生まで。一癖も二癖もある若者たちを束ね、女の裸とファックシーンばかりの低予算映画を撮り続けたプロダクションのボス・若松孝二。「俺はおまわりをブチ殺す映画を撮りたいんだ！」と言い続けた物騒な映画監督である。だが、若松孝二自身こそ、誰よりも速く日本映画界を最底辺から駆け上り、世界へ駆け抜けようと考えていた「若者」でもあった。

年齢差のある、主人公三人。吉積、秋山、若松、三者三様の目線で、映画と時代を駆け抜ける映画馬鹿たちの青春記録、その姿を追って行く。

僕自身にも、ピンク映画を観る始まりには若松たちの映画があった。若松プロが次々撮ったアート色の濃いフィルムたちを、アメリカン・ニューシネマかヨーロッパのアンダーグラウンド映画でも観るような気分で観賞した。それが、僕のピンク映画狂いの始まりである。

だから、『止め俺』は妙に懐かしいフィルムだった。登場人物は、どこか、かつてのアメリカン・ニューシネマの登場人物たちにも似て、自分捜しの途上を全力で走っている。田舎から都会に出て来た「真夜中のカーボーイ」たちのようにも見える。

フィルムが消え、フィルムの裏側が映画になる

主要な映画の舞台は、少年時代から僕も憧れた場所、熱気を帯びていた街だった新宿だ。シネマアウトローたちが群雄割拠する、日本映画界の最底辺がそこにあった。俺たちの兄貴や姉貴たちの時代そのものが、この映画の舞台でもある。若松組の映画屋たちが、時代と格闘する格闘劇映画とも言えそうだ。

とんでもない若松たちの映画作り。それは、どこか懐かしいフィルムの記憶でもある。撮影現場のカメラの中で、フィルムは鈍い音を立てて回り続けていた。

あらゆる映画撮影の現場からフィルムが消えてしまった今、フィルムの裏側が「映画」になるのは、どこか不思議なような気もする。

主役の一人である秋山道男が、本作の封切公開直前に急死したのには驚かされた。若松プロを去ってから、デザイナー、出版編集者、プランナー、プロデューサーなど多方面で活躍した。多芸多才な人物だった秋山。新宿のフーテンからマスコミに進出した一人に数えられている。若松プロ時代は、助監督だけでなく、俳優としてもスクリ

ーンに登場している。俳優では「秋山未知汚」の表記も使い、何本か出演作品がある。赤軍派のハイジャック事件をモチーフにした『性賊《セックスジャック》』で、主人公の奇妙な少年を演じ注目された。

ところが、その後、芸能界にも進出した秋山は、藤井フミヤらチェッカーズ売り出しにも一役買ったプランナーとして有名になった。また、人気アイドル絶頂期の小泉今日子にボディ・ペインティングを施して雑誌のグラビアに登場させ、マスコミで話題をさらったこともある。アングラからメジャーまで、縦横無尽な活躍を見せた異人であった。映画公開時に秋山がこの世を去り、若くして亡くなった吉積、交通事故で数年前（二〇一二年）に亡くなった若松と、『止め俺』の主人公の三人はみな死者になった。

巡り合わせというものだろうか。そう思ったら、秋山の訃報記事を書けと、いつも記事を書いている「映画秘宝」から原稿依頼が舞い込んだ。秋山の背中は見たが、話したこともない。そんな人の訃報は難しい。断るつもりだったが、他に書く奴がないといわれ断わりきれずに書いた。想い出したのは、自分の実家の自室の壁に長いこと貼ってあったポスターのことだ。だいぶ前、建物ごとなくなった少年時代の僕の部屋に、ずっと秋山主演の映画『性賊《セックスジャック》』のポスターが貼ってあった。ポスターをどこで手に入れたのかが想い出せなかったが、最近ようやく若松プロに初めて行った頃、何かの拍子に何枚も貰って帰ったのを想い出した。若松プロの事務所が、まだ原宿のセントラルアパートにあった頃だ。事務所の奥から、ポスターが束で出て来たのだ。

一緒に想い出したことがある。新宿ゴールデン街で友人らと夜中までワイワイ飲んでいて、僕は酔い潰れた。帰りがけに、若松孝二から「おい、明日事務所に来い！」と言われた。翌日のこのこ出かけて行くと、若松のピンク映画『十三人連続暴行魔』に姿を遺したまま亡くなった、ジャズサックス奏者・阿部薫の「偲ぶ会」を手伝えといわれた……。確か、後から若き日の崔洋一がやって来て睨みを効かして「いやだ」と言えなくなった。

当時、若松は年に一本くらいしかピンク映画は監督せず、暇だったのかもしれない。いやいや、サイドビジネスの食堂その他で忙しかった時期だったか。

内田裕也を起用したメジャー作品を準備しながら、弟分の高橋伴明にピンク映画を次々と監督をさせ上前をハネていた。その頃、街のどこかで助監督が見つけてきたという大人しい少女っぽい女の子を「島明海」という名前でデビューさせたのもよく憶えている。島明海の出演映画はピンク女優としては極端に少なく、若松や高橋が撮る、一風変わったピュアなピンク映画らしからぬピンク映画にしか出なかった。

エロ雑誌か映画雑誌か判別不能の「ズームアップ」という雑誌が、ちょうど売れていた頃でもある。版元のセルフ出版は、当時バカ売れしていた「ビニ本」で儲けた金で、次々にエロ雑誌を創刊、出版界に喰いこもうとしていた。「ズームアップ」は、若松孝二や高橋伴明のピンク映画をいつも取り上げていて、若松らの作品を応援していた。山本晋也がナンセンスでエロな笑いに特化したピンク映画を盛んに撮り始めた頃で、山本晋也の特集や現場ルポも多く掲載された。

激動の六〇年代が過ぎ、アラブへ旅立った足立正生、日大芸術学部出身の沖島勲など、アンダーグラウンド系の猛者たちが若松プロから消えた時代でもあった。彼らは、それぞれ若松とは別な表現や闘争の現場を模索していた。その頃、新宿で飲み始めた僕は、若松をゴールデン街などでよく見かけた。若松は、周りに若者が少なくなったせいか、飲んでいてもどこか寂しそうに見えた。

音楽シーンでは、激しい大音響のロックの時代が終り、ノリの良いレゲエが巷に流行り始めていた。ぼくもボブ・マリーやジミー・クリフを聴いた。「レゲエは良いぞ」と若松も言い出して、内田裕也主演の『餌食』を撮った。内田のことをボロクソに言いながら、内田主演の映画を続けて撮り出す頃だった。

『止め俺』では、井浦新が演じた若松孝二が評判になった。井浦は、若松役を男っぷりもよく見事にこなしていた。生前の若松の気持ちがわかっていたのか、気持ちの上で若松のそっくりさんを目指したのだろう。

テレビドラマで、ちら見したことしかなかった門脇麦が、シャイで一本気なフーテン娘の吉積めぐみ役を好演した。若松の『実録・連合赤軍あさま山荘への道程』で、少年役を演じていたタモト清嵐が、秋山道男を上手に演じた。三人を見るだけで気分の良い映画だ。

でも、若松映画に強く影響を受けた僕にとって忘れられない女優が、この映画では描かれていないことに気がついたのだ。

ピンクの女王、香取環

若松孝二のピンク映画は、女優は裸になり男に犯され喘いでいればいいような存在だ。女優は、殊更にヒロインとして取り上げられるポジションにないのは百も承知だ。後年の島明海などは、例外中の例外なのである。だが、彼女だけは違っていた。

彼女の豊満な肉体を知ったのは、三島由紀夫の自決をテーマに若松が撮った『性輪廻・死にたい女』からだった。若松プロ作品の常連だった俳優吉沢健が、彼女の豊潤な身体を貪るように愛撫していた。この映画の中の彼女は、セックスの最中で、いつでも「死ぬ　死ぬ」と言っていた。死にたい女、そのものだった。

秋山が、よど号ハイジャック事件の犯人もどきに奇妙な演技を繰りひろげた『性賊《セックスジャック》』でも、彼女は豊潤な肉体を見せつける。彼女の肉体は、スクリーンを見る男の目を奪い、心を奪いかねない勢いだった。

『止め俺』にも、チラとでも彼女が出て来やしないかと思いつつ観ていた。大島渚や佐藤慶、松田政男、荒井晴彦までそっくりサンが登場、再現ドラマ風にシーンが展開した。僕は、まだかまだかと彼女の登場を待った。でも、彼女の登場シーンは残念ながら最後までなかった。

豊潤な肉体の、その女優の名は香取環。

ピンク映画マニアなら、御存知の人も多いはずだ。香取環こそは元祖にして初代の「ピンクの女王」だ。半世紀以上にわたってピンク映画史（成人映画史）を代表する女優であった。一九六二（昭和三七）年、「ピンク映画第一号」といわれた『肉体の市場』（『肉体市場』）に主演、その後も業界随一の演技力と美貌で、三百本に及ぶピンク映画に出演した。他の追随を許さぬ活躍ぶりを見せた、ピンク女優のトップランナーだったのが香取環である。

香取は、女優として育ててくれた日活撮影所を飛び出して、独立プロでハダカになった。大手撮影所から外へ出て、ピンク映画で勝負した女優の始まりが香取だ。彼女の足跡から、まさしくピンク映画のヒストリーが生まれたと言っても過言ではない。愛らしい顔にアンバランスな豊満な肉体。香取の肉体が日本中の映画館で多くの観客を魅了し、興奮させた。

香取環と若松孝二。どこか奇妙な組み合わせにも思う人がいるかもしれないが、あまり知られていない二人の関係は、古くて長い。

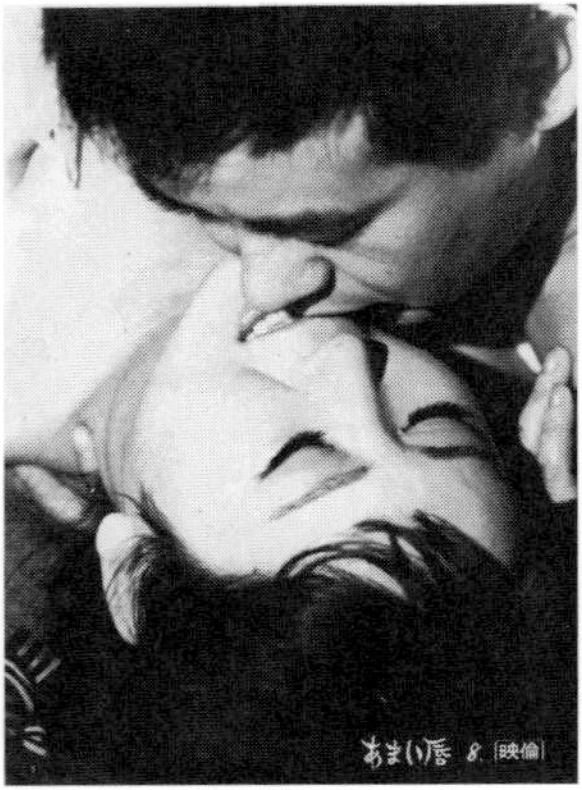

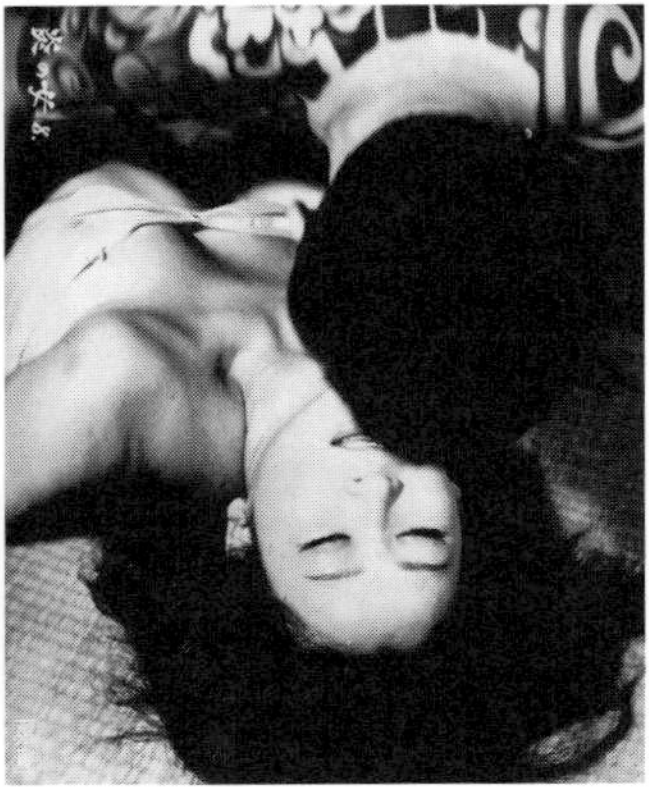

上右／『美しき悪女』 1966年・葵映画　上左／『肉体の誘惑』 1967年・葵映画　下右／『炎の女』 1966年・葵映画　下左／『あまい唇』 1966年・葵映画

二人の関係と言っても、男女関係を言うのではない。映画の上でのコンビワークという意味である。香取と若松は、相次いで「ピンク映画」と呼ばれた世界に流れ着いて、「ピンク映画」と差別された世界を走り始める。香取と若松。女優と監督として、二人が出会ったのは偶然だったかもしれない。だが、ある時期から、二人には同志的な結びつきがあったと僕は考えている。

若松孝二の映画監督デビュー作『甘い罠』から、香取環は出演している。

宮城県の農業高校を二年で中退、家出して上京した若松。新聞配達や職人見習いなど職を転々とした後、新宿でチンピラになった。傷害事件で逮捕され懲役一年六か月。出所して心機一転。テレビや映画の進行、助監督を経て映画監督を目指した。インタビューで、若松が自身の言葉で僕に語ってくれている。

若松が『甘い罠』（一九六三年）で監督デビューしたのは二十七歳。最初は『甘い罠』には別の監督がいたという。ところが、クランクイン直前に逃げ出した。少ない予算、女の裸ばかりが続く脚本に尻込みしたのだ。撮影は、暗礁に乗り上げようとしていた。当時、顔見知りのプロデューサーが、若松に白羽の矢を立てて頼み込んで来たらしい。若松は、躊躇する間もなくチャンスとばかりに飛びついた。

「ピンク映画」が、映画マーケットとして確立される以前のことだ。若松は、持ち前の負けん気と、自分なりに見よう見真似のテクニックで映画を撮る。エロとアクション、音楽などを前面に出して、シャープな娯楽作品として『甘い罠』を仕上げている。低予算映画としては素晴らしいデキで、『甘い罠』は公開直後から、観客にも劇場主にも大受けに受けた。

ロカビリー歌手で人気だった竹田公彦、人気海外ドラマ『逃亡者』の声優として知られていた睦五郎が出演した。若松の意気込みは想像以上だったようだ。ヒロイン役は、少女っぽさの残る新進女優の五所怜子をキャスティングした。香取は、ヒロインではないが、物語の重要な役回りで作品にリアル感を与えている。

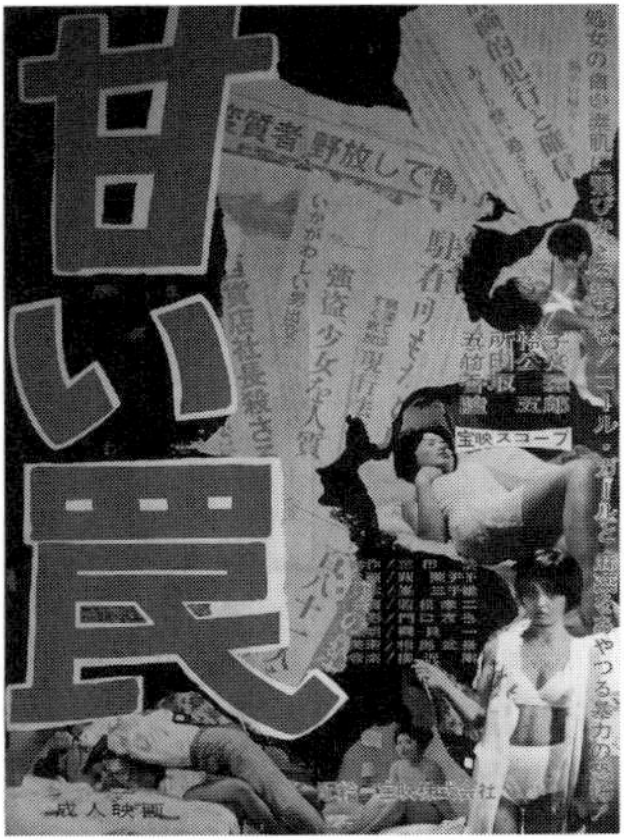

若松孝二監督デビュー作『甘い罠』1963年・東京企画／宝映配給

この世からとうに失われてしまったと、長く言われていた若松監督のデビュー作『甘い罠』。そのフィルムが、若松が亡くなる数年前に発見された。

フィルムは修復され上映されると、その完成度に再評価の声が上がった。若松が亡くなってからも何度か上映され、若松孝二という映画監督のデビュー作から一貫した映画作りのテンションの高さに注目が集まった。

若松の『甘い罠』は、大島渚ら松竹ヌーヴェル・ヴァーグには遅れながら、ピンク映画の先陣を切るスピード感が感じられる青春映画だ。フィルム原版が発見され話題を呼んだ山際永三監督の『狂熱の果て』にも通じる、六〇年代初期の日本映画の新しい風を感じる。社会の矛盾を突くように衝撃的な描写、激しいジャズ、シャープな画面とテンポの良いカッティング。撮影所の映画にない、ドキュメントタッチで現実の中へ飛び込んでいくカメラアングル。限りなく時代の影響が見えた。

石原裕次郎や吉永小百合を生んだ日活撮影所で、赤木圭一郎と同期のニューフェイス第四期生だった香取環は、日活退社後、ピンク映画へ飛び込んでいる。彼女は、当初から、演技力や個性で他に代えがたい貴重な女優だ。

日活時代、裕次郎主演作品をはじめ多くの映画に、久木登紀子の本名を芸名にして出演していた。日活作品での、彼女の巧みで存在感のある演技を記憶する映画ファンは少なからずいる。少女、看護婦、夜の女……多様な役に挑戦した。それが、逆に彼女の個性とスターへのチャンスを奪った。いつしか、彼女は「渡辺美佐子のような演技派女優になりたい」と、思うようになっていた。

元はと言えば「ミスユニバース・熊本代表」だ。決勝の全国大会でも「準ミス」に選ばれたほどの美しさ。準ミス選出後、表敬訪問した日活本社で、美しさとプロポーションからスカウトされたとされている。スター候補生だった。だが、四期の仲間がスターダムを駆け上るのを見ながら、なかなか芽が出なかった。プロデューサーに「良い役を付けてやるから」と、口説かれた席から逃げ出した。名脇役の道を選ぶしかなかった。次々数多くの日活作品に顔を見せた久木登紀子は、久木からくる愛称のクッキーで「稼ぎ魔クッキー」と呼ばれた。役や作品を選ぶ暇などなく、ひとつひとつが挑戦だった。

彼女は、そのまま撮影所で女優人生を歩むはずだったが、九州女の負けん気が、それを阻んだのかもしれない。撮影所内の人間関係にも嫌気がさした。罠に嵌ったように彼女の撮影所暮らしの歯車が狂い始める。「撮影所は魔窟だった」と言った、日活出身の監督の言葉が想い出された。

彼女には、恋もあった。

他社出演で知り合った、ある映画俳優との恋が彼女の身を焦がしたのである。日活ではない撮影所なら、自分に合う役が貰えるかもしれない。そんな夢も見た。実らぬ恋だった。

大物スターの相手役に抜擢された恋人は、香取を捨ててしまうのだ。週刊誌に書き立てられた彼女は、日活撮影所を去るしかなかった。テレビ出演では食べられないと、映画に見る夢を捨てきれなかった。また、当初はギャラも独立プロと言っても、テレビより映画の方が良かったらしい。気がつけば、独立プロ作品の現場で、ハダカになっていたのだ。

テレビ出演で見知っていた小林悟監督が声をかけて来て、大蔵映画配給の独立プロ作品『肉体の市場』に出演した。倒産したばかりの新東宝で売り出し中だった扇町京子と姉妹役だった。六本木族の不良たちに玩ばれて死んだ姉（扇町）。その復讐を果たそうとして、六本木で不良たちの群れに混じる妹の環（香取）。彼女は、それまで久木登紀子の本名で出ていたが、この映画以後、役名の「香取環」を芸名にしてスクリーンに出るようになる。

独立プロ系初の成人指定劇映画『肉体の市場』は、公開直後、警視庁によって猥褻容疑で摘発された。猥褻容疑に謝罪した小林悟監督は罪には問われず、問題シーンを数カット再編集して上映、かえって大ヒットしている。観客動員では、大ヒット上映

香取環ピンク映画初出演『肉体の市場』（『肉体市場』）　1962 年・協立映画　男たちに囲まれているのが香取環

中だった黒澤明の『用心棒』に匹敵、それを凌ぐ勢いの動員記録があったと週刊誌は書き立てた。

　香取は、出演直後、自身の主演作品が摘発されてしまったのに驚き、映画出演を一時辞めている。思い直し、裸になることに開き直ったかのように、成人映画への出演をくりかえすまでに一年近くかかった。時代の変遷とともに、業界への風当たりが変化するのを見越していたのか。彼女の裸体が金になると考えたプロデューサーから勧められるままに、彼女は脱ぎまくっていくことになる。

　香取自身には、当時、撮影所の外で新しい映画屋たちの波が起こりつつあるのが感じられた。香取環となって、その波に乗ってみよう、映画屋たちに賭ける、見果てぬ旅に出てみようと思った。

　若松孝二が『甘い罠』で監督デビューしたのは、『肉体の市場』から一年後。次々作られ始めたピンク映画に、若松は強烈なレイプシーンを売り物にして、コンスタントに作品を撮った。

『甘い罠』と同年に作られた『激しい女たち』『不倫のつぐない』、翌年（一九六四年）公開の『悪のもだえ』『めす犬の賭け』などデビュー直後の若松作品のほとんどに、香取環は連続出演している。デビューから最初期の若松作品の常連女優だったのが、香取環だったのである。

上右／『激しい女たち』1963年・国映　上左／『肉の標的』　1969年・国映　下右／『性輪廻（セグラマグラ）死にたい女』1971年・若松プロ　下左／『婚外情事』1969年・国映

若松監督は、助監督時代に松竹の大部屋女優だった松井康子に声をかけ、「自分が監督したら出て欲しい」と言い、ピンク映画に誘った。松竹系で売り出そうとしていた大部屋女優の路加奈子を、初めてピンク映画に起用したのも若松だった。路加奈子は、武智鉄二の『白日夢』に出て脚光を浴びた。

初期の若松は、案外女優選びに熱心だ。荒々しい男優たちが、ヌードモデルまがいの女優たちを犯しまくる映画ばかりを若松が撮るようになるのは、ずっと後のことである。路加奈子主演の若松作品『不倫のつぐない』では、香取は日活退社前後のテレビ出演時に使っていた名前「佐久間しのぶ」でクレジットされている。この頃の若松作品では、香取は主演ではない。ヒロインをサポートする重要な役柄で、毎回のように起用されている。メインの女優を際立たせる香取の演技力が、いずれの若松作品でも発揮されている。

若松の役者を見る目は際立っていた。撮影所経験も豊富な香取を女優として気に入り、連続して自作に出演をオファーしたのである。映画雑誌で行われた監督座談会で、若松は言っている。

「(ピンク映画の女優たちには)香取環くらいの演技力が欲しいですね」

若松の香取への惚れ込みようは、ピンク映画界の他の監督の誰よりも早い。

香取と若松の蜜月ともいえるコンビワークは長くは続かずに、その後まもなく一旦途絶えてしまう。若松の作風が徐々に変化していったことと、香取が純粋にハダカのヒロインを目指し自分自身の主演作品を選ぶようになったことが、香取の若松作品出演を減らしたのだ。

香取は、やがて、宝塚撮影所育ちでピンク映画に飛び込んだ西原儀一の葵映画の専属女優となり主演作品を連発する。

ピンクの女王、その後

ピンク映画の「第一号女優」で初代「女王」である香取環は、やがて日活ロマンポルノが始まる一九七〇年代初めに行方をくらましてしまう。そんな彼女の足跡を追い、故郷の熊本に戻ったのを知って、今から三十年以上前に僕は香取を訪ねて熊本まで行った。ピンク映画界を代表する女王の単独取材をしてみたかったのだ。ところが、当時結婚していた御主人に取材は断られ、会えず仕舞いに終わった。

二十年後、ある週刊誌記者のはからいで彼女への道が開かれる。手紙を出してから一年後、約束を取り付け熊本の御自宅まで会いに出かけた。失踪したとされた「女王」は、元気に実家の製薬会社の社員食堂で働いていた。

毎日の献立を考え、若者たちに母のように慕われる「食堂のおばちゃん」になっていた。

その日から、何度も何度も香取に取材し、記事を書いて来た。いくつかの原稿は、本にもした……。

「若ちゃん（若松孝二）は、何を撮りたいかよくわかっているからね」

何度か香取が言っていた言葉を、想い出す。多くのピンク映画に出演し、多くのピンク映画監督と付き合った香取ならではの言葉だった。若松の映画監督としての資質を、香取は見抜いていた。しかし、こうも言った。

「でも、あんな理屈っぽい映画ばかり撮らなきゃいいのに……」

香取が、若松に感じたイメージから発した言葉である。彼女が言うように「理屈っぽい映画」ばかりを、若松孝二は数多く撮っている。初めて僕が彼女を意識した『性輪廻・死にたい女』も、「理屈っぽい映画」だった。『性賊』もまた。

ところが、若松が香取環を起用して理屈っぽい映

右／ラピュタ阿佐ヶ谷で　左は内田高子
2009年　左／神戸映画資料館で
2011年

画ではない映画を撮っていた。これは、若松ファンにも香取ファンにも、あまり知られていない。

そのフィルムが、今ではこの世から消え、もう誰も見ることが叶わないと考えられているからだろう。

『止め俺』では、若松がプロダクションの経営を支えるために撮った、SEX体位解説のハウツウ映画『愛のテクニック』の舞台裏が描かれている。映画『止め俺』では全く触れていないが、同じように若松が営業的に「大杉虎」の変名で撮ったピンク映画が何本かあるのである。

難解で過激な映画が、時代状況から学生たちに支持されていた。それを若松はよく知っていて、多くの「ゲバルト・ピンク」を撮っている。監督であると同時に経営者だった彼は、それだけではプロダクション経営がもたないのも知っていた。

演出力があるのだから「暴行の若松」に戻って「わかりやすい映画を撮ってくれ」という配給会社や映画館主の要望が多々あった。それを受けて「大杉虎」の名で、何本も商業主義的なエロチック本位の作品を撮ったのだ。

そんな大杉虎名義のピンク映画の中に、香取環を主演にした作品が数本ある。

今のところ分かっているのは、一九六九年八月に公開された『肉の標的』(国映)、同年八月公開の『婚外情事』(国映)の二本である。

例によって、東舎利樹コレクションから貴重なポスターをお借りしたので、誌上公開（一六九頁）するが、これらの作品を実際に映画館で観たという人を、残念ながら僕はまだ知らない。

ポスターから窺い知れるのは、香取環の熱演ぶりとその迫力。ともに香取の相手役は、野上正義。若松映画の理解者で若松プロ作品出演も多い野上の迫真の演技も見逃せまい。もし、これらのフィルムが見つかれば、若松と香取のフィルモグラフィ、プロフィールは大きく書き換えられるのではないかと、僕は密かに、いやマジで考えているのだが。

「今度ね、若松さんと新高恵子さんが主演した『歪んだ関係』を上映して、ラピュタ阿佐ヶ谷でトークショーをするんですよ」

「あら、そうなの。若ちゃんに会いたいな。よろしく言っておいて頂戴ね」

「若松さん、また新作を撮っているんです」

「出たいわね。どんな役でもいいから、出たいって言っておいてよ」

熊本の香取と、ある時、そんな電話のやり取りをした。

ラピュタ阿佐ヶ谷のトーク本番、若松監督に話を振った。若松監督は、寺島しのぶ主演の『キャタピラー』をちょうど撮ろうとしていた。監督は言った。

「いいよ。彼女、どんな役でも良いんなら。モンペ穿いて農家のおばちゃんやってくれるんなら。田植えのシーンかな」

「はい！　すぐに伝えます。出るんじゃないですか……」

早速、後日電話をしたが、「食堂のおばちゃん」が「農家のおばちゃん」になるのは、スケジュール的に、とうとう無理だった。毎日、陣頭指揮で調理する食堂を誰かに任せなければならないからだ。

今から思えば、無理をしてでも香取が『キャタピラー』に出ていれば……。そう思うことがある。若松と香取の映画の物語は、そこで大きなクロニクルを完結させたことだろう。

若松の『キャタピラー』（二〇一〇年公開）が世界的評価を得て、第六〇回ベルリン国際映画祭銀熊賞（最優秀女優賞）に輝いたのを御記憶だろう。それは、若松にとって一九六五年に『壁の中の秘事』上映で「国辱映画」扱いをされたベルリン映画祭への復帰、復活というクロニクルの完結だった。

まだまだ発掘されていない香取フィルム

香取環の作品は、実はまだまだ広く知られていないものも多い。

ピンク女優のトップランナーとして出演作品の多い香取、出演したフィルムの多くが散逸、廃棄、処分された。例えば、先に述べた『肉体の市場』は、今では数分の断片フィルムでしか見ることができない。

香取環と出会ったことが、僕のピンク映画フィルム発掘の原点にあると言って良い。もっと違う香取環が観たい。こんな作品にも出ていたのか。こんな名演を見せていたのか。香取の出演する映画は、発掘してみる度に僕が少年期から観てきた「ピンク映画」のイメージを一新させるものばかりだった。

香取との出会いから、僕はピンク映画を追いかけ、記事を書き、さらにフィルムを発掘する旅に出たように思う。

香取を可愛がり専属女優にしたプロダクション、葵映画の代表だった西原儀一監督と出会ったのも大きい。西原監督からは、亡くなる前に葵映画のフィルムをたくさん託されることになった。フィルムの多くは、既に国立映画アーカイブに寄託した。神戸映画資料館にお預けしているフィルムもある。

西原作品の香取環は、長い香取のキャリアのうちで最も高い評価を受けるべき作品ばかりだ。香取環を、香取環らしく個性的に撮ったピンク映画監督の筆頭が、西原儀一だろう。だからと言って、多くのピンク映画監督と女優のように、西原と香取の間に男女関係があったかどうかは謎である。惚れっぽい香取という女性が、西原と恋仲にならなかったというのも不思議だが、どうやら西原監督の片想いではなかったのかと思うことにしている。

生前、香取から数々の男性遍歴のあらすじを聞いた僕は、彼女が男に求めたものがやや理解できた。それは、単なる僕の思い込みかもしれないが。彼女の生きた道筋は、一九六〇年代の映画女優たちが、多かれ少なかれ通過したものだ。撮影所が解体し、独立プロに活躍の場が移っていく。特別だが、六〇年代の映画女優の典型でもあったのが香取環だと思う。彼女の大胆で繊細な性格や生き方も含めて、いつか小説のかたちにしてみたいと、僕は今でも本気で思っている。

人生で愛と別れがあってこそ、映画女優という特別な仕事を続けられたのかもしれないではないか。

香取環が亡くなったのは、二〇一五年（平成二七）年一〇月一二日のことだ。前年の秋に肺癌が見つかり、闘病を続けた。春には「食堂のおばちゃん」も辞めて静養していたが、夏の終わりに病状が急変し亡くなった。享年七十七。

亡くなってから少し経った頃、国立映画アーカイブの担当者から連絡があった。

「うちに託されている西原儀一監督の作品フィルムから、香取環さん主演の『引裂れた処女』をニュープリントして、近く開催する『逝ける映画人を偲んで』特集で上映したいのですが、どうでしょうか」

どうもこうもない。「ピンク映画女優」として、古巣の日活はもちろん日本映画界から差別され続け、道なき道を切り拓いた香取環の作品を、国立映画アーカイブという晴れがましい場所で追悼上映してくれるというのである。

国立映画アーカイブには、西原監督から託されたフィルム原版やプリントが多数、お預けしてある。追悼上映は、切に望むところではないか。

「ピンク映画も、時代の変化で文化になったということだよ」

物知り顔で、ある知人が言った。

天国から、香取環が「キャッー、嬉しい！」と言った声が聞こえて来た。

ニュープリントで、大きなスクリーンに上映された『引裂かれた処女』は、見違えるような作品だった。

生前、ラピュタ阿佐ヶ谷で上映して、香取を呼んでトークをした。あの時のフィルムは、想像以上に劣化していたのを思い知らされた。何か所かあるパートカラーと呼ばれる白黒映画に挟み込まれたカラー撮影

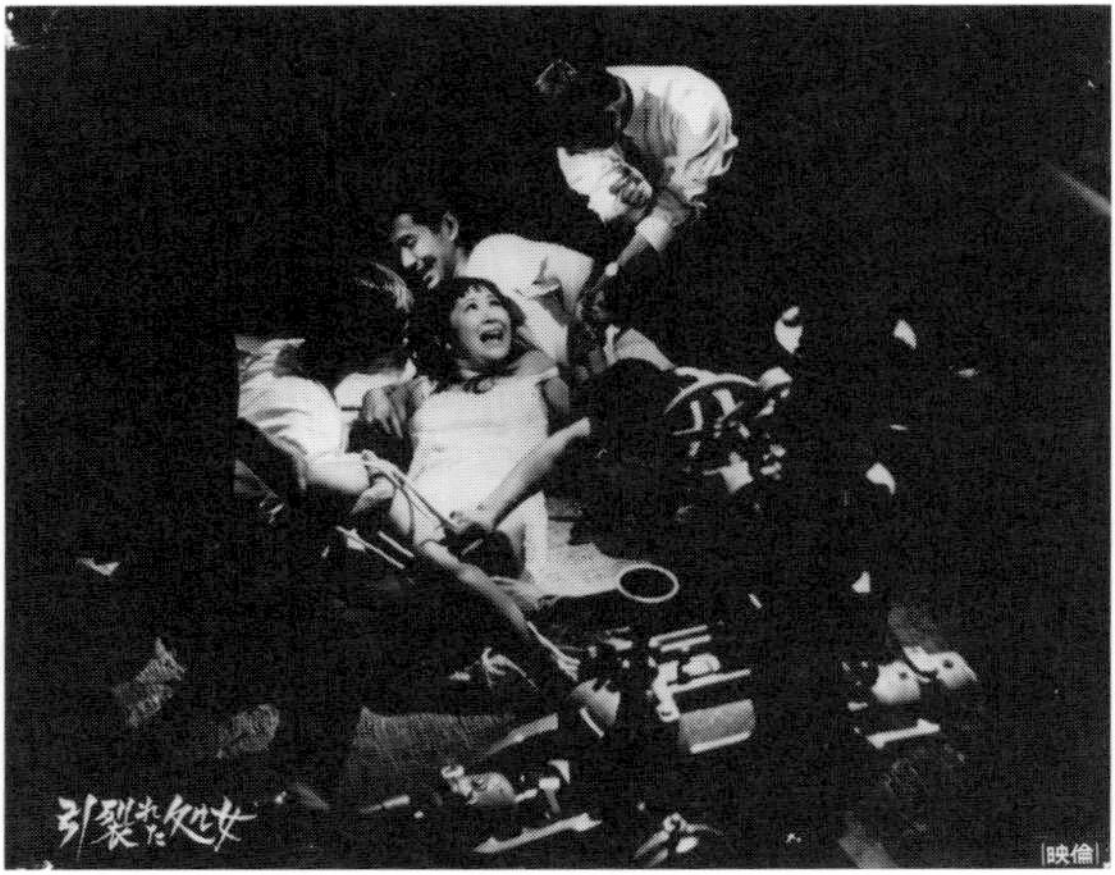

国立映画アーカイブで上映された『引裂れた処女』（1968年・葵映画）

のベッドシーンは、ものの見事に本来の色を取り戻した。鮮やかに、香取の肉体を、そして盲目の少女役で助演した白川和子を、撮影当時のままに蘇らせたのである。香取の若々しい肉体の艶めかしさ、ボリュームある肢体と絶品演技が蘇ったのだ。白川は、当時、香取の妹分を自負していた。演技を見習ったとも言っていた。

草津温泉から群馬の山々にロケした風景は、信じられないくらい美しかった。その山中を、香取環が、まるで、その人生のように走って行く。彼女を陥れ、しかし愛してしまう男と逃げて行く。

『引裂れた処女』は、好きになった男に裏切られ、堕ちていく女の物語だ。あまりの悲惨さに胸苦しくなるころ、男が豹変する。その一瞬の愛に向けて、転がり落ちて行く香取が、愛らしい。そして、力強い。

『引裂れた処女』というフィルムは、香取のいちずな演技が、ピンク映画というジャンルを誰にも指差されない領域にまで押し上げた瞬間だったかもしれない。

香取環のフィルムは、まだまだいろいろな所に埋もれている。配給会社やレンタルフィルム会社の倉庫にも「香取フィルム」はあるに違いない。もうすべて劣化して観れなくなってしまっただろうか。きっと、香取環は、ぼくのスクリーン旅の運命の女神に違いない。もっともっと、香取フィルムの発掘をと叫びたいような気持ちでいる。フィルムの発見を願っている。

第7章　北鎌倉に眠る無頼派アルチザン伝説　佐々木元

日活ロマンポルノ前夜、『肌のもつれ』『悶え狂い』

酒場で得た情報

鎌倉駅からすぐの裏通りに、大島渚作品で知られる松竹大船撮影所出身の美術家・戸田重昌夫人だった女性が経営する小さな酒場があった。一枚板のカウンターは、撮影所の大道具さんたちが作った年代物で、細長い店を風格あるものにしていた。鎌倉に相応しい古い映画の話ができるので、鎌倉に行くとよく顔を出していた。ある日、店を覗くと必ずいる、鎌倉生まれで映画好きな常連の男性と隣になった。

「佐々木元って映画監督のことを調べているんですが、知りませんか。晩年は、どうも鎌倉に住んでいたみたいなんですけど」

「元さんか。知ってるよ。よく飲んでたよ、ここへも何度も来たことがある」

「本当ですか！　御存知なんですね、やはり。そうじゃないかと思った……」

「ある意味有名だったからね。女には手が早いとかで（笑）。あんまり良い噂は残ってはないけどね……」

「映画監督だったというのは？」

「知ってたよ。ピンク映画の監督でしょ。でも、たいしたのは撮ってはいないんじゃない。映画の評判とかは聞いたことがなかったから。ねえ、ママ」

急に話を振られたカウンターの向こう側にいたママは、ちょっと困った顔をしながら言った。

「ううん。元さんね。よく来たけど、もうずいぶんと昔だよね……」

「業界では、そこそこ知られた映画監督だったんですよ。ピンク映画専門だったけど。傑作も撮っていた……」

そう言ってから、みんななんだか想い出したくもない話題だという顔をしているのに気づき、この話を掘り下げるのはやめにした。

「そうそう、最後に元さんが店をやっていたのは北鎌倉じゃなかったかな。まだあるのかなあ……」

隣の男性は、そう言ってから話題を変えた。カウンターの反対側の男と、その日のプロ野球の話などを始めたのだった。

僕は、そのまま帰るのは失礼だと思ったから、何杯か飲んで、深夜になる前に店を出た。いつもの通りママと古い映画の話をし、いつものように若き日の今村昌平監督（隅田川のポンポン船の船長だったらしい）とママがデートをした時の昔話などを聞いてから。

もう、だいぶ前のことになるが、ある晩の鎌倉駅近くのバーでのことである。

「やっぱりなあ」と、帰りの夜道で一人つぶやいた。

白川和子の名作

佐々木元という監督について調べることになったのは、彼が監督したフィルムを上映することになったからである。

東京の人気名画座・ラピュタ阿佐ヶ谷で「60年代まぼろしの官能女優たち」という特集上映を、僕の企画で開催した（二〇〇九年三月一四日〜五月一五日）。熊本から「ピンク映画第一号女優」香取環を、向井寛監督夫人だった「和製ソフィア・ローレン」内田高子を、それぞれゲストにお招きして大盛況だった。

大成功から、続篇「60年代まぼろしの官能女優たちＰＡＲＴⅡ」（二〇一一年五月一四日〜七月一五日）をやることになった。パートⅡでは、一星ケミ、路加奈子、谷口朱里ら六〇年代ピンク映画の「第二世代」と言うべき女優たちにスポットを当て、特集しようと考えた。散逸し所在さえわからないフィルムばかりの初期ピンク映画で、特集を組むのは大変だった。どこかの倉庫や映画館にフィルムが残っていても、それだけでは上映はできない。保存状態や権利問題などがあった。上映にこぎ着けるまでさまざまな努力が必要だった。そんな折、神戸映画資料館に自分が預けたフィルムの中に、白川和子主演のフィルムがあったのを想い出した。

白川和子こそ、「ピンク映画第二世代」を代表するピンク女優と言っても良い。白川が主演したフィルムの題名は、『肌のもつれ』。神戸に寄託しただけで上映せず、観たことのなかったフィルムの封印を解き、ラピュタ阿佐ヶ谷の特集で上映してみようと思ったのだ。

フィルムは、宝塚映画撮影所出身のピンク映画監督・西原儀一の主宰したプロダクション・葵映画の作品だった。西原監督が亡くなって、葬儀や遺品の整理に立ち会った僕は、膨大に遺された葵映画の資料やポスター、フィルムや原版の整理を手伝った。国立近代美術館フィルムセンター（現・国立映画アーカイブ）へ、収蔵のお手伝いもしている。その時、上映可能なフィルムの多くを自分が譲り受けて、神戸映画資料館に寄託をしたのである。

葵映画とは縁の深かった「女王」香取環、劇団天井桟敷に転じて活躍した新高恵子の初期作品などに混じって、白川主演の『肌のもつれ』もあった。日活ロマンポルノの第一号『団地妻　昼下りの情事』に主演し、傾きかけた日活を救って「おんな裕次郎」「ロマンポルノの女王」と呼ばれた白川和子。現存するのが非常に珍しい彼女のピンク映画時代の主演作品だった。一九六九（昭和四四）年公開の白黒作品だが、濡れ場になればパッと色が着いた。所謂「パートカラー」だ。当時らしく堂々六九分の長尺で完全版の作品だ。

『肌のもつれ』は、日活ロマンポルノなどの白川の出演フィルムに比べても、遜色のない佳作だった。なによりも全篇にわたる白川の官能的なラブシーンが、鮮烈で衝撃的だ。

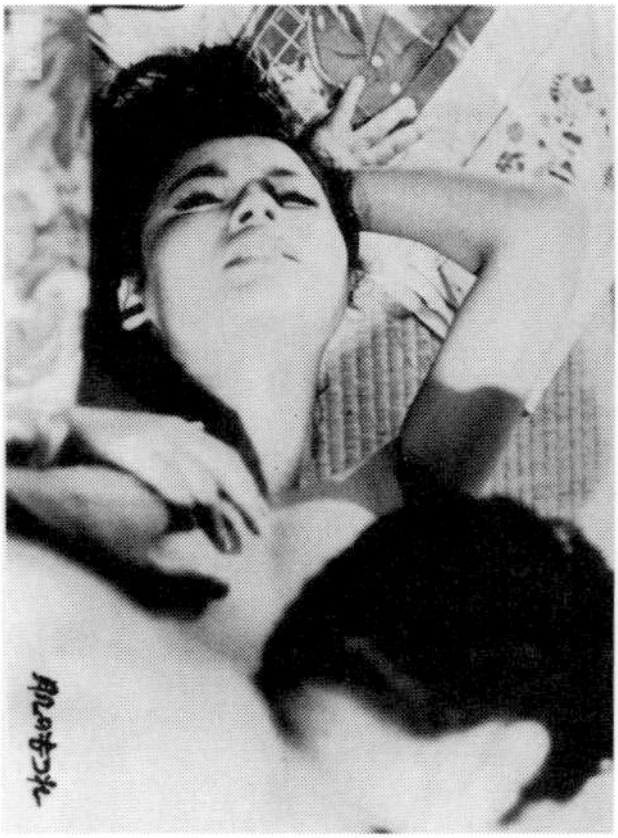

右／『肌のもつれ』　1969年・葵映画　左／絡み合う野上と白川の濃厚シーン　『肌のもつれ』

相手役は野上正義。業界随一の名優である。

スクリーンの中では、白川も野上もともに信じられないほど若い。僕が映画館で出会う前の白川と野上が、そこにはいた。

力まかせのように、二人が濃厚なベッドシーンを演じていた。白川と野上は、六〇年代の木造アパートで、まるで本当に愛し合っているかのように延々とセックスする。それを、ドキュメント映画のように撮るカメラ。二人の肉体の表情を流麗なカメラワークが追う。二人に任せたのか、細かに指示したのか。自然な深い愛の営みにさえ見える、官能的だが、過剰さはない演出。汗のしずく、肌のぬめり、絡み合う女と男の匂い。全てが微細に伝わってくるリアルな映像だ。

外の騒音を遮断して、深い男女の求め合いが続いた。狭い四畳半でくりかえされる愛撫。アパートの部屋の中、二人きりの世界。

白川和子の看護婦、野上正義の工員。やがて、関連もなく起きる殺人事件。縺れた糸を手繰り寄せるように、男女の裏側を炙り出す。サスペンスタッチで綴られた物語。

本作を初めて観た時、語り口の非凡さと描写力に舌を巻いた。ピンク映画の当時の水準を超えているのは間違いない。葵映画配給作品だが、製作に「北都プロ」の名前があった。これは、どうやら佐々木自身のプロダクションらしい。本作の力量から推量すれば、佐々木元監督作品は、ピンク映画として全国で充分に主力商品となったことだろう。

『肌のもつれ』は、佐々木にとり監督デビューから二年目の作品だ。隠れた名作と呼んでも良い作品である。

これを上映しない手はない。そう思って「60年代まぼろしの官能女優たちPART Ⅱ」のラインナップに入れた。

一星ケミの『セックス女優残酷史』（向井寛監督／一九六八年）。香取環と志摩みはるの『あまい唇』（千葉隆志＝西原儀一監督／一九六六年）。路加奈子の『赤い犯行』（若松孝二監督／一九六四年）などのフィルムとともに、プログラム第四週に『肌のもつれ』を上映した。

初日の土曜日には、主演の白川和子を呼んで、僕が聞き手でインタビュー・トークも行った。旧知だった白川さんは、作品が見つかったことに喜んで来てくれたが、日活ロマンポルノ出演作品以外でのトークは珍しかった。

白川さん自身、本作のフィルムが残っていたことに感動していた。当日は、若い観客も多く、ピンク映画時代に既に完成されていた白川の艶技と肉体を見て驚いたようだった。

野上の遺影とともにトークする白川和子
ラピュタ阿佐ヶ谷・2011年

前年の二〇一〇年の暮れ、白川の相手役の野上正義が亡くなっていた（享年七〇）。僕は、トークの時、白川さんとの間に置かれたテーブルに、花とともに野上さんの小さな遺影を置いた。野上追悼の意味を込めたトークにしたかったからである。

その日、白川和子は、いつにもまして時代を背負う特別な女優だった。ピンク・ポルノの頂点を極めた「女神」であった。若い頃も想い出されたのだろう。想い出話は、どれも感動的だった

その日は、特別な来客もあった。

鎌倉駅前のバー以来、僕は一人でコツコツと佐々木元について取材していた。ある日、佐々木の妻だったという女性に辿り着き、上映当日に招待した。チケットを二枚送ると、彼女は青年と二人で現れた。青年は、佐々木の息子さんであった。彼女は、旧知だという白川に挨拶した。ある時期、彼女は映画のスタッフでもあった。

無頼派監督、佐々木元

もうひとつ、辿り着いた先がある。北鎌倉の小さな居酒屋である。鎌倉の男性の言葉や古い連絡先を辿るうち、佐々木が亡くなるまで開いていたという酒場を見つけたのだ。その店は、北鎌倉の駅からも程近い通りに面してひっそりとあった。年代を感じさせる古びたカウンターの居酒屋だった。昔は、どこの街にも一軒や二軒あったような、落ち

着いた飲み屋だった。

映画監督を辞めた佐々木は、藤沢で最初の居酒屋を経営した。繁盛した店だったが、そこを畳んで、晩年は北鎌倉に小さな店を持った。近くに親戚もいたからだった。

訪ねてみると、カウンターには物静かな中年女性が立っていた。ビールを飲みながら、映りがよくないテレビを眺めながら、ぽつりぽつりと佐々木について聞いてみることにした。どうやら、彼女は、最後に佐々木を看取った女性のようだった。

ラピュタ阿佐ヶ谷に招待した「妻だった」女性と、彼女はほとんど面識がないという。佐々木は、北鎌倉へ一人で移って来たのかもしれない。複雑な男女関係がほのかに見え、映画さながらに佐々木の人生に思いが及んだ。

「すると、店の後は任すと言われて、そのまま続けられて来られたんですね」

「ええ。私は、お客だったんですよ。最初はどうしようかと思ったんですけど……」

カウンター越しに聞く佐々木の姿は、思い描いていた通り一本気な無頼派のように感じられた。一九九七（平成九）年に亡くなったという。享年五十八。どうやら、僕が、この辺りに引っ越して来た頃から捜していれば、まだ佐々木は生きていたようだ。だが、残念ながら、佐々木元という映画監督に、その頃はまるで興味がなかった……。

この春（二〇一八年二月）、大杉漣という俳優が亡くなった。大杉漣と言えば、北野武の映画や数々のテレビドラマを想い出す人が多いだろう。近年では『シン・ゴジラ』で、ゴジラと対決する総理大臣役が印象深い。演技達者でありながら、滲み出る人間臭さも感じさせる、唯一無二の個性派だった。

大杉の訃報が伝わってすぐ、映画雑誌「映画秘宝」から追悼特集をやるので、高橋伴明監督に取材して原稿を書いてくれとの依頼があった。高橋監督とは旧知の間柄だが、締切までに会うことは不可能に近い。電話でコメントを貰うしかない。また、高橋監督は共同通信社を通じて全国の新聞にコメントを出していた。それは、素晴らしいものだった。その追悼記事を読み、さらに掘り下げた電話インタビューとなった。

大杉は、ユニークな沈黙劇で世界的にも評価が高い転形劇場の出身だが、映画出演の始まりはピンク映画からだった。大杉を、ピンク映画の世界に呼び込んだのは、若手監督として活躍していた高橋伴明だった。

高橋の電話番号を古い手帳から引いて、電話に向かう。電話取材はよくやって来たが、近年はメールで取材に応じる人も多い。急な電話取材は久々だ。どうなるかと思いながら電話すると、忙しい最中にも関わらず取材に応じてくれた。ピンク映画時代のことを想い出しながら、懐かしそうに話してくれた。

「『面白い役者がいるよ』って教えてくれた人がいて、転形劇場の芝居を観に行って『ピンク映画に出てくれないか』って言ったのが始まり。四十年近く前だね。その時の舞台そのものの記憶はないんだが、大杉の静かな存在感が欲しいと思ったんだ。四国でロケして撮った『緊縛いけにえ』（一九八〇年）という映画に出て貰ったのが、最初だね。それまでの僕のピンク映画の常連だった下元史朗と、二本柱になるなって思ったのは憶えてる」

そんな話から、高橋監督の話は始まった。ピンク映画以後も一般作品でも大杉漣を度々起用したのは、彼の豊かなアドリブに期待してのところもあったと語った。「大杉も俺も出身はピンク映画、戦友のような気でいたのに……」と言われた言葉が胸に刺さった。

電話を切って原稿を書く段になり、もっともっと高橋監督に話を聞きたくなった。特にピンク映画時代の話を聞いておきたいと思った。その昔、エロ映画雑誌「ズームアップ」で度々高橋監督に取材させていただいた。女優たちが裸で舞い踊るような撮影現場に紛れ込み取材した。山梨県のロケまで追いかけて行ったこともある。「ズームアップ」という雑誌は、日本映画の最底辺で頑張り続けた、当時のピンク映画を応援していた。

ピンク映画界の雄・若松プロで、通称「ボン」と呼ばれ注目されるようになる高橋監督だが、実は若松プロ入りする前に、別のプロダクションでピンク映画の助監督をしていた時期がある。

高橋監督は、西原儀一監督の葵映画や大映撮影所出身の新藤孝衛監督のプロダクションなどで助監督修業を積んだが、これは先に述べた佐々木元監督と同じである。二つのプロダクションで、佐々木元と高橋伴明は、兄弟のように出会っていた。

高橋は、過酷な撮影現場に嫌気がさしてか一時は映画の道を諦めてサラリーマンになったこともある。映画の熱が冷めやらず、業界に戻って来て自分らしい映画を撮り道を拓いたのだ。大杉漣と出会ったのも、ピンク映画の現場に舞い戻ってからである。

無我夢中で助監督としてエロダクションを渡り歩いていた頃、高橋が出会った兄貴分が佐々木元だった。佐々木について、高橋が書いた文章がある。文章が達者だった高橋は、キネマ旬報の『日本映画監督全集』の旧版で幾人か、評論家やライターが知らないピンク映画の監督について書いている。「佐々木元」の項目も高橋の手によるものだ。佐々木元について、高橋が思い入れ深く書いた短い名文だ。全文を引いてみよう。

「佐々木元（ささき　げん）　1939年7月28日、長崎県諫早市小野町に生まれる。県立諫早高校を経て62年早稲田大学政経学部を中退後、芸術映画社、大映テレビなど数社でフリーの製作助手、演出助手として働く。この頃のいつも素足に下駄履きという出立ちで飲み屋街を闊歩した、大男佐々木元の武勇伝は数限りなく聞かれるところである。その後、成人映画の助監督として新藤孝衛、西原儀一の下につき、66年6月『脱がされた制服』で監督となる。二十六歳、異例のスピード昇進であった。完全・緻密志向の新

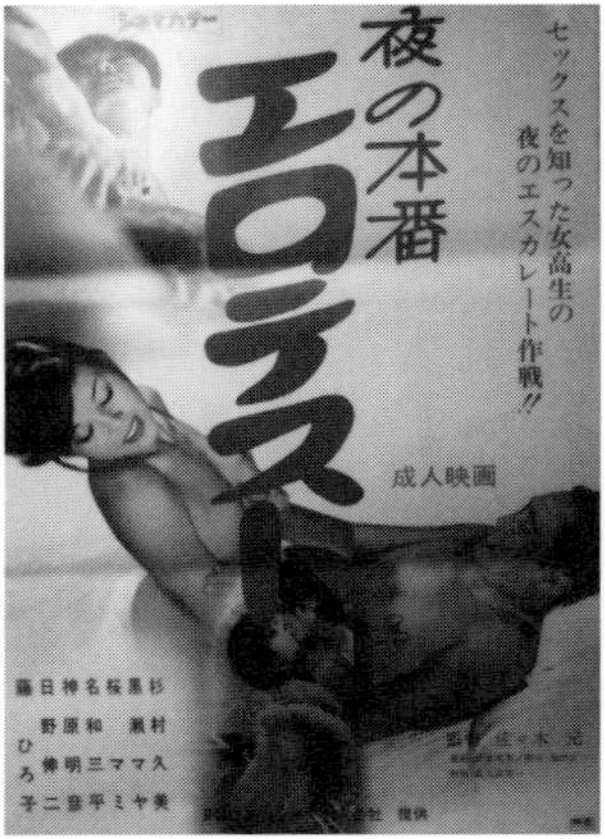

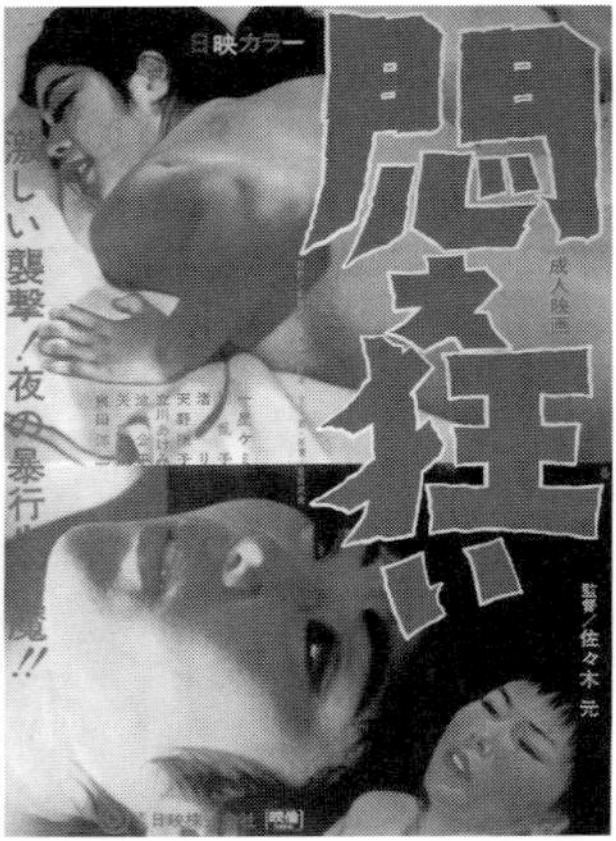

上右／『悶え狂い』 1969年　上左／『夜の本番　エロテスト』 1972年・日本シネマ　下右／『京娘の初夜』1972年・ワールド映画　下左／『ある性豪』 1972年・国映

藤、西原の老雄に師事したにもかかわらずそれを糾弾するかのように演出は大胆で、自由奔放な方向へと傾斜してゆき、『悶え狂い』はその代表作であるばかりでなく、ある意味でそれまでのピンクの常識を破ったものとして注目された。しかしこの作品を境に業界の商業ペースに組み込まれていき、九年たらずで百二十本以上を作り、〝昼メロを撮り続けてきたような気分だ〟と言い残して72年業界を去った。『悶え狂い』以後で近親相姦を題材に〝血〟というテーマに挑んだ『色道魔』が、営業用作品群に背を向けた彼のささやかなプロテストとして記録される。映画監督をやめたあとは大衆酒場を経営、自らカウンターに立っている。68年10月結婚、一女あり」

（キネマ旬報増刊『日本映画監督全集』一九七六年一二月二四日号より）

白川和子の『肌のもつれ』上映に際し、佐々木元について調べる時の手掛かりが、この文章だった。あいにく『肌のもつれ』には触れていないが、佐々木のプロフィールと作品歴が大まかにわかる。佐々木は、大学も早稲田で高橋の先輩、親近感はあったろう。九州から出てきた佐々木は、早稲田大学を中退して映画界に飛び込み、映画修業の後、二十六歳で『原色の世代・脱がされた制服』（一九六七年／辰巳典子主演）で監督デビューする。大手の撮影所は大学卒の助監督をほとんど採用しない時代に入っているが、当時としては早い弱冠二十六歳で監督として一本立ちしたことが、佐々木が非凡な逸材だった証とも言えそうだ。

野上正義が、佐々木元についてしゃべっていたのを、ふいに想い出した。三十年以上前に、僕が編集した『ちんこんか　ピンク映画はどこへ行く』の聞書きから引く。

「新藤孝衛さん？　あの人も初期は社会派でね。『雪の涯て』なんかは、集団就職の問題をあつかった映画だった。過疎の村と集団就職。ボクは初めの頃しかやってないけどね。芸術家っていう部分があったからね。後半は、南雲孝って名前を変えて、自分を捨てて撮ってたけど、いたたまれなくなってやめちゃったね……。キャメラマンが、今でもゴールデン街でよく会う金井勝さん。新藤さんは、大映の助監督上がりなんだよね。金井さんも大映だから。この間聞いたんですよ。「やりにくそうでしたね」って。「やあ、そうでもなかったよ」って言ってたけどね。助監督が、十年ほど前にやめた佐々木元さん。この人がチーフで、セカンドに稲尾実さんがいてガンバってましたね。あの頃は大学二年だとか三年だとからしかったけど。

元さんは、あんまり付き合ってないな……。ラブシーンにしても、キャメラ手持ちで泥の中をはえずり回るような、そういう過激さがある。というよりムチャクチャさだな。白川和子さんと松浦康が、泥の中でっていうのを覚えてるな。松浦の睾丸がラグビーのボールみたいにはれあがっちゃって。（以下略）」

（『ちんこんか　ピンク映画はどこへ行く』三一書房／一九八五年より）

佐々木の師匠筋の新藤孝衛とともに想い出している。新藤については、新高恵子が主演したフィルム『雪の涯て』が行方不明なのが気になっている。ずっと昔に、取材を申し込んだこともあるが断られた。まだ存命だと聞くが、取材を受けない新藤監督はピンク映画でも伝説中の伝説となっている。新藤の長男が自民党衆議院議員の新藤義孝であるのは知る人ぞ知るところだ。（新藤孝衛監督は二〇二〇年八月一〇日に亡くなっている。享年八十九）

伝説的名作

佐々木元についてこだわるのは、理由がある。

本書連載に毎回、ポスターなどの資料を提供してくれている東舎利樹さんが、佐々木元監督のフィルムを二本入手して持っているからでもある。国立映画アーカイブにもないという、そのフィルムは、高橋が代表作のように書く『悶え狂い』（一九六九年／一星ケミ、渚マリ、津崎公平ほか出演）と、ピンク映画時代の宮下順子の残存フィルムとして珍しい『強烈！　性を好む女』（一九七二年）である。

『肌のもつれ』上映以来、佐々木元の大胆かつシャープな映像に惹かれた僕だったが、上記二本の佐々木元作品は東舎さんの手で発掘された後もほとんど上映の機会に恵まれていないので、見ていない。関西のごく内輪の上映会でやったらしいが、関東の映画館ではまだ一度も上映には至っていない。フィルム状態は、あまりよくないのかもしれない。

聞けば『悶え狂い』は、伝説的な作品らしい。東舎さんの調査に拠るものだが、かつて隆盛を極めた男性誌「平凡パンチ」で、本作を「ピンク映画考現学―強い男になるために―パンチが選んだピンクベスト10」の一本に選んでいる。往年の男性週刊誌の雄「パンチ」は、こう書いている。

「悶え狂い（監督・佐々木元・昭和43年度作品　出演・津崎公平・一星ケミ）
生きる屍として荒野を放浪する一人の神父の犯した罪の烙印は、くっきりと額に焼き付いたどす黒い十字架。もしそれが神の意志だとすれば、それを消すためには神の力と闘わなければならない。しかし度重なる殺人の果てに男は皮肉にもヘリコプターから投げられたたった一本のコカコーラによって息絶える。ピンク映画唯一のブラックユーモアの世界」
（「平凡パンチ」一九七一年五月一八日号／「ピンク映画考現学―強い男になるためにーパンチが選んだピンクベスト10」より）

『悶え狂い』の脚本は、多くのポルノ作品の佳作を書いた脚本家・田中陽造が変名で書いたといわれる。大和屋竺『荒野のダッチワイフ』などに連なるハードボイルド調の作品が連想されるが、どうだろう？　一九六九年、世情不安定かつ物情騒然の中、ピンク映画にも破天荒な作品が多かった。その中の一本に『悶え狂い』が数えられているのは、やはりシュールでハチャメチャな作品ではないかと考えても、そう遠くはないのではないかと思うのだが、どうだろう。

因みに、同「ピンクベスト10」で選ばれた他の作品は下記の通り。ベスト10だが、特に順位はなく順不同で一〇本が選ばれている。

『犯された白衣』　若松孝二監督
『青春0地帯・雪の涯て』　新藤孝衛監督
『お座敷四十八態』　山本晋也監督
『悪僧』　向井寛監督
『やめてくれ』　河村治彦監督
『日本拷問刑罰史』　小森白監督
『日本暴行暗黒史・異常者の血』　若松孝二監督

『寝強犯』 東元薫（梅沢薫）監督
『悶え狂い』 佐々木元監督
『禁じられたテクニック』 向井寛監督

ベストテン作品のあらすじ紹介とアングラやピンクの映画批評で見識のあった映画評論家・佐藤重臣のコラム以外は、作品スチールや「ピンクのスターたち」という女優紹介（女優名鑑）、ポスター画像で構成された記事だ。どういった基準なのか。いや「強い男になるため」という基準なのだろうが、選ばれた作品には若松孝二の初期の傑作『犯された白衣』ほか、筆者も知っているあるいは観たことのあるピンク映画の名作が並んでいる。特に、山本晋也の初期の傑作『お座敷四十八態』が選ばれているところが興味深いと思う。

その意味では、佐々木元『悶え狂い』と河村治彦『やめてくれ』が選ばれているのが異色のように感じられる。特集を企画、執筆したライターないしは編集者の思い入れが窺えるのが、この二作と言えそうだ。

佐々木元は、なぜ「九年足らずで百二十本以上を作り」「72年業界を去った」のか。その時、まだ三十代半ばだったはずである。

もちろん、ピンク映画の現場に疲れたのだろうが、ヒントが、佐々木が現役時代に出席したある座談会にあるような気がした。

本誌　製作費はどうですか。ひところ三百万映画なんていわれてきたけど、このころじゃ二百五十万トントンといわれているけど。
渡辺　二百五十万ならまだいい方ですよ。
奥脇　もっと製作会社に製作費の要求を高めてゆくべきですよね。
渡辺　いまはなんてたって儲かっているのは劇場ですからね。
山下　僕の場合は三百万トントンという製作費ですよ。
佐々木　ボクの場合も二百二十万円前後という製作費ですね
本誌　製作費が下降してきたのはなぜですか。
向井　需要と供給のアンバランスですけど、まだ下がりますよ。事実は製作者側があまりにも貧困で、ぶち壊すことはできないんですよ。
新藤　本当はね、みんなで製作費をあげてくれなけりゃ、一斉に手を引くことですよ。それとボクらが駄作をジャンジャン作ることですね。
本誌　そうなったらお客が寄りつかないじゃないですか。
新藤　いいんですよ、そうなったときに五社が四社になりトコトンまでゆかねばダメだということですよ。

（月刊「成人映画」一九六八年一〇月一日号／特集■主流監督六人の座談会「五社のピンク攻勢くそくらえ！」より）

渡辺は渡辺護、奥脇は奥脇敏夫、山下は山下治、向井は向井寛、新藤は新藤孝衛である。佐々木の師匠の新藤が「いたたまれなくなって」ピンク映画から足を洗ったように、佐々木元も、精魂尽き果ててピンク映画業界からおさらばしたのかもしれない。

もうひとつ、佐々木元のコメントを同じ月刊「成人映画」に見つけた。

「■エロスこそ平和のシンボル
安い製作費と芸術性の低さは、深い相関関係にあります。現在の多くの製作的悪条件を改正するべく強力に戦いつつ、より一層芸術性を高めることに留意し「表現の自由」を守り抜くため、時代逆行の国家検閲に断固反対し、「自主規制」の映倫を擁護するとともに、国家機関の出先とならぬよう強く要望します。エロスは平和のシンボルなのであります」

（月刊「成人映画」一九七〇年一一月号／特集「成人映画の性について今後どうあるべきか」より）

ピンク映画の性について意見を求められた佐々木は、以上のような正論中の正論を言い、真っ向から映画作りに挑んでいた。ピンク映画という独立プロの可能性に挑戦し続けた。

だが、『肌のもつれ』の白川和子は、潰れかけた日本映画界最古参の映画会社・日活がロマンポルノ路線に転じると、『団地妻』で売り出され女王となって行く。それを横目に見ながら、佐々木は、虚しさと悔しさを噛みしめて業界を去ったのではなかったか。

酒場のオヤジさんになってから「良い噂がなかった」佐々木元からは、そんな人生の軌跡を連想してしまう……。

だからこそ、佐々木元のフィルムをもっと観てみたいと思った。今では誰もが忘れてしまった映画のアルチザンが、未発掘のフィルムの中に眠っているのではないかと想えるのである。

北鎌倉は、小津映画の舞台である。

『晩春』で、原節子は、北鎌倉駅から東京駅の丸の内のオフィス街に通っていた。笠智衆の父親は、娘をここから嫁に出して一人ぼっちになる……。小津安二郎自身も、昭和二七年から亡くなるまで北鎌倉に住み、自作映画の舞台に北鎌倉をよく使った。

小津映画に憧れて、今も観光客が降り立つ。松竹

佐々木元監督　月刊「成人映画」1970年11月号より

撮影所のあった大船と、賑やかな観光地の鎌倉との間にひっそりとある駅が北鎌倉で、電車は円覚寺の参道を横切って走る。駅両側から山が迫り、海のある鎌倉とは違い東京から乗って来た横須賀線の電車からホームに降り立つと、どこか異界へ迷い込んだ気さえする。北鎌倉から寺を巡り、散策し鎌倉に出て食事や買い物をして東京に帰るというのが、東京人の鎌倉散歩の定番だ。

そんな静かな北鎌倉に、小津映画ならともかく、誰も知らない桃色映画伝説が眠っていようとは、僕もずっと知らなかった。

東京の下町から、湘南に引っ越して来て三十年近くとなる。小津らの松竹映画や石原裕次郎などの日活映画のイメージが湘南に深く重なるが、桃色映画人の痕跡が北鎌倉にあるとは思わなかった。数年前、鎌倉の酒場で隣の席の男に、佐々木元の話を聞くまでは。

右／静かな佇まいの北鎌倉駅　左／鎌倉の作家やアーティストが集まるのでも知られるカフェ「侘助」の隣に、佐々木元の店はあった

北鎌倉の店で、佐々木の最後の女性だったママさんに、ここへ映写機を持ち込んで上映しましょうかと酔った勢いで話した。

彼女は、ラピュタ阿佐ヶ谷の上映の当日、店があるから「行けない」というからだ。いや、佐々木の元妻が来るかもしれないという話をしたから、それは行く気にはなれなかったろう。当たり前のことだ。彼女の代わりに、北鎌倉のその店の常連の男性が上映にやって来た。後日、店に顔を出すと、「良い映画だったね」と彼は、僕に言った。

あれから七年。この記事を書くのを思い立ち、北鎌倉に久しぶりに降りて店のあった場所を訪ねると、そこには何もなかった。

少し前、車で前を通った時、どうも見当たらないなと思っていたが。

佐々木元の北鎌倉の伝説も跡形もなく消えたように思われたが、思い直した。

『肌のもつれ』や『悶え狂い』のフィルムの中に、佐々木元という桃色アルチザンの痕跡は、くっきりと遺っているではないか。フィルムさえあれば。そう思うことにしたのである。

第8章 天井桟敷の桃色女優　新高恵子

熱演刻む『歪んだ関係』『禁じられた乳房』『雪の涯て』

寺山修司監督作品『田園に死す』に出演

新高恵子さんに会いたかった。

だが、なかなか新高さんには会えなかった。

それは、銀幕の女優に会うのではなく、銀幕の彼方にいる「まぼろしの女優」を追い駆けるようであった。

中学校の終わり頃、寺山修司の本を片っ端から読んだことがある。ちょうど、次々に寺山の作品が文庫本になった頃だった。『家出のすすめ』『寺山修司青春歌集』『さかさま世界史』……、そして近所の本屋さんに注文して取り寄せて読んだ単行本『書を捨てよ、街へ出よう』。

やがて、寺山の演劇や映画を追いかけた。アングラ映画のメッカだった新宿文化で観た寺山修司監督の映画『田園に死す』（一九七四年公開／人力飛行機舎・ATG）では、新高恵子は主人公の少年を追い回す草衣役だった。妖しい妖精のようであり、可憐な少女のようでもある。新高恵子の裸体が目に焼き付いて離れなくなった。

草衣（新高恵子）　あたし、変わった？
少年（高野浩幸）　ウン。
草衣　どんな風に？
少年　どんな風にって言えないけどさ。何となく、こう、きれいになったよ。
草衣　そう？（大げさに）うれしいわ。と着てるものをストンとおとす。
少年　あ……。と言って逃げ出す。草衣、追う。いきなり少年を抱きすくめ接吻をする。
少年、びっくりして、バッタのように跳ねる。
シーン２０５　怒濤のように押し寄せて来る恐山の全景。ゆっくりと和讃の合唱
（寺山修司『田園に死す』脚本より／劇場パンフ・アートシアター一一三号）

地元の駅前のレコード屋で見つけた『田園に死す』のサントラ盤を、何度も何度も聴いた。新高さんの歌声が、耳に焼きついて忘れられなくなった。

「これはこの世のことならず、死出の山路すそ野なる、さいの河原の物語、手足は血しほに染みながら、河原の石をとり集め……」

（寺山修司『田園に死す』より「和讃」／唄新高恵子　ほか合唱団）

それまで日本映画で観ていたどんな女優にもない、不思議な魅力が新高恵子にはあった。『田園に死す』の主人公「少年」と同じように、毎日毎日学生服を着る少年だった自分の心の中に、新高恵子は、その日から棲みついてしまったのかもしれない。いったい彼女は、何者なんだろう？　新高恵子とは、誰なんだろう？

少年らしく素朴な疑問が芽生えたのである。

新高恵子が、寺山修司の劇団天井桟敷に入る前、ピンク映画のスター女優だったということを、当時、僕はまだ知らない。

僕はまだ、ピンク映画も日活ロマンポルノも、全く知らなかった。高倉健さんや菅原文太さんの映画と一緒に上映された東映のスケバン映画やエロ時代劇は観ていたが、ピンク映画は、ほとんど観たことがなかった。

それでも、あの頃の「平凡パンチ」や「週刊プレイボーイ」など、男性週刊誌のグラビアに「ピンク女優」「ポルノ女優」たちのヌードがあったのは微かに記憶している。

だが、新高恵子は、そんな男性誌のグラビアヌードには出ていなかった。彼女のヌードは、どこを探しても、少年の僕には見つけられなかった。

まもなく、ニキビ顔でピンク映画を見始めた頃、どこかの男性週刊誌で、新高恵子がピンク女優だったことを知ったはずだ。それとも、寺山さんが書いた本のどれかで知ったのか。わからない。

それからというものは、新高恵子の出るピンク映画というのが観たくて観たくてしようがなくなったことだけが記憶の底に残された。

しかし、東京中のどこの映画館にも「新高恵子」が出演するピンク映画なんか掛かってはいなかった。まるで新高恵子のフィルムは、探し求める僕とかくれんぼでもするように、僕の目の前から姿を消していた。

ようやく「ぴあ」や「シティロード」などの情報誌が出始めた頃、東京中の映画館でピンク映画がた

右／新高恵子ポートレート　左／「田園に死す」レコードジャケット

くさん上映されているのを知った。それでも、もう何年も前に作られたピンク映画だった「新高恵子のピンク映画」は、どこの映画館でも掛かってはいなかった。

当時、上映されていたピンク映画と言えば、どれもこれも、男性雑誌のグラビアに登場し微笑んでいる肉感的な「新人女優」たちが出演する映画ばかりだった。彼女たちが、雑誌のグラビアと同じように、艶めかしく喘いでいるものばかりだった。

どこの映画館の映写機にも、新高恵子が出ている映画のフィルムは回っていなかった。新宿で観た『田園に死す』の新高さんの裸だけが、僕の瞼の裏で増幅された。少年にとって、それはひとつのミューズだったか。どこか聖なるもののように新高恵子を思い始めた。なぜかしら、他のピンク・ポルノ女優とは違う何かを感じた。

時には、そんな女性の裸体というのもある。

ややハスキーな新高恵子の甘い声だけが、僕の胸の中で、いつも囁いていた。

新藤孝衛監督との出会い

新高恵子のピンク映画を初めて見たのは、それからずっとずっと後のことだった。ビデオ時代になり、バブル景気になろうとしている頃である。

若松孝二監督の『歪んだ関係』（一九六五年公開／国映配給）が、初めてビデオソフトになった。それは、新高恵子と城山路子（別名・光岡早苗）が出演する映画だった。

僕は、学生服を脱いでだいぶ時間が経過していた。男性雑誌や映画雑誌で記事を書くフリーライターになっていた僕は、創刊間もないビデオ雑誌で紹介すべく発売元のメーカーからサンプルを取り寄せた。

だから、初めての新高恵子作品を観たのは映画館ではなく自宅だった。驚いた。若松孝二がピンク映画の巨匠なのはとっくに知っていたし、アングラ映画みたいなピンク映画を若松が撮っているのも知っていた。ところが、『歪んだ関係』は「ピンク映画」とは名ばかりで、シリアスなドラマだった。刑事の取調室が中心になる犯罪ドラマだった。出演する役者たちの演技力が、どれもこれも素晴らしい作品だった。

なかでも看護婦役の新高恵子が、信じられないくらいに魅惑的だった。初めて見た寺山修司作品以外の新高恵子出演作だった。すでに寺山の演劇舞台で新高恵子を観ていたが、映画は初めてだった。とうとう、その日、初めて新高恵子が、本当に「ピンク映画」の女優だったのを知った。実は、少し僕は疑っていたが、彼女は「ピンク女優」だった。

とある産婦人科医院の夫人（城山）が殺される。看護婦（新高）は、なぜか事件の隠蔽を勧めるが、医師は警察に届けてしまう。夫人は、ある学生と情事にふけっていたようだ。医師は、その事実を知っていたが、当日は不倫相手の医師会会長の娘と過ごしていてアリバイを実証できない。看護婦は、医師は自分の部屋で一夜を過ごしたのだと証言する。殺人の動機は、学生にも医師にもあった。事件の解明は二転三転し、計画された完全犯罪の謎が暴かれる……。

真相は、新高恵子演じる看護婦が、医院長夫人の後釜におさまろうと計画したものだった。刑事により事件の真相が暴かれる過程と、登場する男女の人間関係が、きわめてスリリングに描かれている。膨大なフィルモグラフィを持つ「ピンク映画の巨匠」若松孝二の初期傑作の一本と言って良い。

新高にとっては、一九六四年一月公開の新藤孝衛監督『色と欲』（原題『乾いた舗道』）に初めて脇役で出演したことを除けば、本格映画デビューから三本目の出演作品である。以後の出演作品は、ほぼどれも主演作品だ。

『色と欲』　1964 年 1 月公開　新高恵子（右）と香取環（左）

「三十九年十二月、ベッドシーンも脱ぐシーンもない役だから——と説得されて高級洋裁店のマダム役で出演したのが、私の成人映画出演の第一歩だった。

当時、私はCMを主とした仕事をしていた。同じ事務所に所属していた男優さんから

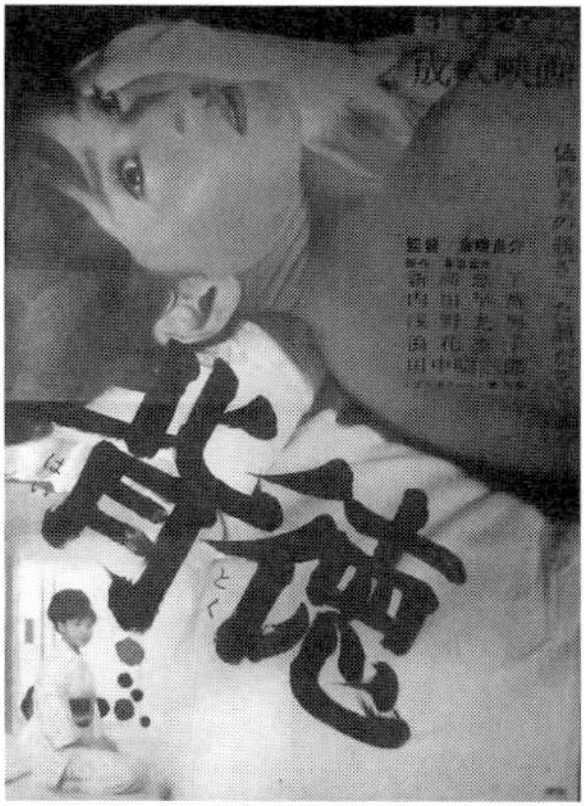

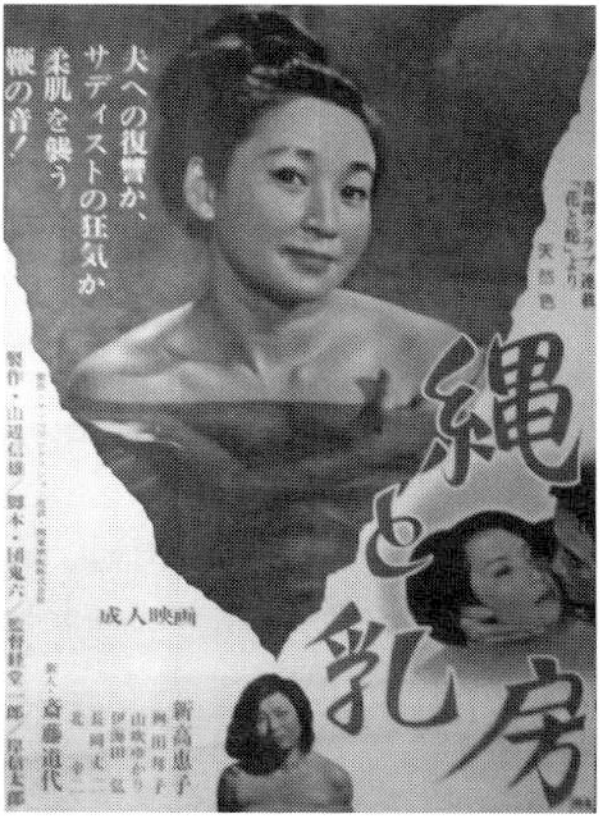

上右／『あばかれた情欲』 1965年・渋谷民三監督・東和企画　上左／『背徳』1965年・倉橋良介監督・プロ鷹　下右／『色なさけ』1966年・高木丈夫監督・明光セレクト　下左／『縄と乳房』1967年・経堂一郎、岸信太郎共同監督・ヤマベプロ

の紹介だったのだ。いま考えるとバカバカしい話だが、いわゆるピンク映画といわれる一群に対しては私も、ごく普通並みの偏見を持っていたのである」

（月刊「成人映画」一九六八年一月別冊増刊／特集「私の発言」より『あるピンク女優の回顧録「雪の涯て」から「大山デブ子の犯罪」まで』）

ピンク映画のデビューから、劇団「天井桟敷」に入るまでを回想した原稿を、新高恵子は月刊「成人映画」に書いていた。

新高恵子のピンク映画を観る前に、実は当時のピンク映画ファン雑誌だった月刊「成人映画」で、新高恵子の裸を見ることができたのを告白しておこう。フィルムを見られないもどかしさを、僕は古本屋で手に入れた「成人映画」のグラビアで紛らわしていた。月刊「成人映画」を、一九六四年の創刊号から眺めていると、新高恵子が、当時、ピンク映画のトップスターだったことが判った。何度となくグラビアや記事に登場し、インタビューなどにも応じている。月刊「成人映画」の売れ行きに貢献するトップ女優だったのではないか。彼女ならではの破格の扱いが誌面から感じられた。他のピンク映画女優の記事とは一線を画し、新高の記事は、どれも彼女の美しさとともに親しみやすさをアピールするものだった。まるで、どこか「平凡」や「明星」を読むようだった。新高と記者とが、そんなふうに作ったのに違いない。

一九六〇年代は、独立プロのピンク映画が日本映画を席巻した時代である。ピンク映画旋風は、五社体制の映画監督たちにまで波及していく。今村昌平は『にっぽん昆虫記』（一九六三年／日活）で、大島渚は『悦楽』（一九六五年／松竹配給）で、ピンク映画よりピンク映画らしい（！）作品を撮ろうとして、撮った。時代がピンクとエロを求める、そんな時代だったのである。

新高恵子のプロフィールを追ってみよう。

新高さんは、生まれ故郷の青森県を出ると、東京で短大に通う。だが、一年で中退してしまう。職業を転々としながら、「ミス文化放送」となる。ラジオ出演をしながら、ラテン歌手を目指してレッスンを受けたのである。東芝レコードから「藤田恵子」の芸名で歌手デビューする。モデルとしても活動、テレビ・ラジオのコマーシャルにも出演した。そうしながら、歌手としてステージにも立った。次にモデル業に飽き足らない、当時のモデル仲間たちと芝居の自主稽古を始める。

映画には、大映撮影所出身の新藤孝衛監督に見染められて初めて出ることになった。最初は裸のない、ほんの脇役で一度だけ出た。「ピンク映画」だったことに変わりはないが、脱ぐシーンなどない。撮影終了後、彼女の美しさと演技力を新藤監督は評価した。

最初の作品で、ピンク映画の「女王」といわれた香取環と共演したのは運命的だったかもしれない。日活撮影所出身の香取が主人公のヒロインで、香取環が働く洋装店のマダム役が、新高恵子だった。

映画が完成すると、新藤監督は「今度は君を主役に撮りたい」と言い出した。でも、その気持ちのなかった新高は、それから一年間新藤のオファーを断り続けている。

新藤は、諦めきれなかったようである。前作から一年後、一つの台本を手にして、新藤監督は新高に出演交渉をする。

それが、新高恵子の事実上のピンク映画デビュー作となる『雪の涯て』(一九六五年公開／芸術映画協会製作／脚本原題『青春0地帯』)である。

新藤監督は、当時の「農業白書」からヒントを得て、農村の過疎問題を描く社会派的な作品を書き下ろした。農村地帯の離村と集団就職がテーマで、青森県出身の新高には他人事とは思えない脚本だった。「少女の悲しみを表現できるのは私しかいない」と、脚本を読んだ時、新高は感じたという。

迷い悩んだが、主役を引き受ける。

同じ回想記で、新高は書く。

「貧しい農村の、当時社会問題になっていた離村をテーマにした脚本だった。少女期の大半を農村で過ごした私には心ひかれるものがあって、とうとうその主役をおひき受けすることにしたのである。

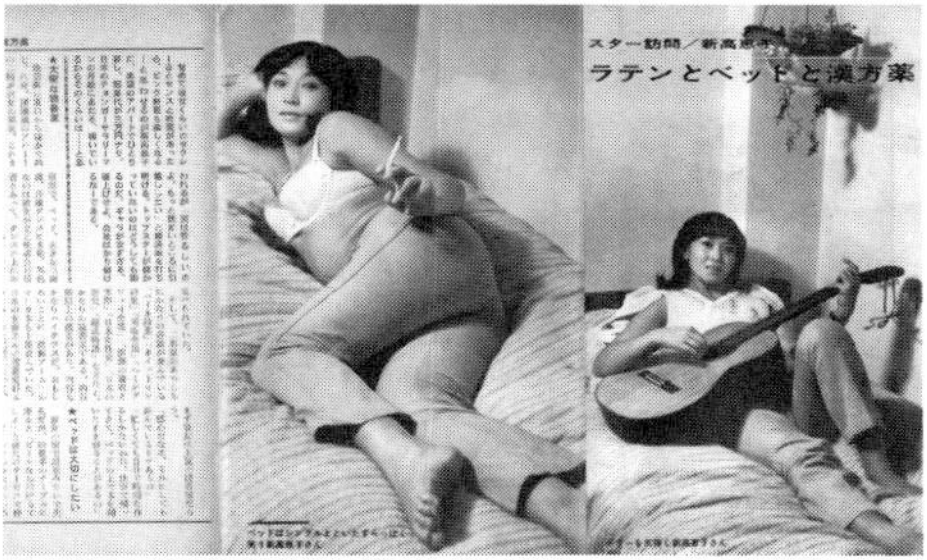

上／「スター訪問／新高恵子　ラテンとベッドと漢方薬」月刊「成人映画」1967年1月号
中右／『歪んだ関係』公開広告　月刊「成人映画」1965年10月号裏表紙
中左／「特集／私の発言」月刊「成人映画」1968年1月増刊別冊
下右／月刊「成人映画」1966年11月号表紙　下左／月刊「成人映画」1966年4月号表紙

ピンク映画とはいえ、立派な社会性のあるストーリーと自分で選んだ役だったから、その責任感、緊張感とで極度の睡眠不足にみまわれながら、強行スケジュールに耐えられた自分をいまでも感心している。『雪の涯て』——決して忘れることのない私の主演第一作目のタイトルである。

そして、その年の七月から、思いきって成人映画の世界に飛び込んだのであった」

それからというもの、新高恵子は、ピンク映画と呼ばれた独立プロのスター女優となる。

新藤孝衛、西原儀一、若松孝二、山本晋也、高木丈夫（本木荘二郎）、倉橋良介、渡辺護、武田有生、小川欽也……。成人映画史（ピンク映画史）に名を残す名立たる監督や巨匠の作品に主演している。

監督たちは、いずれも撮影所から飛び出して、自分たちの表現の場を「ピンク映画」に求めた猛者たちばかりだった。なにより映画が好きな活動屋たちだった。

低予算とアクシデントをものともしないスタッフに囲まれ、新高は「女優」となった。新高恵子が「ピンク女優」であった期間は、一九六五年五月から一九六七年一月。期間としては、ほぼ一年半である。出演作品は、合計で三五本（本名の藤田恵子名で出た一本目『色と欲』を除けば）しかない。それが多いか少ないかは、人により受け取り方は違うかもしれない。

今から考えるなら、あまりに短く、あまりに駆け足だった。にもかかわらず、新高は、見事にスクリーンに活躍と足跡を刻んでいる。

劇団「天井桟敷」の看板女優

ビデオで『歪んだ関係』を観て紹介記事を書いた後も、僕は、しばらく新高恵子のピンク映画出演作品を観ることはなかった。

バブル景気のビデオブームで、たまたま甦ったフィルムが『歪んだ関係』で、その他の新高出演フィルムは、どこかに一緒に雲隠れしたままのようだった。

映画フィルムは、観ようという人がいなくなれば、どこかに仕舞われたまま現れない。時の流れに綺羅と紛れて闇に埋もれていく。

ピンク映画を去った新高恵子自身は、寺山修司の演劇世界で、生まれ変わるのだった。

ある日、寺山の電話が、深夜にかかってきたのが始まりだったと、新高は回想記でも書いている。寺山と新高は雑誌で対談したのが出会いの始まりだった。青森県の生まれで同郷人であるピンク女優に、寺山は興味を持ったのではないだろうか。

人間座で上演した『アダムとイブ』を観に来ないかと、寺山は新高を誘った。

「『天井桟敷』に正式に入団したのは、第一回公演『青森県のせむし男』が大入りを続けている時だった。そして第二回公演『大山デブ子の犯罪』、第四回公演『花札伝綺』と大役をいただいた。しかし、映画とは違った表現技術に戸惑ったり、思うような演技ができずに悩んだりしながら、一方では舞台のおもしろさにとりつかれていったのである」

（前出『あるピンク女優の回顧録「雪の涯て」から「大山デブ子の犯罪」まで』より）

以後、新高は、寺山作品には欠かせない、劇団天井桟敷の看板女優となる。それ以来、新高恵子を見ることができるのは、ほとんどが寺山修司の演劇か映画ばかりになる。それは、寺山修司の「死」というピリオドまで長く続いた。幾多の舞台と演技の数々が、天井桟敷の足跡とともに日本のみならず世界中に遺された。新高の演劇的業績と美しさ、その魅力は世界中から賞賛の声と高い評価を得ている。

「寺山修司の映画や舞台で、新高恵子が演じたのは、前近代の娼婦の象徴だったんじゃないか。

寺山さんは、『人形の家』のノラは家を出て娼婦になったと言った。娼婦になってもいいじゃないかって。それが、寺山さんが書いた風俗嬢の桃ちゃんだよ。でも、新高恵子さんが寺山さんの芝居で演じ続けたのは、前近代の象徴としての女性だったと思う」

そう言うのは、『風俗のミカタ1968―2018　極私的風俗50年の記録』（人間社文庫）を上梓した風俗ライターの伊藤裕作だ。

伊藤さんは、僕のフリーライター生活出発点であるエロ映画雑誌「ズームアップ」（セルフ出版）時代からの大先輩。そして、彼もまたかつては寺山修司に影響されるままに、都会へ出て来た農村の若者だった。

「寺山修司の『家出のすすめ』に煽られて一九六八年二月、受験のため東京へ向かったわたしは、最初から風俗ライターを志していたわけではない」（『風俗のミカタ』）

伊藤裕作は、短歌とアングラ芝居と風俗ルポに生涯を賭けた。まるで、寺山修司のようにである。

伊藤さんの本の冒頭写真には、僕らが「ズームアップ」に記事を書いていた頃の人気ピンク女優・青野梨魔が登場していて懐かしい。伊藤裕作は、元祖ピンク映画監督の一人である大ベテラン・関孝二の撮影現場で、助監督もしていたという。ピンク映画にも縁が深い。

それは、新高恵子の後を追うように、アングラ演劇や小劇場から女優たちがピンク映画に飛び込み始めた頃と符合するかもしれない。伊藤さんは、少年だった僕よりいくつか年上で、新高さんが出る寺山の舞台や映画を見続けて来た。

「見ろ！　映画がはじまったぞ！　しかも映画館なしでだ……ピンク映画をシャワーのように浴びるんだ。新高恵子の姦される場面の中へ、はらわたごと突っ込んで行けぇ。突撃！」

伊藤が好きな寺山修司の芝居「人力飛行機ソロモン」のなかの「内気な男」の台詞である。

言い終わると、廃墟のビルの壁に映し出されるピンク映画に男は突っ込んでいく。壁は白いシーツで、強姦シーンは夜の闇に幻想的に拡大される。すると、映画ならざる本物の新高恵子が、映画と同じように和服の裾乱し、花をくわえて登場する。そして、新高が言う。

「ああ過ぎさりし、銀幕に／あえかにわかきわが少女／吹く秋かぜに黒かみを／さらしたる日を歌えとや」

『歪んだ関係』を撮った若松孝二が、月刊「成人映画」の記事の中の一つで語っている。

「新高恵子君は現代の若いバイタリティをもっている。根性もあるし、演技のとり組み方も真剣にやっているのはいい。ボクの『歪んだ関係』ではかなりたいたが、心配なのはあまり、いろんな作品に出ることだ。いまが一番大切な時だし、もっと作品を選んで、自分にプラスになる仕事をしてほしい。彼女のハダカは美しいし、魅力もある。が、衣服をまとうとそれが半減してしまうのだ。もっと女優らしい魅力を発散させてほしい」

（月刊「成人映画」一九六五年一〇月号／「女優」より）

若松孝二は、既に時代の寵児だった。

「週刊文春」（一九六一年二月二八日号）の〝現代の英雄〟に登場した若松は、寺山に「道徳のゲリラ」と呼ばれ、寺山は若松映画の「支持」を表明している。

生前、若松から何度か聞いた。

「寺山さんは、俺の映画を最初に褒めた人なんだよ」

やはり何かの折、ボソッと言った。

特に『血は太陽よりも赤い』という作品を褒められたと語っていた。僕が、初めて新宿の映画館で『血は太陽よりも赤い』を観てきたのを話した時だったと思う。雑誌ライターにもなっていない頃に、原宿のセントラルアパートにあった若松プロの事務所に出入りする若者の一人だった僕に、ふと言った若松の言葉だ。

なぜ、寺山の話になったかと考えると、僕が寺山修司の盟友ともいわれた映画評論家の斎藤正治と一緒に、日活ポルノ裁判に通い続ける若者だったからだろう。若松は、闘病を続ける斎藤を励ます集いを企画し、斎藤を支援したこともある。

新高さんに出会えたのは、ずっとずっと後のことだった。

新高恵子のフィルムは、その後、二本だけ観ることができた。

西原儀一監督の遺品を整理している時、西原宅で入手したビデオで『情事に賭けろ』を観たのだが、特別出演で出番は少なかった。

殺し屋の情婦で、すぐに殺されてしまった。『雪の涯て』に出た後に西原監督が撮った二本目の主演作『肉体の報酬』（一九六五年／葵映画）を観たかったが、そのビデオは西原さんの遺品にはなかった。

小川欽也監督をインタビュー取材した時、小川監督が新高恵子主演で撮った『禁じられた乳房』（一九六六年／大蔵映画）を、16ミリプリントにしてお持ちだったのを知る。このフィルムは、後にラピュタ阿佐ヶ谷や神戸映画資料館で上映させていただいた。これが、スクリーンで観ることができた初めての新高恵子主演作品だった。ラピュタの特集上映では、『歪んだ関係』もフィルムが製作元の国映に残っていて、スクリーン上映ができた。スクリーンの新高恵子は、やはり格別だった。

『禁じられた乳房』は、信じられないくらいの名画だった。『禁じられた乳房』は、今日見ることができる新高さんの出演作品としては、『歪んだ関係』とともに傑作と言うに相応しいだろう。小川欽也監督の作品としても、群を抜いて素晴らしい完成度だ。作品数の多い小川監督だが、代表作に数えられよう。そのためご自身で16ミリに焼き直して自宅で保存しておられたのだ。一度だけ、深夜テレビの『11PM』で数シーンオンエアしたのみだと、小川監督からご説明いただいた。

主人公の久美（新高）は、学校を出てすぐに働きに出る。同じ店にいた五郎（野上正義）にそそのかされ東京へ駆け落ちするが、五郎は甲斐性のない男だった。しかし、久美は五郎の子を身ごもっていた。五郎から逃れ、子供を生んだが、再び五郎に見つかる。

誤って人を殺してしまった久美は、女囚となり刑務所に服役する。そして、刑務所を女囚仲間とともに脱走するのだが……。少女の流転を描くということでは、『雪の涯て』にも匹敵するだろうか。

新高恵子の出演作品を、もっともっと観た

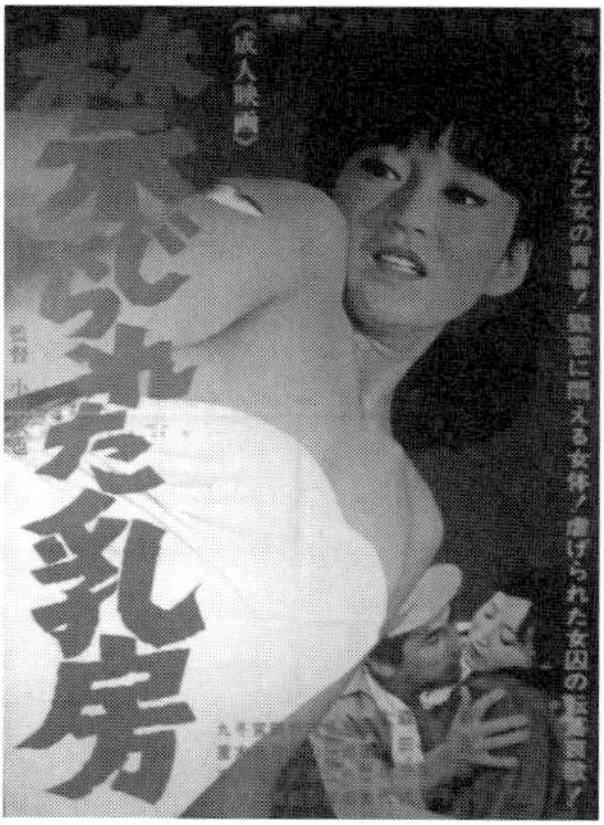

『禁じられた乳房』１９６６年・小川欽也監督・大蔵映画

いと思ったが、フィルムは見つからなかった。

何度か演劇関係者に新高さんの連絡先を訊ねたが、教えてもくれなかった。取材は、限られた人しか受けないといわれた。新高さんのインタビューは、決まった人がやっていて、彼が近々本を出すから「待て」ともいわれた。

その後、しばらく経って『寺山修司に愛された女優』(山田勝仁著/河出書房新社)という本が出ている。嫉妬するほどおもしろい、素敵な本だった。ファンではあったが、ここまでは寺山演劇に思い入れを持って来なかった自分には書けない本だった。あらためて女優・新高恵子の長い旅路を想像することができた。

ようやく、新高さんにお会いできたのは、「本木荘二郎」の生涯を書くべく取材していた時だった。本木について話を伺った俳優の相山拳一郎さん(故人)から紹介をしていただいたのである。

伝説の女優が目の前に

都内の喫茶店で待ち合わせた新高さんは、僕の中では『田園に死す』の新高さんのままだった。僕は、翻弄される少年だった。

「本木荘二郎」について、きちんとしたお話を伺い、自著の要の一つになる証言となっている。誤解の多い本木を見つめていた新高さんの眼差しに、助けられる思いだった。

会話中、徐々に当時の「ピンク映画」いや「独立プロ」の映画に思いが及んでいった。時の流れの中に、失われない心を感じた。

新高さんとの対話は、当然のように、新高さん御自身に及んだ。少し採録してみよう。

——御本拝見しました。素晴らしいですが、ピンク映画のことが少ないのが残念です。寺山さんと関連して書かれているので、それは仕様がないこととは思いますが……。

「ピンク映画は一年半。その前はモデルだし、ナイトクラブだとか、いろいろやっていて。私にとっては、ピンク映画はひとつの通過点のような意識があるの。最後に寺山さんの天井桟敷に行きつく通過点みたいな。でも、通過点だけど、楽しくって素晴らしくって。いろんな役ができたのも、自分にとって素晴らしかった。だから、世間が何と言おうと、エロダクションと言おうと、私は全然、へとも思わなかった（笑）。なんとも傷つかない」

——当時のフィルムを、いろいろ捜しているんです。一九六七〜六八年頃までのピンク映画って、その後のピンク映画とは全然違いますね。

「そうですよね。みなさんの意識も違うし、スタッフの方たちもね。女優さんも、私生活がくずれている人は芸にも出るんですよ。同じ艶っぽさでも、ちょっと汚れた艶っぽさになる。私は、色っぽくないですけど。演技力として滲み出てくる色気と私生活として出てくる色気は、どっか違うんですよね」

――映画を観ても、それはわかります。

「スタッフは、すぐにわかるんです。凄いもんだなって。私たちは同じ仲間だから、その人がどういう生き方をしようと何も思わないけど、スタッフは自分の仕事を汚されるみたいな意識があるんじゃないかな。照明さんとか、スタッフがそういう人に対してつっけんどんなんです。それが、自分の中の記憶に残っているな。私、どうしてこんなに可愛がってもらったのかなって思ったんだけど。私、やっぱり田舎からぽっと出で、洗練されてないし素朴だったからかなあって思った。

それは、ある時気がついて、ああそうかなって思った」

――そうでしょうね。でも、くずれたほうが面白いっていう監督もいたんじゃないですか。

「スタッフは、仕事にプライドを持っているから。仕事が第一。色気は、二の次。色気はなければ仕様がない、それはそれで良いって。だけど、仕事にはプライドがあるから」

取材中の新高恵子さん

――新高さんが飛び込まれた、当時のピンク映画って画期的だったと思うんです。低予算でオールロケで撮る手法。作品のテーマもそうですが、ひとつのニューシネマ、日本映画のヌーヴェル・ヴァーグだったと思うんです。その後、徐々にその手法が撮影所の映画にも取り入れられて行った。一九六〇年代後半には、ピンク映画は当たり前のようになってしまって、大手映画に対するB級映画みたいなものになってしまうんですね……。

「そうね。だから、私は良いとこ取り。良い所しか知らない。それが、有難いと思うんですね。だから、本木荘二郎さん、東宝のプロデューサーからピンク映画の監督になってね」

――ええ。本木さんが、最初にピンク映画っていう現場を作ったと思うんです。

「本木さんは、撮影現場でも全然優しくて。私ね、思うの。鈴木さんは、記事の中で『おんなに狂って……』というふうに書かれてもいるけど、そういういやらしさは全くない方でしたよ。品のある、品格のある方でしたよ」

――そこは、誤解されるところですね。晩年に本木を知った人というのは「だらしのないおじいさん」と言って切り捨てるんだけど、そうなる前は、颯爽とピンク映画のフィルムを回していたんじゃないかと思うんです。テレビでは面白くない、フィルムが撮りたいって言っていたそうです。

「ヘンな話、一度も聞かなかったですよ。仕事中も本番の間も、いやらしいところのない、品のある方だと思っていました。

私、東宝の藤本真澄プロデューサーにお会いしたことがあるの。五社英雄監督の『出所祝い』という映画に出た時に。その時の藤本さんの風格と本木さん、変わらなかったですよ。

本木さん、別の名前で監督していたんですよね」

――高木丈夫という名前で。

「風格があった。ゲスっぽくないですよ。品のある方だと思った。私の知っている本木さんは……」

――新高さんは、一九六六年に高木丈夫（本木荘二郎）監督作品に四本出ているんですね。『女・三百六十五夜』（シネ・ユニモンド）『色ざんまい』（日現プロ）『蛇淫の肌』（ヤマベプロ）『色なさけ』（明光セレクト）。特に『女・三百六十五夜』は気になります。

あまり一般的なピンク映画を褒めなかった映画評論家の佐藤重臣さんが絶賛している……。

「今月の推選作は『女・三百六十五夜』という新高恵子主演のメロドラマがなかなかよ

かった。旅館の手伝いをしながら、そこのおやじに犯され息子には酒を呑まされて一夜のオトギをし、仕方なく東京に働きにゆく。そこの工場主任のヤモメ暮らしに、ついつい同情――またまた同棲生活をするのですが、これが稀代の女蕩し、といった按配に、ホントにこの映画の恵子チャンは可愛想。しかし、彼女、ほんとうにうまくなったな。大体、ピンクスタアは三、四本、つづけて主演するとおゼゼがガッポリ入ってくるせいか、急に艶っぽくなる。この映画の新高恵子は凄くチャームで、しかも主題歌も唱っているというなかなかの努力賞でした」

（月刊「成人映画」一九六六年三月号／佐藤重臣「ピンク映画みたまま」より）

「（本木作品に）そんなに出ているの！　プライベートに仲良くしてないんですよ……」

――撮影現場だけですか？

「そう。現場だけ」

――新高さんは、出演する作品の脚本を読まれて選んだと言われました。当時、完成した作品を観られていますか。

「あの頃はね、観てないの。出来上がった映画を観る暇がなかった。結局、すぐ次の作品が来るの。だから、だんだん嫌になったと思うんですよ。最後には、一つの現場で二本撮りということも始まって。もう、これは限界だなって思って、辞めて天井桟敷に入るの」

――『歪んだ関係』も『禁じられた乳房』も、素晴らしいですよ。新高さんの作品は、他になかなかフィルムが見つからない。特に『女・三百六十五夜』は見てみたい。もちろん『雪の涯て』も見たい。フィルムがないなんて、とても信じられない……。

「ピンク映画に良い時に出て、良い時に去ったというのが幸せでしたね。ハッキリ言って私の好みじゃないものが出始めたら、私は悩んだでしょうね。それから、辞めたら屈辱感とか挫折感が残ったと思うけど。感謝しながら辞められたっていうのが、私の人生には良かった。だから、私は胸を張っていられるんですよ。ピンク映画大好きって言ってね」

新高恵子さんにインタビューをした日は、興奮して、帰り道で立ち呑み酒場で一人で飲んだ。可愛がってくれた映画評論家の斎藤正治に、天国に向けて報告をした。「新高さんにお会いしましたよ！」って言い、グラスを傾けた。

僕の「ピンク映画史」は、斎藤を抜きでは考えられない。斎藤正治が、日活ポルノ裁判の傍聴席で出会った仲間に、「ピンク映画の歴史を調べないか？」と言ったのが始まり。傍聴席から、俳優になったやつも助監督になったやつも、その後監督や脚本家になったやつもいた。お前はピンク映画の歴史を調べて物書きになれと言ったのは、斎藤正治だ。

それには、寺山修司も関係する。寺山が、その後ノンフィクションライターとして有名になった沢木耕太郎に、「ピンク映画の歴史を調べて書いたら」と提案したのである。沢木は、それが自分の肌合いに合わないと感じたのか「ピンク映画研究」をせず、アジアへの旅に出る。そして、そのアジア放浪の旅が『深夜特急』という、彼の出世作の長編になって脚光を浴びるのだ。

「斎藤さんとは、パリで朝まで飲んだわ。斎藤のオトウサンがね、共同通信社からね、ああいう所から地位も何も捨てちゃって、天井桟敷に飛び込んで一緒に映画に出たなんて凄いことよね……。

だからね、本木さんがアパートで一人で亡くなっても全然驚かない。だってね、モーツァルトは、三十四歳で亡くなって。しかも無縁仏に葬られたんですよ、あの天才が。芸術に溺れちゃって、芸術に奉仕する人間は、もういいんですよ……」

新高恵子さんに、もっと早くに逢いたかったと思う。でも、会えてよかった。僕の「ピンク映画史」が完結するような気がした。

ひとつだけ、新高さんに怒られた。僕の本『昭和桃色映画館』（社会評論社）で、新高さんが共演したこともある左京未知子さんのことを「落ちぶれて行方不明」という意味のことを書いた。「それは間違いよ。左京さんは、ピンク映画を辞めた後、整体師になって何十年も活動されたわよ。お弟子さんも大勢いるし、私もお世話になった」と言われた。「三刷りしたら、訂正します」と即答したが、当時、二刷りまではしていたのだが、その後「三刷り」は出ていない。

とっくに売り切れなんだから、どっかで文庫にでもしてくれれば、「左京未知子さんの消息」を訂正できるんだけどなあ……。

あらためて今回記し、訂正しておきたい。

第9章

温泉場で人気だった16ミリフィルム「温泉ポルノ」の正体

『裸生門』を撮った犯し屋　港雄一

身近に存在した16ミリ上映

始まりは、ある古物商から関西のとあるフィルムコレクターにもたらされた16ミリフィルムのヤマだった。持ち込まれたフィルムの山は、桃色に輝いていたともいわれている。

僕らの世代なら、16ミリフィルムは学校や職場でなじみがあり、映写機をいじって上映会を開いたことがある人も多いのではないだろうか。僕自身、若い頃には、好きな映画の上映会を仲間たちとよく開いたし、ある時思い立って地元市役所の講習会で、16ミリ映写機の「映写免許」を取得した。講習会の参加者は、ほとんどが学校の先生だったが、みなさん16ミリ映写機操作の必要性に迫られ受講されていた。講師の先生に「一生もの」と言われ、免許証を手渡されたのは嬉しかった。だが、その証書、今ではどこにあるかわからない。

映像フィルムの種類も多々あるが、生活の中で活躍の機会が多かったのが16ミリフィルム。小学校で観た児童映画に始まり、16ミリフィルムの想い出はいっぱいある。

身近だった16ミリが、急速に消えたのは一九八〇年代に入ってからだ。ビデオという新たな映像メディアが登場したからである。既に一般家庭に浸透、普及していた8ミリとともに、16ミリも活躍の場所をビデオという新興勢力に奪われた。個人用が主流の8ミリ、職場や学校で多用途に活用された16ミリ。ともに「ニューメディア」と呼ばれた「ビデオ」に駆逐され、気がつけばフィルムも映写機も無用の長物扱いだった。

16ミリに思い入れのある世代には、16ミリフィルムの大量発見は、思いのほかワクワクさせられるニュースだった。それも、フィルムが桃色光線を放っていると聞くと、やけに気分は高揚した。

さて、前置きはこのくらいにして、桃色に輝く16ミリフィルムの正体を紐解こう。

それらは、後に「温泉ポルノ」と命名されるポルノ映像、エロフィルムの山だった。

この「桃色フィルム」の山が、物議を醸すのだ。温泉旅行を想い出してみよう。早めに着いた旅館で、ひと風呂浴びて浴衣に着替え、下駄を鳴らして街をそぞろ歩く。昔なら射的や輪投げ、スマートボールなどに興じて、夜の更けるのも忘れたものだ。

高度経済成長期、僕もいろんな温泉旅行に混ざっていた少年だった。オジサン、兄貴、先輩の後ろから、背伸びをしたように温泉街を歩いたものだ。「先に帰ってなさい」と言われ、渋々宿に帰ってテレビを眺めて女たちと布団に入っていると、どこかで遊んだ男たちが帰って来る。その足音は、夜も更けるのも忘れ何やら楽しんできたように軽やかだった。

速くもっと速く、新幹線よりも飛行機よりも速く、いや弾よりも早く機関車よりも強く、ニッポン低国高度成長のスーパーマンとして走らされた昭和の男たち。彼らが、朝から晩まで働き抜き仲間たちと繰り出すのが、汗もストレスも洗い流す「温泉場」だった。

ある時代、「温泉場」は男たちの夢と憩いのパラダイスであった。そして「温泉場」には、「お色気」と「エロス」が付き物だったのだ。

都会で性風俗の取り締まりが厳しかった頃、都会と違う性のパラダイスの雰囲気が温泉場にはあった。コンパニオンやマッサージ、芸者にお座敷ショー、ストリップにエトセトラ……。大手邦画各社も『温泉芸者』シリーズなど、温泉場を舞台にしたお色気映画を連発した。

また、熱海を皮切りに温泉場特有の「秘宝館」なるものも登場する。

女性と遊ぶには金が必要だが、持ち合わせの少ない中小企業の健全型猛烈社員を中心に、温泉場へ繰り出した男の手軽な娯楽として、フィルムが普及したのをご存知か。

街の映画館で上映される「ピンク映画」とも違う、温泉場だけで上映され、観られていた「桃色フィルム」があったのだ。

仮に「温泉ポルノ」と呼ぶことにしよう。

温泉場で高度成長期に全盛を極めたのは通称「青映画《あおえいが》」といわれた「ブルーフィルム」である。ただ、一口にブルーフィルムと言っても千差万別。高度成長下半期の主流は8ミリで、それ以前は16ミリの青映画が主流だった。

「私にも写せます」と言ったテレビコマーシャルが流行ったように、かつては高額商品だった8ミリカメラが、サラリーマンのボーナスで手の届く時代が来た。でも、自分の彼女や奥さんを被写体に、まさか、エロ映画を撮る訳にはいかない昭和の男たち。彼らが、温泉の湯気の向こうに垣間見たのが8ミリの青映画だ。

ブルーフィルムの歴史は、古い。

その道のオーソリティ、性風俗評論家で江戸廓の研究家でもあった風俗ライターの岩永文夫（故人）さんが教示してくれた。これら「温泉ポルノ」の特集記事を書かねばならなくなり、助っ人にお願いしたことがある。

「いわゆるブルーフィルムと呼ばれている映像は、１９００年代初頭にフランスで作られ始めました。

最初は、35ミリや16ミリのフィルムで撮られたモノクロのサイレント映像でした。それが、扱いが楽な8ミリカメラの登場をきっかけに一般的に8ミリで広がっていったのです。

その歴史は、100年以上と古い。1900年初頭に劇映画が作られ始めると、その数年後には、同じようにブルーフィルムが密造されたといわれますからね。

1965年ごろには、機材の発達でカラーのブルーフィルム作品が増えはじめ、ビデオが登場する79年まで、その時代は続きました」

（「月刊FLASH」二〇一四年二月一一日号／「50年先を見据えていた幻の昭和エロス　発掘検証・温泉ポルノって何だ!?」より）

今回、「温泉ポルノ」といわれるフィルムが、最も人気があったのは製作過程などから一九七〇年代

『欲情に濡れた指』

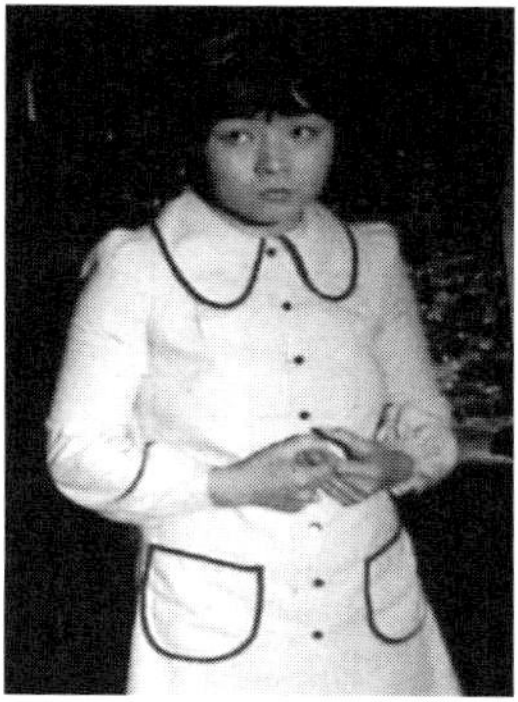

『うまい話にご用心』

と判明した。八〇年代に入ってアダルトビデオが登場する直前まで、16ミリによる「温泉ポルノ」ないしは「桃色フィルム」が活躍していたといわれている。

「ここでしか見れないよ」

「映画館ではやっていないからね」

「ストリップと映画のショーだよ」

温泉町の夜は更けて、呼び込みのオヤジサンに言われるまま扉を開くと、そこは小さな上映会場。街の映画館では見ることのできない、そのものズバリの映画かはたまた過激フィルムかと、男たちは心躍らせ誘いに乗った。

ストリップ劇場だけでなく、潰れたスナックを改造したスペース、ホテルの地下室に簡易な椅子を持ち込んだだけの空間など、賑わう温泉街の路地裏の小劇場スペースが上映場所だった。浴衣掛けや下駄履きの男たちもいて、これから始まる映画に期待で胸を膨らませて席に着いたことだろう。

カタカタと、まもなく回り始める映写機。

「本日の御光来誠にありがとうございました。さて、これからのお楽しみは…」

そんな字幕が、上映前のスクリーンに映し出された。続けて、待ちに待ったお楽しみの映画が始まる。

関西では有馬温泉、城崎、玉造、白浜、勝浦など、関東では熱海、伊東、下田、日光、鬼怒川、伊香保、水上など、昔は工場や企業、商店組合など団体客で賑わっていた温泉場なら、必ず小さな上映会場があったといわれる。その他、ヘルスセンターや旅館の宴会場でも「温泉ポルノ」は上映され、人気を呼んだ。

しかし、一九七〇年代、それ以前の正真正銘のブルーフィルムとは違う16ミリ「温泉ポルノ」登場の背景には、六〇年代に隆盛を極めた8ミリ、ブルーフィルムが度重なる警察の取締り、摘発によって急激に下火となったことがある。

全国のブルーフィルム摘発および押収数は、七一年にピークに達する。暴力団の資金源にもなっていたとされるブルーフィルムだが、組織暴力への集中取り締まり、いわゆる「頂上作戦」に並行して摘発、取り締まりが強化された。以後下降線を描く「8ミリ」に代わって、「16ミリ」による短篇ポルノの上映会が七〇年代の温泉場で、俄かに流行ったのであった。

ベテランやノンクレジットの作品も

六〇年代末には、劇場用ピンク映画は飽和状態だった。独立プロだけでなく大手の東映や日活もピンク映画の類似作品を作ったからだ。「東映ポルノ」や「日活ロマンポルノ」などで大手映画に市場を奪われた独立プロ系ピンク映画の活路のひとつに、映画館ではなく温泉場などで上映された16ミリ短篇ポルノがあった。時代の趨勢からすれば、それも成り行きといえば成り行きだった。

当時、全国に何社かあったとされる専門会社の発注で、従来は劇場用ピンク映画を作っていた独立プロダクションが請け負った。

取り締り厳しき時代、短篇ポルノでも劇場公開作なら映倫の審査を受けて映倫マークを貰い合法的な作品として完成させるのが基本だ。映画館で上映する作品には、必ず映倫審査と映倫マークが必要だった。

だが、劇場用35ミリではなく16ミリのフィルムで、映画館以外の上映目的ならば映倫審査や映倫マークが特になくても上映は可能だ。そこが、狙いだったと言えなくもない。手軽に撮れて、映写も簡便な16ミリポルノが増えたのだ。

関西からもたらされた「温泉ポルノ」フィルムには、検証すれば一部には明らかにインサートしている映像、当時の性表現規制のギリギリ限界まで描写した作品がある。これらは、誰が撮ったのか。ノンクレジットのフィルムもあり、確認は難しい。

ピンク映画のスタッフやキャストによって作られた「裏ピンク」的な色彩の濃い作品も多々あった。監督名がクレジットされているものもある。女優たちも顔なじみも少なくない。

ただ、キワドイ艶技には、ヌードモデルや風俗嬢が起用されたようだ。この頃は、世の中が変わって来て「ピンク女優」も「ヌードモデル」も「風俗嬢」「素人」も混然一

上／『成人映画の証明』　中／『性技猫軍団』　左は愛染恭子　下／『仁義なき性典』

体になってくるが、性描写の一線を越えられるかどうかは、また別ものだった。

ピンク映画のスタッフが撮る場合、地方ロケのついでに撮ることが多い。地方ロケの作品を撮り終えると、そのまま「お疲れ」を兼ね温泉場に直行。温泉街を舞台にした哀愁ある人情物語の撮影を一日でこなすといった具合だった。そのように証言してくれた独立プロ関係者も複数あった。

本編クランクアップ後に、そのままスタッフ&キャストに「もう一日」の約束で残って貰い、二〇分前後の短篇を作ったというのである。

文字通り温泉場を舞台にした青春譜『SEX抜群・湯の街慕情』という題の温泉街を舞台にした青春ポルノ物語のフィルムが、その「山」の中にあった。あきらかにタッチは往年のピンク映画調だ。だが、巧みに短篇にまとめられている。そんなテイストの作品がこのフィルムの山の中には数多く残っている。温泉物語が、上映された温泉街では旅情を感じさせ、観客の男たちに受けた。

愛撫のテクニック、秘技や性感マッサージを扱う作品も、七〇年代から人気があったようである。オナニー、レズビアン、時代劇ポルノ……、短篇らしく複雑なストーリーや推理劇などを避け、即物的なテーマが多い。

ひと風呂浴びてお酒も入ったお客さんには、それらがたまらなくエロだったに違いない。

少数精鋭のピンク映画の撮影スタッフ、劇場作品用の35ミリカメラから小回りの効く16ミリカメラに持ち替え、脚本を素早く書いて撮影が始まる。熟練スタッフ、ノリの良い女優たち、ベテラン男優にかかれば、短篇撮影など一日仕事だった。帰京してダビング、編集後、出来上がった作品を発注元に納入。フィルムは、各地の温泉場の得意先に売られるという寸法だ。地方のモーテルや旅館が金を出して撮らせることもあったらしい。フィルムは全て買い取りだったから、劇場映画のように配給会社に回収されることはなく、販売先の温泉場に後々まで残った。劇場映画のように、その都度当たる当たらないを気にする必要もなかった。

次々とやって来る温泉客に見せるのだから、同じフィルムを何度も上映してもおかしくない。映画館のように週替わりで番組を替える必要はない。逆にあそこへ行けば、あのエッチな映画が見られるという噂も立つ。

16ミリの「温泉ポルノ」は、当時地方のストリップ劇場でも多く上映された。地方劇場では都会の劇場とは違い踊り子さんが少なく、ショーの中にコントと同じように映画が組み込まれることも多々あった。「オープン」や「マナ板」が続いた後で、クールダウンの意味もあり短篇映画を上映したともいわれている。こうしたストリップ劇場での需要も、一時は多かった。

時には、劇場公開されたピンク映画本編から流用したのではないかと思われる映像もある。撮影現場で一緒に別のカメラを回したような映像もある。35ミリカメラで撮った映像を、16ミリに変換する作業が当時の独立プロで行われていたとは考えられない。技術的にも予算的にも当時では難しい。劇場用ピンク映画を撮りながら、カメラマン助手が温泉ポルノをもう一台のカメラで撮ったのか。

発掘された「温泉ポルノ」には、クレジット表記のないものが多い。また表記があっても偽名も多いという。

専門家や関係者でも聞いたことのない名前が並んでいる。それらは、あっと驚くピンク映画の巨匠が撮っている可能性もある。あまり公にはできないが、「温泉ポルノ」を撮ったことがあると語ってくれたピンク映画の巨匠も、実は何人か知っている。多くが、みな鬼籍に入ってしまっているが。

「温泉ポルノ」は種々雑多、まさに玉石混交のフィルムだった。

僕は、来る日も来る日も、それらを見る羽目になった。ピンク映画研究家として意見を求められ、突然発見されたアンダーグラウンドフィルムを検証せねばならなかった。それらについて週刊誌や男性誌、映画雑誌で記事にした。なぜか記事はいずれも好評で、あちこち書きまくることになった。年配の読者はみな懐かしさを感じ、若い読者は昭和のエロスに興味を持ったようだった。「温泉ポルノ」だけでなく、「昭和エロス」は、一時男性誌や週刊誌でブームになっていた。

以前にも、雑誌の仕事でブルーフィルムを何本も見たことがある。ブルーフィルムの「巨匠」の名を欲しいままにしたのが「土佐のクロサワ」だが、その作品を何本か観た。「土佐のクロサワ」は個人名ではなくグループ名で、どれも名作といわれていた。彼らの手になる名作青映画の代名詞とされた『風立ちぬ』の格調の高かったことは、特筆しておきたい。まさに草むらに風立ちぬ映像とともに見せる「アオカン」映画だった。

僕らの時代、『風立ちぬ』は宮崎駿監督のアニメーションではなくブルーフィルムの巨匠・土佐のクロサワの作品の題名だった。『風立ちぬ』を観た時の感激は、今でも忘れられない。草むらの香りを運ぶような映画だった。

戦後まもない昭和二五〜二六年、16ミリカメラで撮影されたブルーフィルムは、ネガから一〇〇本ずつプリントをして、一本四〇〇〇円の卸値だったといわれる。むろんまだ白黒だ。

昭和三十年代、カラー時代になり末端価格はカラー作品二万円、モノクロ五〇〇〇円程だった。上映場所は、二通りあった。ひとつは都市部の盛り場で、一九五〇年代には浅草だけでも一〇〇軒くらいの青映画の上映場所があったらしい。もうひとつが温泉場で、名立たる温泉街には、必ずブルーフィルムの上映場所があった。

ストリップ小屋では、踊り子さん登場の前に一五分程度フィルムが上映されることもある。旅館のお座敷を使った上映では、スクリーンの代わりに白い敷布（シーツ）を使った。

性器露出のパフォーマンス「花電車」（露出はするが乗せないから花電車）や、男女の本番を見せる「実演」とセットの上映も流行った。全盛期、実演付きで一時間二〇〇〇円と高価（今なら六万円程度）だったが、大盛況であった。

8ミリフィルムの時代になると、コピーが容易で一本一万円程度でフィルムが出回る時代になる。商品を直接購入し仲間と職場や家で楽しむことも多くなる。当時、その筋の業者の顧客名簿には、多くの有名人、著名人の名が並んでいたといわれている。

関西からもたらされた16ミリフィルムの山に、話を戻そう。

映写機にかけて観てみると、傑作が多いのに驚いた。多くのフィルムの中から、倉庫に大事に保管されていただけのことはあると言うべきだろう。まさに、見せ場連続の名作「温泉ポルノ」の発見だった。

少し内容をご紹介しよう。

アダルトビデオ初期に、一時流行していた「性感マッサージ」の元祖というべきフィルムがあった。作品タイトルは、何だか制作当時のテレビCMの流行語をいただいたような『オーモーレッ』。「女体整美術師」という肩書を持つ男・ジョー伊吹が「誰にも負けない美人になれるよ」と甘い言葉で女性を誘う。施術と言いつつ、フィンガーテクニックで女体をメロメロにしてから、アクメまでイカせる。女たちが言われるままに、愛撫の限りを受ける模様が延々と描写されていた。まるでどこかで見たAVそのままの内容だった。

また『欲情に濡れた指』という作品では、ブティックで働くオナニー常習者の女の素行が描かれていた。「爪を短くしている女はマスの常習者か看護婦」と目星をつけた男が、女性に近づいて、嫌がる女にワルサをするというもの。オナニーシーンが、後年のAVも顔負けの迫力だった。

多くの作品の中で、特に注目したいのは、時代物だろう。『江戸ポルノ・尼寺満毛経』は、黒子の太兵衛さんが誘う尼僧レズの世界を描いている。張形や器具なども使い延々と続く女と女のイカセ合いは壮絶極まりない。どっぷり化粧した尼さんの恥じらい演技も不思議にソソる、彼女らの昇天具合が心地よい感動をもたらす。尼僧コスプレの時代劇ポルノは、おそらくは温泉とは別のルートで海外にも流出したのではないかと想像される。

他にも『濡れた尼僧』『続・濡れた尼僧』なども、その手の作品で雰囲気満点だった。

昔から尼さんの禁断の愛はエロの題材として多く、画になったようだ。

前に書いたように、わかりやすい温泉物語は多数あった。『女高生裏仕事』は、さすらいのスケバン軍団が温泉場で次々に男を買うというストーリー。東映や日活で一時流行したスケバン映画のタッチだ。温泉場に長逗留している流行作家が若い女按摩に昔の恋人の面影を見るというのは、『女肌に濡れて』という作品。作家は、彼女に目の手術の協力を申し出るのだが……。

谷岡ヤスジの漫画が流行った頃に作られたのか。『しびれ蛸』は、バター犬を使うナメナメシーンが圧巻の作品。谷岡漫画で大暴れしたバター犬が、実写で登場する。温泉旅館定番のマッサージチェアを使うオナニー、温泉場のスナックからの女性を男がお持ち帰りする展開など、猥雑なエッチがてんこ盛りだった。

幻のピンク女優が総出演する『性技猫軍団』は、不良娘五人が温泉宿にやって来て、遊ぶ金欲しさにあの手この手で男を誘惑するというものだった。レズ、乱交、何でもありの展開だが、一番の注目は「元祖ハードコア女優」の愛染恭子が出演していることだろう。ピンク映画時代の愛染作品や古いグラビアを見ていたから、彼女であることはすぐに判った。

愛染は、武智鉄二監督の芸術映画『白日夢』に出演する以前、ピンク女優やヌードモデル時代には「青山涼子」の芸名で活躍していた。武智作品に出る為、女優として特に訓練や教育を受けたといわれ、生まれ変わってスクリーンに登場した。整形もしたのではないかといわれた。本作『性技猫軍団』の愛染恭子は、フレッシュだが貫禄もある裸身で、野性的な不良娘ぶりがリアルに迫って来る。

出演作品千数百本、監督作品も

あれこれ観まくっているうちに、他にも貴重な作品を見つけてしまった。

ピンク映画初期から全盛期に大活躍した、「犯し屋」の異名をもつ怪優・港雄一が監督、主演した『裸生門』（制作年度不明・二九分）というフィルムである。

題名の通り、黒澤明の『羅生門』のパロディと言って良いだろう。しかし、戦国時代、森の奥深くで起きた旅人と盗賊が一人の女を争う藪の中の物語とはかなり違う。こちらの『裸生門』の舞台は、なぜか幕末のようだ。

町はずれにある古びた門に住みついている野盗たち三人組は、どうやら官軍くずれのようだ。一旗揚げようと笛や太鼓に踊らされ官軍に紛れ込んだ百姓上がりらしくまるで武士らしくない上に、裸に薄汚い着物を羽織り刀を振り回す。どこからか盗んできたものを喰らい、女と見ればすぐに犯そうとする。幕末ながら、まさに戦国さながらの獣のような連中だ。

通りかかった女を襲い、川で水浴びをしていた女を犯す。港雄一は野盗の親分で、ピンク映画でよく見たハードボイルド調の演技そのままだ。相手役の姐御肌の女に、長年、ストリップ劇場や地方の映画館を港とともに回っていた、ピンク女優の浦野あすかが出演している。

港と浦野のコンビで、犯し屋の本領発揮ともいえる寸劇で「レイプ」を演じる「ショウ」は、当時、ストリップ劇場やピンク映画館の実演で人気が高く、僕も何度か観たことがある。港雄一率いる劇団「犯し屋軍団」というのもあって劇場などでよくやっていた。

浦野あすかは、一九七〇年代後半のピンク映画に多数出演していた人気女優だが、独特の色香と吸いつくような肌がトレードマークで、オジサン好み、通好みのタイプという女優だった。正直、若者にあまり彼女のファンはいなかった。

どこかの荒れ寺に古びた門を見つけ撮影したのだろう。オール野外ロケーション作品だ。川辺のセックス、門の下での野外セックスやレイプシーンも強烈だ。

野上正義など俳優だけでなくピンク映画で監督作品のあるピンク男優も少なくはないが、こんな「温泉ポルノ」で監督作品が発見されたのは、港雄一だけだ。

港は、その著書『犯し屋ブルース』（ＫＫベストブック）でも、四国のモーテル製作のフィルムに出たことや多くの舞台で「レイプショウ」を演じたことなどを、赤裸々に書いている。おそらくは、本作『裸生門』も、もともとはストリップ劇場などでやっていたショートポルノを映画化したものではなかったかと推理している。

「この二十年間で千数百本のピンク映画に出ているが代表作なんていわれると、はたと困るんだが、気に入った作品をしいてあげれば、デビュー作となった小林悟監督の『十七歳の絶叫』、山本晋也監督の『未公開の情事』『野郎と牝犬』『発情地帯』、向井寛の『禁じられたテクニック』、大和屋竺監督の『荒野のダッチワイフ』、武田有生監督の『好色一代無法松』、若松孝二監督の『暴虐魔』、高橋伴明監督の『日本の拷問』、田中登監督の『天使のはらわた』、それに渡辺護監督の『㊙湯の町・夜のひとで』ってところかな。

　このなかで、オレがこの世界に入って一つの区切りになったのが、大和屋竺の『荒野のダッチワイフ』だ。

　この映画は七〇年安保のちょっと前に作られたんだが、とにかくピンクの世界も若松孝二とか山本晋也なんかが入ってきて

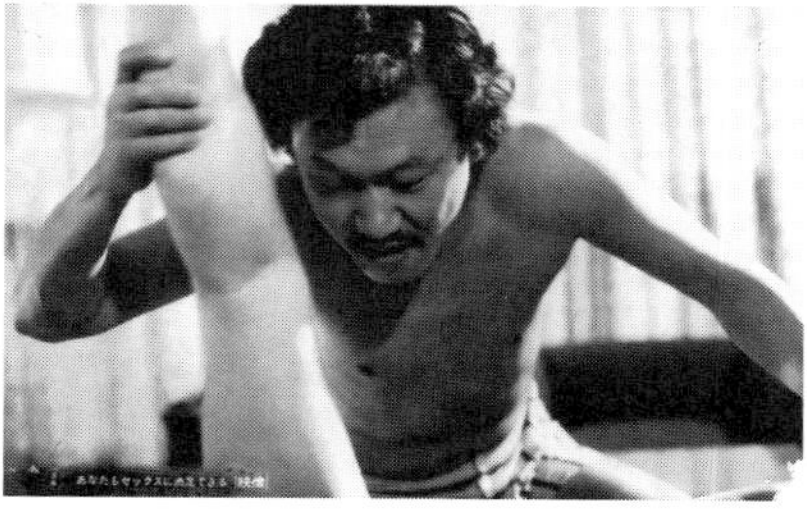

上／拳銃は港のトレードマーク『犯し屋ブルース』より　下／『あなたもセックスに満足できる』より　上下とも港雄一

ギタギタ煮えたぎっていた」

（前出『犯し屋ブルース』より）

港雄一は、浅草生まれの下町のジゴロで、高校卒業後東宝撮影所の美術部にいたこともあるという映画青年でもあった。黒澤明監督の『酔いどれ天使』（一九四八年）に衝撃を受けて俳優に転向したという。岡本喜八監督『暗黒街の顔役』（一九五九年）の端役で映画初出演。テレビ映画『快傑ハリマオ』などにも出ていたが、やがてピンク映画で頭角を現す。黒澤明作品『天国と地獄』（一九六三年）にヒロポン患者の役で出たこともあるのが自慢だった。

不良時代はもっぱら浅草でゴロを巻いて、安藤昇率いる安藤組の伝説のやくざ・花形敬と遊んでいたこともあるという猛者だ。映画に出るようになってからはもっぱら新宿で、「オレ、黒澤の映画に出たことあんだぜ」と言っては、酔客に一晩奢らせたという。戦後日本映画界の中心だった東宝撮影所から、最底辺のピンク映画の現場まで知っている俳優は珍しく、伝説的な映画俳優でもある。

僕は何度かインタビューし、御自宅までおじゃましたこともある。その時、書いた記事も前の本に収録してある。近年は、糖尿病で療養中と聞く。御自宅まで僕が伺ったのは、『裸生門』を発見する前だから、このフィルムについては聞き洩らしたことになる。

庶民の娯楽とともに

港雄一の代表作は、『荒野のダッチワイフ』のような殺し屋ものといわれている。だが、「オレはもっと娯楽色の強いピンク映画というのを考えていて、昔、浅草で観た稲垣浩監督、阪妻主演の『無法松の一生』をピンク化した」（前出『犯し屋ブルース』）。

武田有生監督『好色一代・無法松』（一九六九年）では、六邦映画というプロダクションの社長を企画段階から口説き落とし、シナリオも港が書いた。港が無法松を演じたのは言うまでもない。「吉岡夫人に恋焦がれている富島松五郎のどうにもならない欲求不満を他の女にぶちまける」と港が言うと、六邦映画の社長は「それはおもしろい。やろう」と大いに乗った。

相手役は、港のお気に入りの女優辰巳典子で、ピンク映画が「三〇〇万映画」といわれた時代に破格の四〇〇〇万円を製作費に投入、「六邦映画三周年記念」大作として作られ、大当たりした。

港は、それに気をよくして清水次郎長外伝をピンク化した『競艶おんな極道・色道二十八人衆』（一九六九年）、やはり阪妻の当たり役だった『王将』をピンク化した『王将・定石・松葉くずし』（一九七〇年）などを企画、同じ武田有生監督で撮っている。『競艶おんな極道・色道二十八人衆』ではスケベな森の石松を演じたし、『王将・定石・松

「犯し屋」港雄一が、「レイプショー」の相方・浦野あすかを相手役に「温泉ポルノ」に挑戦したのが『裸生門』だった。製作年、プロダクションなど不詳とされる。上／中／下ともに

葉くずし』では将棋で悩んでいる港の阪田三吉がその不満を芸者に求めるという設定だった。これらは、やはり四〇〇〇万円の製作費で丁寧に作られたオールスター物で、どれもそこそこヒットしたらしい。

　発見された『裸生門』は、港のそうした名作日本映画ピンク化路線と、『酔いどれ天使』以来の黒澤明への思い入れから生み落とされた珍作と考えて良いだろう。喜劇仕立てになっている訳ではなく、マジに演じる港の野盗ぶりがどこか笑いを誘い哀愁をも感じさせている。全盛期昭和エロスの王道を制した感のある港雄一の勇姿が、眩しいばかりの作品だ。

　他にも、どう見ても日活ロマンポルノでスターだった山科ゆりの若き日の姿としか思えない映像もあったのを付け加えておこう。ピンク映画出演もあったという山科の、日活デビュー前の姿ではないだろうか。

　フィルムの山には、まだまだお宝もありそうだが、キリがない……。

　これら16ミリフィルム、通称「温泉ポルノ」は、昨今、映画界で問題になっているオーファンフィルム（迷子フィルム）のひとつではないだろうか。もはや作った人も出ていた人も、多くはこの世を去り、フィルムの作られた年も公開記録も判別不能である。もともと劇場用商業映画として映画館で公開されたものではないから、公開記録も映倫審査記録もない。

しかし、紛れもなくここにフィルムが存在する。16ミリという形態ではあるが、それこそが16ミリフィルムが戦後の日本人の生活の中でどのように扱われたか、大袈裟に言えば大衆文化の一翼を担っていた証ではないのか。

「温泉ポルノ」とは、庶民と16ミリフィルムとの蜜月時代の産物とは考えられないだろうか。

35ミリ映画でもなく、8ミリ映画でもない。16ミリの可能性と豊かさ、いかがわしさと実験性を物語る証拠にほかならない。

このままでは、発掘されたのはいいが、やがては劣化して消えて行く運命にある。ごく一部業者の手によりDVDソフト化されたものもあるが、それは全貌ではな

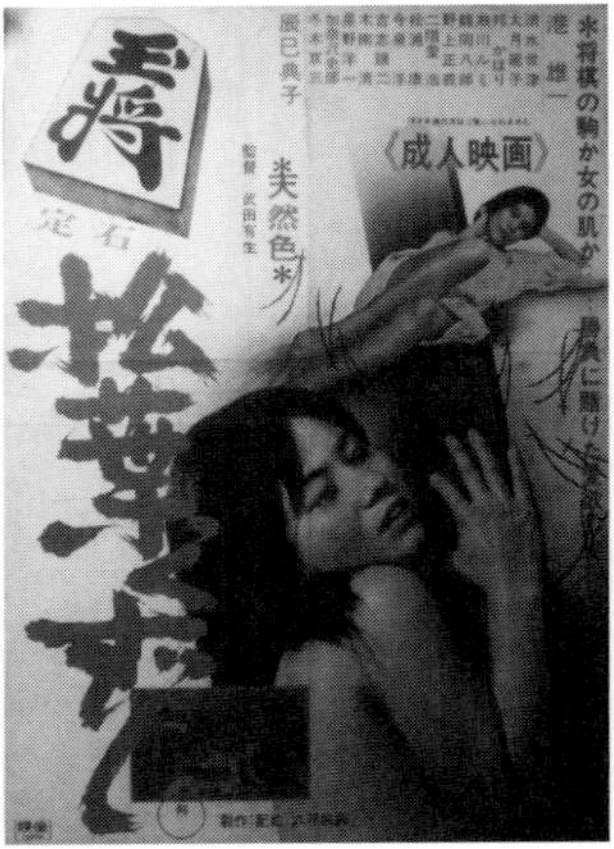

右／『好色一代・無法松』 1969年・六邦映画
左／『王将・定石・松葉くずし』 1970年・六邦映画

い。高度経済成長期の男たちの夢と底辺の映画屋、カツドウヤたちの汗の記録として、更なるフィルムの検証と保存を希望すると提案して、本稿を終えることにしよう。

［追記］

二〇二三年夏、『裸生門』の原版とおぼしきフィルムが、近々閉鎖予定のとある現像所から見つかった。「こんな題名のフィルム、知りませんか？」「ピンク映画にこんな題名はないようで？」という質問を映画関係者から受けた。即座に「ああ、それは港雄一さんの16ミリじゃないでしょうか」と、そうお答えした。現像所に原版が、迷子になっていたようなのである。同時に、何本かの16ミリのポルノフィルムも見つかった。いずれも映倫無審査の作品。アダルトビデオ登場前夜のフィルムと言えそうだが……。

調査するうちに、『裸生門』はアダルトビデオ初期に題名を変えてビデオソフト商品として出回っていたのも判明した。どうにも、このジャンルは奥が深すぎドロドロし過ぎなような気がしてきた。こちらのジャンルのさらなる研究者の登場を願っている。

第10章

桃色親子鷹　木俣堯喬と和泉聖治

関西発プロ鷹フィルム『欲情の河』『狂った牝猫』『亀裂』『裸体の街』

活動屋の父を嫌った和泉聖治

フィルムで繋がる、父と子の絆もある。

関西発のエロダクションの草分け「プロダクション鷹」を立ち上げ成功させた木俣堯喬。今では人気の『相棒』シリーズなどの監督として、お茶の間でも知られる演出家に成長した和泉聖治。映画監督父子二代、木俣堯喬、和泉聖治のことである。

「蛙の子は蛙」と言うが、親が決めたレールを歩く子は、どこかぎこちない。乳母日傘で甘やかし育てたあげくに世襲する、近頃の二世、三世議員や政治家とは違う生き方が木俣と和泉の父子には窺い知れる。芸能界も映画界も、近年では二世、三世が少なくないようだ。「親の七光り」の言葉もあるが、自分から学ぶ気がない限り、子が親の背中を見て育つというのも絵空事ではないかと思っている。

だが、木俣・和泉親子を見ていくと、反発しながら助け合い、いつか同志のようになり生きた父子を想像できる。

父も子も、長い放浪の果てに映画監督という仕事を自分で摑み、フィルムを回し、多くのフィルムを生み出した。

父親の木俣監督には、映画ライターになるかならないかの頃、たった一度だけ取材した。専属女優から妻となる珠瑠美さんとともに、経営する新大久保のバー「ルミ」で想い出話を伺うことができた。「ピンク映画史を書け！」と、僕を煽った映画評論家・斎藤正治が紹介してくれた。ただ、純情無垢な若者には、桃色戦線歴戦勇士のカップルを相手のインタビューなど荷が重く、ほとんど内容を憶えてさえいない。ましてやあの頃、木俣監督の傑作、佳作といわれたフィルムなど、どこを探しても上映されておらず、フィルムの存在さえ疑われた。ろくに作品も見られないままの不勉強な取材だったのを想い出すと赤面だ。書いた記事を読んでも、ろくなインタビューになっていない。それでも、優しい木俣監督の顔が胸に残っている……。

息子の和泉聖治監督には、男性雑誌専門のライターとなってから数年後、月刊男性誌のインタビュー記事で取材した。岩城滉一主演、佐木隆三原作のスケールの大きい青春アクション『南へ走れ、海の道を！』（一九八六年）や高樹沙耶、土屋昌巳で奇妙なエロスを描いた『沙耶のいる透視図』（一九八六年）を撮り終えた頃だったか。ピンク映画から一般映画に進出した和泉は、着実に自分の映画世界を構築し始めていた。自身の生い立ち、青春と夢を語ってくれた。以後、時を置いて新作が出たタイミングで、何度か取材している。

一般映画の監督では、深作欣二の息子の深作健太が監督になった例など多々あるが、ピンク映画では、「父子二代」にわたり監督になったという話は他には聞いたことがない。

聖治は、少年時代から父親に逆らうことが多かった。幼くして生みの母から離れ、若い母と働く父を見ながら育ったが、馴染めなかったのかもしれない。父はまだ、桃色映画に手を染めてはいなかったが、大部屋俳優として出入りする東映京都撮影所から自宅に集まるオヤジの映画仲間、俳優仲間たちが大嫌いだったと、僕の取材でくりかえし語っている。夜遅くまで、映画談義や打ち合わせで煩く子供を眠らせなかったろうし、心優しいが傍若無人な男たちに、

木俣堯喬著「浅草で春だった」（1985 年）より　木俣堯喬監督と和泉聖治（写真右）、珠瑠美と（写真左）

幼い子が嫌悪感を抱いても不思議ではない。

　父親木俣は、戦前、若き日には彫刻家を夢見ている。美術を学びながら、浅草の軽演劇に飛び込み、左翼活動にも足を踏み入れる。神田に生まれた生い立ち、数奇な浅草時代からの昔話を、息子に語りかける文体で綴った『浅草で春だった』（晩聲社／一九八五年）という本を書き出版したのも早い。それは、父子の齟齬を埋め、自分にできなかった夢を叶えさせたいとの親心から発した文章に読めた。同じ頃に同じ版元から出た、津田一郎『ザ・ロケーション』や広岡敬一『トルコロジー』が大ヒットした程には売れなかったが、映画マニアの間では、いくらか話題にはなった。色眼鏡で見られるピンク映画の巨匠にしては真っ当で波乱万丈、芸術的過ぎる青春記だった。

　聖治は、高校卒業後、船乗り、ダンプの運転助手、バーテンなどの職業を転々とした。一九六六年には、画家、イラストレーターになりたいと京都から家出し上京した。上野で似顔描きの群れに飛び込むが上手くいかず、北へ北へと流浪する。食うに困っての無銭飲食の苦い経験も話してくれた。新宿辺りを根城にしたフーテン暮らし。そんなある日、なんとなく観た一本の映画が、彼の運命を変える。アーティストとして芸術の都・パリを夢見ていた聖治が観たのは、ゴダールの『勝手にしやがれ』。映画の中で、ジーン・セバーグとジャン・ポール・ベルモンドが恋を囁き、路上で痴話喧嘩を始める。聖治は、「パリが動いている」と感じて、映画の虜となったという。

京都で立ち上げた父の独立プロが東京に移って来ると、父と再会する。

息子はプロダクションに招き入れられ、撮影現場を手伝う。木俣は、自分のプロダクションで息子に手取り足取り映画修行をさせた。それこそ「よーい、スタート」の掛け声から、スタッフの動かし方、女優の脱がせ方まで手解きしたに違いない。

聖治は数年後、『赤い空洞』（一九七二年）で念願の監督デビューは果たす。父と子は、ピンク・ポルノを次々に監督した。父と子で、小さな独立プロを大きくした。

舞台、テレビ、そして映画製作

一度は止めにしようと思っていたピンク映画関連の取材を、当時売れていた月刊映画誌の「映画秘宝」からのオファーがあり再開、いくつも記事を書いた。不定期掲載の連載などを中心に『昭和桃色映画館』なる題で本にした翌年（二〇一二年）のことだ。神戸映画資料館の安井館長が、例によって突然連絡して来た。

「また、たいへんなフィルムを、ぎょうさん仕入れたで。少しずつ見てくれへんか」

「プロ鷹、木俣監督のフィルムや。鈴木さん、昔、取材したことあるやろ？　本に書いてるがな。見てるんと違う？」

例によって、すかさず送られて来たメール添付のリストには、見たことも聞いたこともない映画の題名が並んでいた。

「フィルム、どこで手に入れたんですか？」

「いやいや、ある所から貰ったんだよ」

地方の潰れた映画館が隠し持っていたフィルムかもしれないと思いながら、深くは突っ込まなかった。どうやら、どこかの温泉場の映画館に眠っていたようだったが、ハッキリしない。

「プロ鷹」、木俣監督のプロダクション鷹の愛称だ。確かに知っている。関西発のピンク映画系プロダクションの老舗である。

プロ鷹は、エロダクションが乱立した、激動の一九六〇年代ピンク映画シーンをリードした。

一九六四（昭和三九）年、当時、京都でテレビの生番組の演出をしていた木俣は、松竹京都撮影所の閉鎖を睨みつつ、日東テレビ映画の名前で連続時代劇を撮るために動いた。連続時代劇を撮るために、松竹京都撮影所の倉橋良介監督とともに自前のプロダクションを設立したのは一九六五年。ところが、連続時代劇の企画が突如流れてしまう。立ち上げた旗をすぐに巻く気にならなかった木俣は、方向転換。東映系映画館ほか三本立て、四本立て全盛期の映画館の番組維持のために必要だといわれた「成人映画」を作ることにした。それが「プロ鷹」の始まりだった。

プロ鷹第一回作品は、倉橋良介監督の時代劇『赤いしごき・日本毒婦伝』（一九六五年／

成人映画指定）で、濡れ場をメインにした時代劇だった。松竹京都で時代劇映画を多数撮っていた倉橋にとっては、お手の物だった。主演女優は、東京から呼んだ、後の「ピンクの女王」香取環。全国配給は、日本シネマ。

「東映の辻野常務と会った。辻野常務からは東映の番線落ちの添えもの映画を書いてみないかと話が出て、さっそくシナリオを書いてみせると、『面白い、やろう。ただしお色気を盛り込んで』との返事だった。私はちょっと迷ったが、行灯《あんどん》の前で長襦袢になるまでだったこれまでの映画の女が、男の夜具まで入ればそれでいいのではないか。——よしやろう。セックスこそ人間本能の原点だ、文学の世界では縦横に描かれているではないか、それを映像で描くのだ、と考えた。私はスタッフを説得した。『俺はあくまで企画・脚本重点主義で見世物映画は創らない』と」

（前出『浅草で春だった』より）

以後、木俣自身も、監督に乗り出した。監督第一作『肉体の河』（一九六六年／扇町京子主演）を皮切りに、自ら成人映画を量産した。当初、神戸や京都など関西を舞台にした成人映画を連発し、在東京のエロダクションとは違う新鮮味を出して、製作フィルムの人気は上々だった。配給は大蔵映画傘下にあったが、大蔵社長と木俣がぶつかり大蔵配給網から離れる。独自配給も行うが、成人映画配給網の離合集散に、いつも独自の歩みを展開。六八年には、東京へ進出。渋谷に事務所を構えた。東京進出前後から、若松孝二の若松プロと提携、アクションや実験的作品の多い若松プロに対し、文芸作品、オーソドックスなエロで勝負し、キャストやスタッフも交流し補い合った。吉沢健をはじめ男優陣の層の厚い若松プロに対し、芦川絵里、水城リカ、珠瑠美などの女優陣を育て、ピンク映画でスターにした。また俳優経験も長い木俣は、若松プロ作品『処女ゲバゲバ』（一九六九年）などに度々出演した。

神戸映画資料館で安井館長が入手したプロ鷹フィルムは、当初は35ミリフィルムかと思っていたが、16ミリフィルムの「短縮版」だった。館長からすぐに、16ミリフィルムを簡易テレシネに起こしたＤＶＤが届いた。

タイトルのみを列記しよう。『情婦』『青春の悦楽』『欲情の河』『好色魔』『亀裂』『恐るべき密戯』『狂った牝猫』『灼熱の暴行』『送り狼』『或る色魔』『猟色の罠』『人肉の市』『広域重要指定犯１０８号拳銃魔　嬲りもの』『愛欲の痴図　鎌倉情死考』『裸体の街』『血まみれの犯行』『姦婦の部屋』『密室』『牝犬と狼』以上、一九作品。

一九六六年から六九年までのプロ鷹作品で、木俣監督によるものばかりである。ほとんどがモノクロ、ないしはパートカラー作品だ。劇場用35ミリでなく16ミリフィルムということで、どのようにフィルムが使われていたか、今となっては、わからない部分も多い。各作品の公開時はビデオ時代以前であり、ビデオ時代との時間差もある。ビデオソフト化のために作った16ミリ版プリントというのは考えにくい。そんなビデオソフト発売記録も見当たらない。映写機に掛けられ、可動していた痕跡が感じられるが劣化は少なく、稀にみる綺麗な映像だ。いったい、どこで上映されて来たのだろうか。

僕も、年齢的にカラー時代に入ってからの作品しかピンク映画館では観たことがない。パートカラーやモノクロ作品のピンク映画は、名画座の特集上映や特別なイベント上映でしか目にしたことはない。このプロ鷹フィルムたちが封切られた時に、自分はまだ幼い小学生だった。ピンク映画の存在すら知らない。

以後数日間、各作品を観賞。同時に、ピンク映画専門誌月刊「成人映画」のバックナンバーと首っ引きで、各作品の内容、キャスト、スタッフ等を調べ上げねばならなかった。

『肉体の河』　1966年・木俣堯喬監督・プロダクション鷹

「ピンク映画史」を検証してきた自分にと

上右／『或る色魔』 1968 年　上左／『恐るべき密戯』 1968 年　野末陳平出演　下右／『狂った牝猫』1968 年　水城リカ、団徳麿主演　下左／『広域重要指定一〇八号拳銃魔・嬲りもの』 1969 年　いずれも木俣堯喬監督・プロ鷹作品

っても、「プロ鷹」は、よく知らない世界だったのだ。「名作」として再上映される機会の多い有名監督の作品は別として、一九六〇年代のピンク映画は、上映用フィルムのほとんどがジャンクされてしまっている。既に、跡形もなくこの世に存在しない作品、フィルムも多い。賽の河原で石を拾い集めるように、さまざまな資料から、ひとつひとつのフィルムの痕跡や履歴を見つけ出すことになる。

あらためて木俣堯喬についても調べ直した。

木俣堯喬監督は、一九一五（大正四）年三月二六日、東京は神田の金物商の家に生まれた。日本美術学校彫刻科を卒業した頃、映画『会議は踊る』『カリガリ博士』などに魅せられた。映画、演劇と美術、彫刻の世界を行き来した生涯だった。

神田っ子で浅草の街を流浪するうち、作家の高見順と出会っている。芝居の台本を書き、自分も出演していた。高見とは、よく飲み歩いた。短編ユーモア小説「大部屋の友」は、高見が木俣をモデルに書いている。高見の代表作のひとつ「如何なる星の下に」にも、木俣らしき登場人物が出てくる。高見が、浅草を徘徊して書いたのが、これらの小説だ。

オペラ歌手に憧れたこともある木俣は、浅草オペラ館ほかで劇作、演出をした。一九三四（昭和九）年頃、当時の松竹蒲田のトップスター栗島すみ子作品を多く手掛けたことで知られる池田義信監督の私的門下生となっている。蒲田撮影所にも出入りするが、戦前、木俣が映画で芽が出ることはない。ちなみに池田は、栗島すみ子と結婚。戦後は、主に松竹大船撮影所の企画部長、撮影所所長代理などを歴任し、一九五七年からは映倫事務局長となっている。木俣が撮ったピンク映画を、池田が直接映倫審査したかどうかは、今では定かでない。

木俣は、『浅草で春だった』によれば、戦前・戦中に約一〇〇作品の軽演劇で、脚本・演出を行った。松竹や東京へ進出して来た吉本興行などの仕事もあった。記録は戦災で全て失われたが、同書には、想い出すままに恋も愛も数限りなく出てくる。戦時下には病から再起した川田義雄（晴久）一座に参加した木俣は、川田の「右腕」になる活躍。しかし、一九四四（昭和一九）年、川田一座から陸軍へ出征し、広島県呉の暁部隊に配属、サイパン行が決まったが、腹痛から慢性腸炎を発病。玉砕戦に加わることなく、帰還する。

戦後は、やはり劇団活動から始まる。吉本本社の斡旋で、一面焼け野原だった静岡を根拠地に結成された劇団「新世紀」結成に参画。

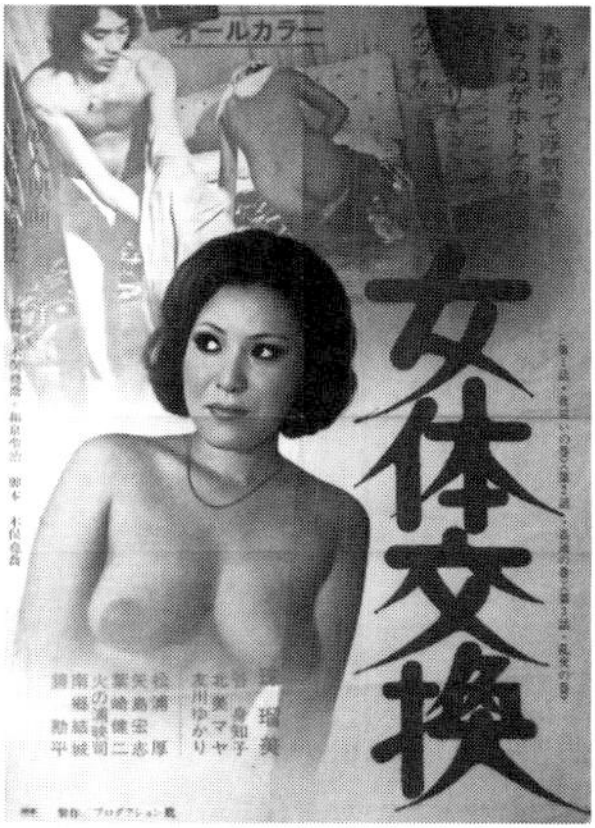

『女体交換』1972年・プロ鷹　木俣堯喬、和泉聖治共同監督　珠瑠美主演

OSK（大阪松竹少女歌劇）から引き抜いた踊り子たちを主軸に、楽団など総勢二五人。和泉聖治の母となる葉山瑛子も、その中にいた。

「狸御殿」を売り物にした宮城千賀子一座にいたのを、木俣が引き抜き新劇団の看板にした。キングレコードが戦後第一回の新人歌手を募集した時、数千名の応募者の中から最後の四人に選ばれるほど歌が上手かった。

「新世紀」は、歌と踊りと楽団演奏、木俣が書き下ろした「十二階下の詩集」という娼婦と左翼青年の悲恋を扱った芝居で公演活動を開始。まもなく「新世紀」が空中分解すると、乞われるままに横須賀に移り芝居と歌のショーを続けた。二十歳だった葉山瑛子と木俣は結婚し、横須賀の汐入で長男の和泉聖治（本名・木俣堯美）を生んだ。

葉山瑛子は木俣との間に男の子を三人産んだが、離婚。三十九歳の木俣は、十八歳の演劇少女と結婚、やがて京都暮らしが始まると小学五年生の和泉を引き取った。

「母からおおよそのことは言いふくめられてはいただろうが、突然、姉のような若い女をママと呼ばされたときの戸惑いは、幼いつくり笑いのなかで俺は十分読みとれた」

（『浅草で春だった』より）

木俣は、東映京都に大部屋俳優として籍を置くと、彫刻への夢も捨てがたく時間があれば彫刻制作に打ち込んだ。京撮大部屋時代の俳優名は、木南兵介だ。

木俣の彫刻家としての活動は、国展、二紀会、構造社などで二十数回の入選経験を持ち、それぞれで特選、佳作なども受賞している。東京・世田谷の豪徳寺境内にある「無名戦士慰霊記念碑」や「マニエロハス比大統領碑」などが木俣の彫刻作品の代表作としてよく知られている。

やがて、京都暮らしの発展から、自分たちの独立プロ・プロ鷹を結成してからの活動は先に記した通りである。

プロ鷹作品には、必ず「製作・脚本・監督・木俣堯喬」というクレジットがある。元々俳優でもあったから、初期作品には半分以上のフィルムで監督自身も出演している。月刊「成人映画」の記事では、「一人四役！　ピンク映画のチャップリン」と書かれている。同記事では、こんなことも言っている。

「女優を育てることに執念に近いものを持っている。女を描く良い作品を作るには絶対に必要だし、他人の手アカのついていない女優を自分の色で仕上げるために、自分で育てたいのです」

「女にホレる。ホレさせる、人生の生き甲斐をこころみるってわけです」

「自分で作るまでがボクの仕事であって、映画館にフィルムが回れば他人です」

（月刊「成人映画」一九六九年八月号「脱がせ屋の素顔」より）

この言葉からは、さすがに木俣に「脱がせ屋」の顔を彷彿とさせる。黒眼鏡で女の子に演技を付ける姿も、「映画屋」そのものだ。

テレビ『相棒』シリーズの演出家として

数年前、毎週欠かさず、チェックして楽しみにしていたテレビドラマがあった。人気の綾野剛主演の連続ドラマ『ハゲタカ』（二〇一八年七月一九日～九月六日／テレビ朝日／全八話）だ。テレビはニュースやドキュメントはよく見るが、近年、連続ドラマをあまり見なくなった。以前ほどおもしろいドラマが少ないからだが、このドラマには放送前から期待した。なぜなら、監督が和泉聖治だったからだ。原作は、同名の真山仁のヒット小説。既にNHKでドラマ化（大森南朋主演）、同じスタッフ・キャストで映画にもなった。

放送された『ハゲタカ』は、評判通り痛快で、時代の核心に斬り込む迫力に充ちていた。NHK版と比べて批評する人もいたが、テンポの良さとメリハリの利いた演出は楽しめた。語りで展開する演出は『相棒』に通じるし、脚本がよく練れていて飽きさせない。監督の演出も、丁寧かつ大胆なものだった。いや、僕には、ちょっと違う感想もあった。

和泉聖治は、いつからこんなに上手な演出家になったのだろう？　というものである。

それは、既に大ヒットした『相棒』シリーズを見ながら感じていたことだった。和泉監督に取材した折、ご本人に問うと、信頼できる脚本家たち、水谷豊ら出演者の功績を言われたが、自分としてはそれだけでは納得できなかった。

和泉監督のピンク映画作品を、彼がピンクの若手監督として台頭、活躍した頃から多数観て来た。『相棒』ファンや若い人は知らないと思うが、駅裏の三本立てピンク映画専門館で。場末の薄汚れた映画館で、日活の六本木試写室でと、何年も和泉作品を見続けた。しかし、当時のそれら和泉作品を、今から想い出せと言われても、ほとんど想い出すことができない。正直に言うと、和泉聖治監督はピンク映画監督としては多作だったのだが、どれもこれもありきたりなストーリーと出演女優たちのハダカしか浮かんで来ないものばかりだった。どうにも、のっぺりとした映像の記憶しか残っていない。むろん僕が見落とした作品の中に瑞々しい、和泉らしい感性が眠っているかもしれないが、残念なことに出会っていない。

和泉聖治がピンク映画で監督デビューしたのを知らない人も多い。自分たちで資金を集め「一般映画」として初めて撮った『オン・ザ・ロード』（一九八二年／松竹系配給・公開）が、彼の監督デビュー作だと思っている人も少なからずいるようだ。

『オン・ザ・ロード』は、長く上映フィルムが失われていた。八〇年代のピンク映画から一般作品へ進出した和泉監督の佳作としてファンも多いが、若い人はプリントがないので見たことがなかったようだ。ビデオソフトも発売されたが、とうの昔に絶版だった。何年か前に、ファンたちが資金を出し合い上映フィルムがニュープリントされ、新たに起こされミニシアターで上映された。その後、ＣＳでテレビ放送もされた。

ピンク映画の世界から大きく羽ばたくために、資金を出してくれた仲間たちとともに撮った映画『オン・ザ・ロード』は、和泉聖治の若々しさと青春の鼓動が聞こえるようなフィルムだった。その後、『相棒』シリーズまで引き摺って行く社会派的要素を感じることもできる。渡辺裕之の白バイ警官は、自分の不注意からハネてしまった女性に謝罪するため、上司が止めるのも振り切り自分の仕事も放り出し、東京から鹿児島まで白バイ警官の姿のまま追いかけて行く。あり得ないようだが、どこかアメリカン・ニューシネマのスタイルだ。ヌーヴェル・ヴァーグからニューシネマへ、かつて和泉聖治がスクリーンから感受した世界がルーツなのかもしれない。カーチェイスなど動きのある展開で描く青春映画は、遅れて来たアメリカン・ニューシネマスタイルと言っても良い。

和泉監督自身にインタビューした折に聞いたところでは、ストーリーは、実際に白バイ警官の事件があり、それから思いついたとのことだった。水谷豊の刑事ドラマ『相棒』は、二時間ドラマで注目され連続ドラマになり人気シリーズへと成長するが、こちらも警察官の犯罪、内部告発がドラマの重要要素だった。『相棒』シリーズは、「腕の良い脚本家たち」との共同作業だったと和泉は言うが、和泉ならではの社会の本質へ向けた鋭い視線が、いつもあると思う。事件や事物を凝視する眼力のようなものが感じられる。

僕は、いつもハタと考える。いったい和泉聖治は、いつからこんなに名監督になったのだろうか……。

ピンク映画時代の和泉作品を想い出した。

万引き女を追いつめるが、女は大金持ちの人妻で、手下に生命まで狙われる主人公。路上でアクセサリーを売るフーテン娘と出会うが、実は女は人妻の行方不明の娘で、一緒にスペインへ行かないかと誘われる。母娘の巡り合わせを描いた『新妻・乱れ姿』（一九七四年／ミリオンフィルム）は、まるで新宿フーテン時代の自分をネタに描いたような作品。新宿西口の街並みと三上寛の歌が懐かしい。

軽井沢の別荘を舞台に繰り広げられるレイプ劇。演技派の朝霧友香の処女ぶりが見事なのが、『暴漢　処女を襲う!』（一九七九年／プロ鷹）だ。乱孝寿、津崎浩平の年老いた両親

『暴漢　処女を襲う!』1979年・和泉聖治監督　朝霧友香主演

の見ている前で娘の朝霧が、覆面姿の男に犯される。もともとレイプ男の主人公は、それを隠して一家の用心棒に。身代わりに殺されたのは、別荘近くに住むヘンタイ男。レイプ魔の主人公は生き延びて、何食わぬ顔。

ありがちな当時の「ピンク」の域を出ないが、粗削りな演出に未来を感じさせると言えなくもない。しかし、安手のポルノそのものだった。あれから、いったいどれだけの歳月が流れたのだろうか……。

木俣堯喬と怪優、団徳麿

神戸映画資料館で発見されたプロ鷹フィルム、木俣監督作品は、調べれば調べる程、どれも貴重なフィルムであることが分かった。それぞれプロ鷹作品としては、重要な節目の作品ばかりで、内容的にも見どころは満載だった。木俣自身が気に入った作品を、16ミリ版にして残そうと考えたのではないか。

神戸映画資料館の収集力においても、今度のように、大量の同じプロダクション作品が発掘されることもなかなかない。見つけ出されたプロ鷹フィルムからは、いずれも、一九六〇年代のピンク映画らしい荒々しく瑞々しい空気感、また女性の裸体を表現する繊細な呼吸、手触りのようなものが感じられた。

フィルムに映り込んだ街並み、ストーリーの背景にある時代風俗、出演する俳優たちの顔、女優たちの赤裸々な肉体……。フィルムの向こう側の時代、映画的風景が垣間見えた。

二〇一〇（平成二二）年八月、木俣フィルム発掘直後、神戸映画資料館ですぐに上映したフィルムが二本ある。『欲情の河』（一九六七年）と『狂った牝猫』（一九六八年）である。

どちらのフィルムも、プロ鷹が直接スカウトして育てたスター女優の水城リカ主演の作品だが、彼女を検証するためではない。どちらのフィルムにも、とある映画俳優いや「怪優」が出演していることが判明したからだ。その怪優の名は、「百化け」の異名のある、異形の名優、ダントクこと団徳麿である。

ダントクと言っても、若い人には馴染みも知識もないだろう。いったい、なんのことという声も聞こえてくる。

団徳麿については、やはり竹中労の文章が記憶に鮮明だ。竹中は、僕の文筆の師、映画史研究の師でもあった。そして、日本映画史の中に、ダントクを再発見した人である。竹中の文章を引こう。

「日本映画の傍流に怪奇スターとして一時代を創ったこの人を、私は懸命に追い求めてきた。『日本映画縦断①／傾向映画の時代』の冒頭に、私は『風雲将棋谷』の子であると書いたが、この映画で阪妻と共演した団徳麿の幻怪なキャラクターは、夢魔のように少年の魂を捉えて離さなかった。父・英太郎が江戸川乱歩、夢野久作等の挿絵に描いた百怪の妖異図絵を、まさに怪優・団徳麿は体現していたのである」

（『日本映画縦断2　異端の映像』より）

竹中は、白井佳夫編集長時代の「キネマ旬報」に長期連載「日本映画縦断」を展開、若い読者たちに圧倒的に支持され、年度末のキネマ旬報ベストテンでは、読者賞も受賞した。

「ライフワーク」と称した「日本映画縦断」の単行本第二巻『異端の映像』には、「団徳麿／百怪、わが腸《はらわた》に入らん」なる一章が置かれ、この長く埋もれていた奇怪なる名優の姿をあますことなくトレースしている。僕らは、竹中の文章でサイレントシネマ時代から活躍したダントクの存在を初めて知った。

団徳麿は、まさしく「永遠の異端」とも言うべき怪優だった。

その昔、ハリウッドでメイクアップと変装の名人といわれた名優ロン・チャーニーを手本にして、日本映画創成期の無声映画時代、凝った扮装で異色の映画俳優として売り出したのである。かつて独立プロの草分けであったマキノ映画を始めとして、東亜、帝キネなど、弱小プロダクションの時代劇が、団徳麿活躍の主戦場だった。

大人も子供も楽しめるチャンバラ時代劇で、比類なき大活躍を遺している。戦前・戦後を通じチャンバラ時代劇の定番となる「丹下左膳」を、スクリーンで初めて演じたのはダントクこと団徳麿だ。『新版大岡政談』（一九二八年）では、大河内伝次郎の丹下左膳以上と激賞されたこともあった。多くの時代劇スターとチャンチャンバラバラ！『風雲将棋谷』では、バンツマこと天下の阪東妻三郎を向こうに回して、悪漢として大活躍した。数限りない出演本数と名演、名場面を演じたダントクだが、その出演フィルムの多くは、この世に遺されてはいないとされる。

戦後も、団徳麿は東映京都撮影所に所属して、木俣堯喬と同じ大部屋で俳優生活を送っている。もちろん台詞のある役から、台詞のない仕出しといわれるその他大勢まで。川谷拓三、志賀勝、若き日のピラニア軍団たちと出演することもあったろう。数多くの時代劇やテレビ映画にも出演した。

そのダントク出演フィルモグラフィの最後は、東映任侠映画『日本侠客伝・血斗神田祭り』（一九六六年／東映京都）とされていた。竹中も、そう著書で書いている。高倉健の大ヒット任侠シリーズで、ダントクは、サイレント時代から四十余年の俳優生活にピリオドを打ったとされて来た。

ところが、どうやらそうではなかったようだ。発見された木俣フィルムの中に、『欲情の河』と『狂った牝猫』という、団徳麿出演作品が二本も発見された。ともに成人映画。一本では、ベッドシーンさえ演じている。

団徳麿の出演歴には、ピンクの女王・香取環と共演をした、プロ鷹第一回作品『日本毒婦伝・赤いしごき』は記録されている。竹中の著作にも、「非人のハの字」に扮した団徳麿が香取に襲いかかるスチール写真が掲載されている。ただ、その他にも、ダントクが成人映画に出演したという記述は、竹中の著作にも他の資料にも見当たらない。「大発見！」と言ってもおかしくないフィルムの出現だ。ダントクさん、どうやら『赤いしごき』以後も、プロ鷹作品に乞われるまま断続的に出演していたようなのだ。

時を同じくして、プロデューサー伊藤公一の遺品として、あるフィルムが神戸映画資料館に寄託された。竹中労（夢野京太郎）が構成、演出したチャンバラ映画のアンソロジー『大殺陣・にっぽん剣優列伝』（一九七六年／羅針盤）である。深作欣二や中島貞夫を巻き込み、竹中が「日本映画縦断」の連載で推進した『浪人街』リメーク運動。その宣伝・予告編として作られたのが、このフィルムである。

バンツマ、アラカンをはじめ剣豪から悪漢、怪人まで、幾多の時代劇スターが登場するこのフィルムに、ダントクは度々登場する。

発見されたダントク出演作『欲情の河』と『狂った牝猫』の二本のフィルムと、寄託された『大殺陣』を同時上映して、ダントクの姿をふたたびスクリーンに蘇らせようと、ある企画を考えた。

プログラムタイトルは、「竹中労の仕事　パート1　『大殺陣　にっぽん剣優列伝』発掘と『日本映画縦断』再考」。三日間の特集に、他の関連フィルムも準備した。

竹中と親交もあった並木鏡太郎監督のサイレント時代劇『夜討曽我』（一九二九年）と『野情』（一九二八年）の二本。ともに神戸映画資料館収蔵フィルムだ。『夜討曽我』は、並木監督の監督デビュー作。『野情』は、団徳麿が出演している。ダントクの数少ない無声映画現存作品だ。

『大殺陣』には、大正一四年製作『梟《ふくろう》』（原敏雄監督）をはじめ、サイレントからトーキーへ、チャンバラ映画全盛期のダントクの活躍が記録されている。「鳥人」高木新平（後に黒澤明『七人の侍』に野盗のボスとして出演）とともに、「百怪」団徳麿の名場面が紹介され、その異次元の容貌怪異、斬新な芝居に魅了される。

上映後のトークには、新東宝撮影所時代から嵐寛プロの座付き監督だった並木鏡太郎に師事した山際永三監督、東映京都撮影所大部屋で、団徳麿、木俣堯喬らと同じ釜の飯を食べた俳優仲間の宮崎博、お二人お招きした。宮崎さんは、東映俳優労働組合出身、竹中との関係は古い。ダントクを竹中に紹介したのも宮崎だ。残念にも宮崎さんは、二〇二一（令和三）年に亡くなられた。ダントク本人を知る人の死は、遺された資料の研究にも響くだろう。

『欲情の河』は、マダガスカルからの航海を終え神戸港に帰って来た船員と、高級娼婦との出会いの物語。さまざまな男女関係を絡めながら描いている。ダントクは、娼婦

（水城リカ）の高校時代の回想シーンに、彼女の父親役で登場する。数々の時代劇で悪役、怪人を演じた団が、娘思いの父親を演じている。フィルムは、全篇が神戸市内にロケーション。当時の神戸港の風景など、詩情溢れる展開だ。

『狂った牝猫』は、ナント、ダントクさんの主演作品である。ミス・パシフィックの山野夕子（水城リカ）は、製糸会社の新作発表会へ向かう途中、専務（団徳麿）に拉致され、監禁される。もちろん水城とダントクのキワドイシーンも期待できる。本作は、木俣監督の東京進出期のフィルムだ。

青春映画への熱意

プロ鷹フィルムは、ダントク発見だけではなく、多くのピンク映画史のミッシングリンクを埋める材料を提供、提示した。

次に上映されたのは、『広域重要指定犯１０８号拳銃魔　嬲りもの』（一九六九年公開）である。前記特集上映の翌年、二〇一一（平成二三）年、僕が企画したラピュタ阿佐ヶ谷「60年代まぼろしの官能女優たちたちＰＡＲＴⅡ」（レイトショー）の中で上映した。プロ鷹が育てた芦川絵里、人気のあった清水世津らを回顧するものだが、本作は「連続射殺魔」永山則夫を題材に、逸早く映画化されたピンク映画作品として長くタイトルのみで顧みられなかった作品だ。作品完成は、なんと永山逮捕の前である。永山役は、当時甘いマスクで二枚目俳優だった久保新二。新聞で連日報道されたニュースを下敷きに作られた。当然、脚本は木俣。ホテルの庭でガードマンをピストルで射殺。女と車で京都まで逃げるが、事件は意外な方向に発展する。

さらにその翌年、二〇一二（平成二四）年九月には、プロ鷹フィルムの全貌を伝えようと、四日間にわたる特集上映「プロ鷹クロニクル　PART1　PART2」を敢行した。プロ鷹「四周年記念作品」とされた『好色魔』（一九六八年）を皮切りに、PART1では『灼熱の暴行』（一九六八年）『或る色魔』（一九六八年）などを、PART2では、『娼婦』（一九六八年）『広域重要指定犯108号拳銃魔　嬲りもの』（一九六九年）『裸体《はだか》の街』（一九六九年）などを上映した。

『好色魔』は、ドライブ中に山小屋に泊まったカップル（美矢かほる、野上正義）にふりかかる災難を描く。山小屋の管理人（鶴岡八郎）は獣のような男で、別荘を訪れる男女を次々襲う。一種のクライムサスペンスである。その緊迫感とグロテスクな性描写が衝撃だ。

当日の神戸映画資料館では、ポスターコレクターの東舎利樹さん提供の「プロ鷹作品ポスターコレクション」が、資料館の壁を埋め尽くし一挙公開された。本当は全一九作品一挙上映を実施したかったが、そこまでの観客動員は厳しいと思われたので、セレクトした作品のみの上映だった。

上から／『娼婦』1968年・水城リカ　『或る色魔』1968年・谷ナオミ、鶴岡八郎　『裸体《はだか》の街』1969年・芦川絵里、野上正義、美矢かほる　『裸体の街』1969年・田中小実昌が客引き役で出演　いずれも木俣堯喬監督・プロ鷹作品

次に「プロ鷹フィルム」を上映できたのは、二〇二一（令和三）年、ラピュタ阿佐ヶ谷「プロダクション鷹と名作フィルム発掘」（レイトショー）である。『亀裂』（一九六八年）と『裸体《はだか》の街』（一九六九年）の二本を上映した。プロ鷹フィルムは、もっと上映したかったが、諸々の事情で二本のみになった。

『亀裂』は、木俣自身が「鬼塚大吉」の名前で作家役で主演する。京都の出版社に勤務する女性記者（水城リカ）は、作品が猥褻罪に問われている覆面女流作家。その正体を知った男性記者（吉川次郎）、東京から訪れた作家（鬼塚大吉）、フーテン娘（一星ケミ）が入り乱れ大騒ぎ。他に、バンツマの相手役などでマキノ映画の名女優といわれ、戦後は木俣やダントクとともに東映京都の大部屋に所属した岡島艶子の出演も珍しい（ヌードシーンはない）。

『裸体《はだか》の街』は、プロ鷹五周年記念作品。主題歌「裏町人生」が哀愁を奏で、直木賞作家田中小実昌が客引きで登場する文芸調の作品。継母に育てられたタミ子（芦川絵里）は曖昧屋に売られ、好色な男に処女を奪われる。同級生の次郎（黒木護）と出会って恋が芽生えるが、懸命に生きる二人を悪魔のような大人たちが次々に襲ってくる。

トークゲストで『亀裂』上映後に、和泉聖治監督をお招きした。コロナ禍であったが、快く出演していただいた。消えたと思われていた「プロ鷹フィルム」、それも父上の熱演が遺っていて驚かれた様子だった。トーク後、映画化を検討中という二本の脚本を、僕とラピュタ阿佐ヶ谷の石井支配人に託された。どちらも抜群におもしろく映画化を熱望したい青春映画だった。やはり、和泉聖治監督の本領は青春映画にあると感じられた。

その日、『相棒』シリーズは卒業、今後は新作映画に専念したいと言われた和泉聖治監督。言葉通り、その後の『相棒』新シリーズに和泉聖治の名前は見ない。劇場作品の公開が待たれる昨今だ。

「プロ鷹」という名は、撮るはずだった連続時代劇にちなんで付けられた名前であるといわれる。既に述べたように、ピンク映画界でも父子が揃って映画監督となり、同じプロダクションで活躍した例はない。木俣と和泉が、人呼んで「父子鷹」と言われた所以である。

上／取材中の和泉聖治監督　2011 年 5 月
下／『亀裂』 1968 年・プロ鷹　木俣堯喬（右）と水城リカ（左）

第11章

謎の未公開フィルム『幻日』を追いかけて

美とエロスの改革者　武智鉄二

巨匠武智鉄二のお蔵入り映画

神戸映画資料館館長の安井館長から、下記のような内容のメールが突然あって、驚いた。一昨年（二〇一六年）初夏のことだった。

「古物商から売りに出ていたので買ったのだが、大変なシロモノものでした。武智鉄二については詳しいと思うので映像を見て欲しい。近々、DVDを送るから」

そんな簡単なメールだった。だいたい、安井館長は、何か人に言えないトンデモない物を買うと僕に連絡をくださるのだ。

近年、海外からの研究者やジャーナリストらの訪問が相次ぐほど世界的にも知られている神戸映画資料館。安井館長も、自他ともに認める日本有数のフィルムコレクターである。その収集範囲は広く、それこそ「フィルム」であれば何でも集めると言っても言い過ぎではない。無声映画から記録映画、韓国映画からアメリカ映画、ジャンルは問わない。ナンデモであり、トンデモもある。

そのトンデモ部門で、いつも僕に相談が来るのだ。どうも、僕は安井館長のトンデモ仲間のようである。一番多く僕に振られるトンデモ映画が、もちろんピンク映画なのだが、そのまたトンデモなピンク映画の巨匠が武智鉄二である。

武智鉄二を「ピンク映画」の文脈で語るのはどうかと考える人がいたら、僕は首をかしげる。武智こそは、六〇年代のピンク映画黄金期を牽引した人物の一人である。詩人で劇作家の寺山修司とともに逸早く「ピンク映画」を評価した論陣を張って、ピンク映画の老舗・国映からの資金で自身の「ピンク映画」を撮った。それが、武智鉄二だった。

猥褻裁判にまで発展した武智の代表作のひとつ『黒い雪』（一九六五年）は、国映の本体である金融業からの資金で製作されたといわれる。『黒い雪』は、長く国映の貸し出しフィルムリストにも載っていた。だからこそ、日々「ピンク映画」を苦しめていた「映倫」という組織とも対決をしたのではなかったか。武智鉄二という映画監督がいなかったら、ピンク映画の市場は、その後、おそらく全く違ったものになったのではなかったか。日活や東映が、ピンク・ポルノに参入することもなかったかもしれない。

ともあれ、その「ピンクの巨匠」武智鉄二の幻の監督作品が見つかったというのだ。

「幻の武智作品」は、『幻日』という作品である。一九六六年に製作、撮影されながら、完成した作品は未公開のまま、お蔵入りしたと伝えられて来たいわく付きの作品だ。

武智鉄二という映画監督には、実は「幻の作品」が意外に多い。数年前に彩プロというところから、全一〇枚の「美の改革者　武智鉄二DVDコレクション」と題するシリーズが出ているが、それ以外はどうやら「幻の作品」ということになっているようである。『幻日』の他にも、公開直後にクレームがあり上映中止になった『スキャンダル夫人』（一九七一年製作、七三年公開）が有名である。この作品は、今ではテレビのバラエティー番組などでおなじみになったデビ夫人の若き日の事件をモデルにしたもので、作品完成後に、そのスキャンダラスな内容に対して抗議があった為に、上映が急遽中止されたといわれている。その後、上映フィルムもフィルム原版も行方がわからなくなったとされている。

また、武智の晩年の演出作品である『高野聖』も、ビデオ版は流通しているが、劇場公開はほぼされることがなかったようである。「裏ビデオ」として、ノーカット版が有名になり海外へ輸出され外貨を稼いだとも言われる作品である。出演者は、ほとんどが当時のアダルトビデオの第一線で活躍した女優だった。撮影は、ビデオカメラで撮られており、AV創世期のヒット作だが、これも現在では全てが行方不明だとされている。

『幻日』は、武智鉄二の映画監督作品としては、数えて六本目の作品である。本作は、劇場用35ミリフィルム作品として製作され、松竹系で公開予定だった。だが、公開記録はない。映倫審査を受け劇場公開用商業作品としてスタンバイしていた記録は、映倫記録や映画年鑑に記載がある。映倫審査を通過後に何らかのクレームやトラブルがあり、劇場公開を断念せざるをえない事態に至ったことが想像される。いったい、何があったのか?

前年の一九六五年には、さまざまな話題を呼んで、映倫との論争やトラブルを経て猥褻裁判にまで発展した『黒い雪』が公開されている。その翌年一九六六年一月公開の『源氏物語』では、一転スキャンダラスな内容は背景に退いて、オールスターキャストによる源氏物語絵巻を武智監督は撮った。浅丘ルリ子や芦川いづみが出演する武智映画でも評価の分かれるこの作品『源氏物語』の後に、武智が同年の初夏からクランクインしたのが、問題の『幻日』である。夏の終わりにはクランクアップし、秋にはほぼ完成していたようだ。

谷崎、漱石を映画化

前記二作品『黒い雪』『源氏物語』が日活系配給・公開だったのに対して、『幻日』は、武智の以前の監督作品『白日夢』『紅閨夢』(共に一九六四年公開)と同じく、松竹系で配給・公開が準備されていたはずだ。それは、本作の製作スタッフが松竹系に偏っていることでも判る。まず『幻日』の製作にクレジットされている長島豊次郎が目につく。長島は、武智作品の製作は『白日夢』『紅閨夢』に続く三本目だ。生粋の松竹育ちで、松竹俳優部二期生（一九二五年）入社というから古い。牛田宏の芸名で多くの映画に出演した後、監督に転じ三本の作品を演出。さらに、プロデューサーに転じている。松竹大船調メロドラマ『この世の花』シリーズのプロデューサーとして知られるが、篠田正浩監督『三味線とオートバイ』（一九六一年）のプロデューサーでも知られる。親友だったという笠智衆のマネージャーをしていたこともある。長島が武智の遊び仲間だったかは知らないが、「危険分子」「異端児」である武智に対する松竹映画サイドからの「お目付け役」的人物だったのは間違いないだろう。その長島が製作に名を連ねたということは、松竹系作品として公開を予定して作られたと考えて良い。

問題は、原作者である。『白日夢』とそれに続く『紅閨夢』は谷崎潤一郎の幻想的かつ官能的な作品の映画化ということがヒットの大きな要素にある。そこで、武智が次に自作の原作に狙ったのが、夏目漱石だった。

ピンク映画の初期から黄金期にかけ月刊「成人映画」という「ピンク映画」「成人映画」の専門誌があったが、その「成人映画」一九六六年九月号には『幻日』の広告が裏表紙の内側即ち「表3」にある。その広告には「日本人の精神構造を追求した武智芸術の結集作!!」「夏目漱石生誕百年記念映画『夢十夜』より　幻日」と書かれている。公開期日についての表記はない。出演者名は、内田良平、川口秀子、津崎公平、柴田恒子

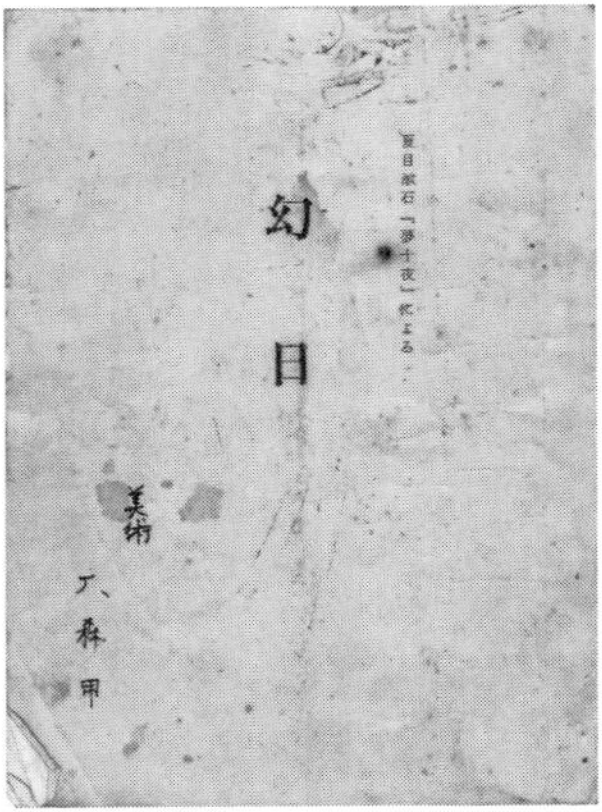

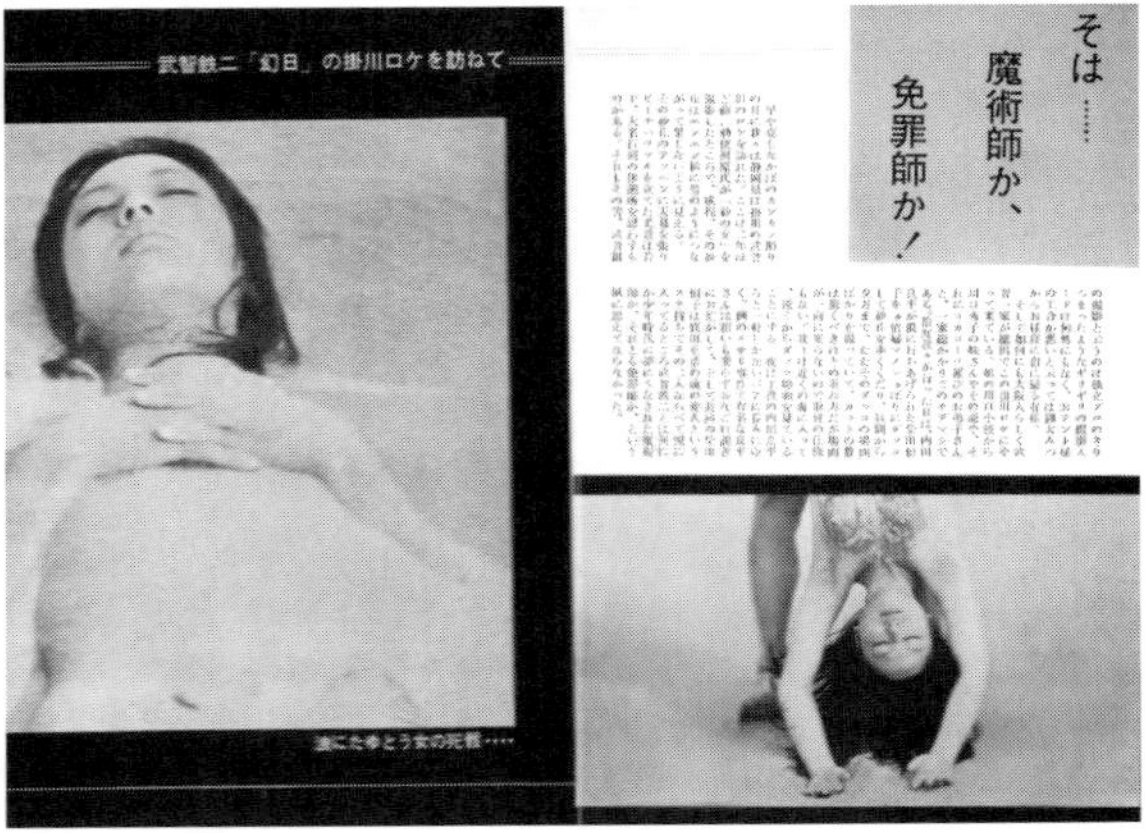

上右／『幻日』脚本　美術担当の大森甲の所持品だった　上左／月刊「成人映画」1966年9月号の表3には逸早く広告が出た。出演者には佐藤慶の名もあった　下／「映画評論」1966年10月号には『幻日』撮影中の現場取材の特集記事が出た

とともに、実際は出ることのなかった佐藤慶の名前もある。出演者は上記四人に限られており、その他の「水夫たち」には、アングラ演劇初期の人気劇団・発見の会がキャスティングされている。

近年、発見された『幻日』の撮影用台本（美術の大森甲が使用したもの）には、「彫刻家」の名もあって、もしかすると佐藤慶は当初「彫刻家」としてキャスティングされたのかもしれない。だが、完成映画に「彫刻家」が登場するシーンはない。

同号には、「特集　独立プロの切り札はエロチシズム」というページの中で、近代映協の『本能』、若松プロの『裏切りの季節』、勅使河原プロの『他人の顔』とともに、『幻日』が作品紹介されている。『幻日』の製作名は「第三プロ」となっており、これは「武智プロ」を名乗る前に武智が使った自らのプロダクション名である。その記事には、こうある。

「『黒い雪』がワイセツだとして起訴され、裁判が始まったが、話題の武智鉄二監督が夏目漱石原作の「夢十夜」をアレンジしている。

作品意図が「日本人の精神構造の問題を追及したい。社会心理を柱にして、日本の政治現況をうたいあげたい」という。物語はいささか難解だが、ある能面師（内田良平）が美女（柴田恒子）にあい心ひかれる。だがボスに邪魔され、女は死に、能面師は砂浜に墓を掘り女を埋めて、自分もその砂墓の中に埋もれる。柴田はアジアの民衆であり、内田は日本人の精神と心を表現する民族主義者の設定だという」

（月刊「成人映画」一九六六年九月号）

また、同誌の六六年一〇月号には「武智監督の問題作『幻日』―鮮烈なカメラワークとエロチシズム―」という記事とともに、主演女優柴田恒子のグラビア構成が、大々的に組まれている。砂丘で行われたロケーションの写真の中の柴田のヌードが眩しいが、武智の柴田起用を決めた経緯と「収穫だった」という高評価のコメントが掲載されている。

僕自身、これまで、武智について書かれた本や雑誌を読み、あるいは武智と交流の深かった映画評論家の斎藤正治から聞いて『幻日』という映画があったのは知っていた。だが、具体的な内容については、全くわからなかった。僕も作品そのものを観たことがなかったが、『幻日』という映画を観たことがあるという人に出会ったことはない。いや、もしかしたら、既に『黒い雪』裁判の頃には交流のあった斎藤は、試写なり作品を観ていたか。斎藤正治も上記記事の月刊「成人映画」編集長の村井実も、故人となり聞くことはできない。

タイトルからして幻の作品に相応しいが、どんな作品なのか、興味は尽きなかった。

メールからまもなく、何日かして安井館長から送られて来たＤＶＤを観て、驚愕した。『幻日』は、今まで観て来たどの武智作品よりも、シュールで幻惑的で詩的な展開の映像だった。『幻日』には、ストーリーはあってなきがごとし、全篇強烈な描写と画面がゆるやかに反復を重ね、台詞は極端に少なく、叙事詩ともドキュメンタリーともつかぬ夢のような世界が展開されている。男は女を妄想し、女は夢の中で残酷に犯される。美女が裸で演じる能の舞いが描写されるかと思うと、美女は海に出て船の中で縛られ拷問を受ける。能面師の男は、美女を救い出すが砂丘に迷い込む。そこには、二つの太陽がある。もちろん、一つは本当の太陽だが、もう一つは幻日である。すべては、幻日が照らし出す夢の

上／砂の中に埋もれていく柴田恒子。40 度を超す焼けつく暑さの中で撮影された　下／フランス映画『情婦マノン』を想わせる、内田良平に背負われた柴田恒子　ともに月刊「成人映画」1966 年 10 月号より

中のことであり、あまりにも狂おしい。

夏目漱石の「夢十夜」は、「こんな夢を見た」ではじまる、十の夜の夢。神経質だった漱石は夢をよく見たといわれるが、夢そのものを幻想的に小説にしたのは珍しい。確かに夢の羅列である「夢十夜」は、自伝的作品「坊っちゃん」や猫の視点を借りて諷刺や表現の妙に遊ぶ「吾輩は猫である」などとは違い、漱石作品の中では異色と言えなくもない。

しかし、神戸から送られて来た映像の中のグロテスクな性描写と詩的な描写の複合からなるこの映画を、俄かにかつて読んだ夏目漱石「夢十夜」と結びつけるのが難しかった。

幻日とは、太陽と同じ高度の太陽から離れた位置に光が見える大気光学現象のことだそうである。「夢十夜」の第一夜は、「赤い日」即ち「幻日」が登場し、女の墓の横で百年が過ぎていく。第七夜は、理由もなく船に乗っていて水夫に話を聞くが要領を得ない光景がある。これらが、夏目漱石の作品にインスパイアされて生み落とされた映像の根拠と考えるのには、少々飛躍があるように感じられた。

何か、とんでもないものを観た気分になった。やはり、見てはいけないものを見たのか。

いったい武智鉄二という表現者が何を思って作り始めた映像なのか。その意図は、製作当時説明された「アジアの民衆と日本人の関係」に転化できるものなのか。なぜ、このエロチックというよりグロテスクな映像が、夏目漱石の原作でなくてはならないのか。首をかしげながら、何度も観た。

半世紀以上も前の未公開作品の製作過程やお蔵入りの経緯を探るのは容易なことではない。もともと、映画の製作過程がオープンになったのは、そんなに古いことではない。しかし、この『幻日』という映画については、そこから当たらねば、何もわからないだろう。

武智鉄二は、なぜ、『幻日』という映画を作ったのか。作らねばならなかったのか。それが、問題だった。『幻日』は、一般公開されなかった。公開されなかったフィルムが、なぜ、二一世紀の今日、僕らの前に突然にも現れたのか。『幻日』というフィルムは、どこをどう旅して来たのだろうか。

調査報告は、実は途中である。報告は永遠に完成しないかもしれない。おそらく答えは、このまま永久にわからないかもしれない。

武智本人だけが知っていることなのかもしれない。

歌舞伎界の異端児が仕掛けたエロ革命

武智鉄二について説明せねばなるまい。

武智鉄二は、一九一二(大正元)年、大阪生まれ。京都帝大を卒業後、歌舞伎界の革命児として台頭。知る人ぞ知る関西歌舞伎の雄にして、歌舞伎界の異端児といわれた。厳格な舞台演出家として、「武智歌舞伎」なるものを創始した。武智歌舞伎からは、中村扇雀(後の四代目坂田藤十郎)をはじめとして多くの役者を輩出したが、大映スターとなる市川雷蔵もその一人。戦前からの執筆と演出の軌跡は、広く長い。

武智には、もうひとつの「顔」がある。社会現象となる官能エロス作品を『白日夢』をはじめとして次々と監督し、ヌーヴェル・ヴァーグ以後の松竹映画を救ってしまう「美の改革者」の顔である。あくまで前衛的であり続けようとする「エロチシズムの探究者」でもある。それは、武智鉄二という芸術家の二つの顔といわれている。

僕ら世代には、「武智鉄二」という名前を聞いただけでエロチックな気分になるという人も少なくない。実は自分もそうだ。だが、若い人は、どうも「武智鉄二」という名前がピンとこないらしい。世代間ギャップがあるようだ。

当たり前だ。武智鉄二こそは「ピンク映画」から「アダルトビデオ」の時代へと、大きく時の扉を開いたレジェンド的人物だ。だから、逆に言えば「昭和のエロ」を愛してやまないオジサンたちにはなじみだが、若い映画ファンが知らなくても当然である。昭和の「桃色文化」で育ったオジサン世代にとっては、この男、武智鉄二の名前を知らなきゃ「モグリ」と言われたものだ。オイラの中学時代の悪ガキはみんな知っていた……。

いや、本当である。それくらい、エロ業界では有名人だったのが「武智鉄二」なのである。六〇年代から七〇年代にかけて大活躍した「ＡＶの帝王」こと村西とおるもまるで目じゃないほどの大活躍ぶりだった。

それだけではない。武智には、エロ業界のパイオニアにして「闇の商売人」的な顔もある。この男の動きがなければ、日本のピンク・ポルノ映画はもう半世紀は遅れていたはずだ……。日本は、まだ「ポルノ鎖国」のままだったかもしれない。エロ映画の鎖国を解いた、エロ維新の教祖とでも言えそうな人物が、歌舞伎界にその人ありといわれた武智鉄二だったという、このあまりにも日本的な事実は、見過ごされがちだ。

武智は、歌舞伎とエロに賭けた確信犯だった。

武智は、高度成長下の日本社会に桃色の罠をいくつも仕掛けた、エロの仕掛け人だった。

むかし、アダルトビデオ創世期、開業したての街のビデオ屋には、こんな貼り紙がレジの横や陳列棚の隣によく貼ってあったものだ。

「『白日夢』あります」

不愛想な貼り紙だが、意味深だった。

これは、ビデオ屋の表の棚には置けないが、ハードコア作品でボカシや修正のない裏ビデオバージョンの『白日夢』（一九八一年版）を「ご希望の方にはお分けしましょう」という案内なのだった。

武智鉄二は、谷崎潤一郎の幻想小説『白日夢』を二度、いや『白日夢2』（一九八七年）を入れれば、三度映画化した。一九六四年に製作・公開した最初の『白日夢』が、あまりに衝撃的だった為か、商業的成功を得たためか。

八一年版『白日夢』は、映倫を通過しロードショー劇場公開した表バージョンと、映倫でカットされた部分や修正を余儀なくされた部分とを復活させた裏ビデオバージョンがある。

『白日夢』1981年・武智プロ　愛染恭子と佐藤慶

劇場公開されたバージョンは、その後アダルトビデオとしても発売された。それは、まだマーケットが定まっていなかったビデオ業界における人気商品となった。それとは違う裏バージョンが、実は八一年版『白日夢』にはある。インサートの風景やセックス描写が、修正なしで描写されていた。
それは本来は歌舞伎町の裏ビデオ専門店で売られていたものだが、全国的なニーズもあったし卸す人もいたのだろう。地方のレンタルビデオ屋の一角にも先のような貼り紙が出されたほど、こっそり大ヒットした。

今ではオタク族の聖地となった秋葉原だが、元々は大小さまざまな電気屋さんの街だ。ビデオデッキが普及し始めた頃、みなアキバにデッキを買いに出た。アキバの電気屋は「これは」という客に向けて『白日夢』の無修正版を、デッキ購入の強力な「おまけ」として出したという逸話がある。店の奥から小出しに出てくる往年の電気屋マジックの定番アイテムのひとつだった。

愛染恭子と佐藤慶が「本番ＦＵＣＫ」をくりひろげる、わが国ハードコア始まりの一本が『白日夢』（一九八一年版）である。わが国ハードコア時代の本格的幕開けは、大島渚監督『愛のコリーダ』（一九七六年）に始まるが、その五年後、六〇年代エロ映画シーン以来、大島渚をライバル視していた武智鉄二が放ったのが『白日夢』だった。大島は、「ポルノ解禁」を果たしていたフランスへ、日本の撮影所で「本番」撮影したフィルムを持ち込んで現像した後、海外作品として逆輸入した。日本映画に「ポルノ解禁」の「性革命」を仕掛けたのだが、結果は中途半端に終わった。税関と映倫によってカットやボカシ処置を施された日本国内版『愛のコリーダ』は、ズタズタにされたシーンや全く見えない場面を含む、観客のストレスを誘う作品だった。

武智は、そんなことでは映倫も税関も打破できない、一気に資本家や体制側をも動かして「性革命」ならぬ「エロ革命」を推進するのが早いと考えたようである。ビデオ時代の到来という時代の趨勢もあった。「エロ」が、産業として大きな商売になる時代が来つつあった。武智の頭の中にあったのは、フィルムというよりビデオだったかもしれない。

武智は、そこですぐに勝負に出た。国内では映倫や税関の規制やトラブルがあるのを百も承知して、それを前提にしながら、あえて大手の松竹撮影所内で「本番」撮影を強行して物議を起こした。マスコミにも取材させて、それをひとつの宣伝効果に社会現象を喚起し映画を大ヒットさせてしまうのだ。その戦略は、ある意味では今日で言う炎上商法だったろう。武智は、既に猥褻裁判にまで発展し物議を醸した自作『黒い雪』（一九六五年）で、こうした展開はトレーニング済みだった。

多数の映倫によるシーン・カットがあった本番映画『白日夢』（国内版）は、海外版の『白日夢』ではそれがなく、「ポルノ解禁国」では「無修正版」で上映されている。各国の規制や公開事情により異なるが、日本よりポルノ映画の表現が遥かに進んでいた欧米では、完全版に近い形で公開された。その為、国内版『白日夢』で見たくても見られないシーンやカット描写が、堂々と存在している海外無修正版を観たいという欲求が日増しに高まった。

日本から『白日夢』を観るために無修正版が上映されていた観光地グアム島（アメリカ合衆国領）まで日本人ツアーが組まれ、マリンスポーツや観光だけでは気のすまない、好色なオジサン族、あるいは物見高いご婦人までが映画見物を目玉に出かけたといわれる。まさに、八〇年代初頭の性風俗現象を『白日夢』は牽引、リードしていたのだ。グアム島で上映されたバージョンや東南アジア向け輸出バージョンには、国内版にないベッドシーンや男女の局部のアップが、主演の愛染恭子と佐藤慶以外の特別キャストを使って撮影され、再編集も施されたといわれる。この時、確かに武智鉄二は「美の改革者」というよりは、「エロの商売人」でもあった。

本番映画『白日夢』公開（一九八一年）から十七年前、最初の『白日夢』が公開されている。時代を震撼させた衝撃性ということでは、どちらも同じだが、物語や内容も趣向も、少々異なっている。武智作品は、当初、芸術性のほうが高かったのかもしれない。六四年版『白日夢』の主演は、路加奈子。松竹のニューフェイスとして入社したが、スターとして芽が出なかった彼女に、裸になるのを厭わないという条件で白羽の矢が立った。相手役には『伊豆の踊子』で美空ひばりとも共演した二枚目スターの石浜朗。話題は多かったが、公開当初最も話題をさらったのは、本作『白日夢』が文豪・谷崎潤一郎の原作であったということであった。

日本文学を代表する作家の一人で、耽美的作品も多い谷崎潤一郎と映画の関わりは、大正時代まで遡れるが、武智と谷崎の交流も古い。谷崎の「白日夢」は、夏の昼間、ビルの六階にある歯医者で虫歯の治療を受ける令嬢が見る夢の物語。夢は、夜の百貨店で令嬢、青年、ドクトルらがさまようように綴られていく。令嬢の歯の治療が済んで我に返るまでが描かれる。武智は、映画化に際して、いうなら夢の中の世界をどう膨らますこともできると、エロスの要素を加味し追求した。その結果、当時の日本映画には見られなかった性的描写や実験的な映像が氾濫する作品となった。

『白日夢』で、谷崎原作の映画化に成功した武智は、さらに『黒い雪』では一転オリジナルで「反米民族主義」をダイレクトに描いた。基地の町・立川を舞台に、娼婦たちの性態や生活を描写し物語にして見せている。冒頭から、人気ピンク女優内田高子が黒人兵と交わる描写が生々しく鮮烈だった。基地から轟音で飛び立つ米軍機の下で犯され、全裸のまま横たわる女性（紅千登世）のシーンがショッキングで大きな話題を呼んだ。映画のテーマとされた「反米民族主義」は、武智鉄二の本業である歌舞伎以来のものだったかもしれない。そのやや観念的な思想は、「エロ映画」という形式のままに具現化され、『黒い雪』という異色の問題作を生んだのだ。民族主義とエロスの合体という手法は、『戦後残酷物語』（一九六八年／大映配給）や『スキャンダル夫人』（一九七三年／第三プロ）でも展開されている。

川口小枝の語った父、武智のこと

当時、『黒い雪』のヒットに気をよくしていた武智が、ハードコア版『白日夢』に挑戦する以前に、六四年版の『白日夢』で成功した幻想小説の映画化という手法を深化させて、事もあろうに夏目漱石の小説を原作に挑んだエロスの実験が『幻日』という映画だった。

『幻日』が製作された一九六六年という年は、夏目漱石の「生誕百年」に当たっている。夏目漱石は、わが国小説家の最高峰として知られ、その右に出るもののない文豪として語られることが多い。今日では、千円札の肖像画にまで顔が登場するほどの国家的著名人だ。

武智鉄二は、日本人なら誰もが知る作家・夏目漱石の幻想小説を、自分流のエロに染め上げてみたい欲求に駆られたのではなかったか。大胆不敵な発想が、武智らしい。

……神戸から送られて来た映画『幻日』の映像を観ているうちに、ある一人の女優を想い出した。『白日夢』八一年版の主演男優である佐藤慶と、大島渚監督の『白昼の通り魔』で共演した女優、武智鉄二の「娘」であった女優、川口小枝である。彼女なら、何かを知っているかもしれない。そう思ったのだ。すぐに、川口に電話をした。

川口小枝は、電話口で驚きを隠さなかった。

「よくあったわねえ！　あの映画、父も母も気に入っていたのに、とうとう公開できなくて……。あの時は、もう、夜逃げしようと思ったのよ。私は、まだ子供だったから、あまり詳しいことは知らなかったけど、大変だったのよ……」

川口小枝は、そう言い深いため息をついた。

小枝は、武智鉄二の娘といわれるが、血の繋がりはない。舞踊家として一家をなしていた川口秀子と武智が結婚し、川口の娘だった小枝の父親に武智がなった。武智は、京都から川口秀子の住む鎌倉へ、ある日、鞄ひとつでやって来たという。それから、尋常ではない芸術家一家が生まれたのかもしれない。武智の推薦もあって、小枝は大島渚監督の『白昼の通り魔』で、ヒロインとして映画デビューを果たしている。相手役は、大島映画の常連で中心的存在でもあった佐藤慶である。小枝は、『白昼の通り魔』出演後一気に人気女優になった。大映など映画に出演する一方、テレビにもよく出た。僕は、子供の頃、よくテレビで小枝を見た記憶がある。若く愛らしい女優だった。

若い時は映画やテレビで活躍していたが、母の秀子亡き後は「川口流」を受け継いで、二代目の川口流家元となった小枝。親しかった佐藤慶さんが亡くなった時に、映画雑誌の追悼記事で小枝にインタビューをしたのが、お会いした初めてだった。ラピュタ阿佐ヶ谷での佐藤慶追悼上映では、トークもしていただいている。

小枝が生まれ育ち、今も住む鎌倉の駅前の喫茶店でお会いした。

彼女は、発見された『幻日』をどこかの能楽堂で上映、その映像の残像がある前で踊ってみたいと語った。それ程、武智作品としては想いのこもった作品だと言うのである。そこには、武智鉄二の「ヌード能」に始まる、エロス探究の姿が色濃く、そして深く刻印されているというのだ。

僕は、それまで、武智が「エロ」で夏目漱石を染め上げてしまったとばかり思っていたが、そこには武智ならではの深い「エロスの美学」があるのだということを、武智家の令嬢は語ってくれた。

「おとうちゃまが、本当に気に入っていた作品なのよ！」

小枝の言葉に、何度か映像を見直した。能表現が原点回帰でもするような幻惑的表現が迫って来て、物狂おしい熱気がフィルムに焼き付けられていた。

だが、ひとつの問題があった。この映像には、一巻だけフィルムが抜け落ちている。突然に画面が跳躍するシーンがあっても気にならないようなリズムを持った、芸術的実験映画であり、シネ・ポエジーである『幻日』だが、手元に脚本を取り寄せて点検してみると、抜け落ちた部分が判ってきた。それは、ちょうどグロテスクな描写が続き目を背けたくなるようなシーンの後だった。

川口小枝（右）と武智鉄二（左）『白昼の通り魔』1966年　撮影現場

「このコードの先のツマミで、お前の乳首をはさみ、こちらはお前の下っ腹にさしこむ。変圧器のスイッチを入れると、電気がお前の体の中を流れるという寸法だ。これは、わしの考えたやり方ではない。ベトナムで、アメリカの軍隊が、ベトコンの女にやっている方法なのだ。わしはサイゴンでこの方法を見て来たよ。電流が通ると、どうなると思う」

ボス（津崎公平）の、長いこんなセリフの後、ベッドの上に括りつけられた美女（柴田恒子）に拷問が始められる。電圧は次第に上げられ、美女は苦痛の声を上げるのだ。美女が恐怖と苦痛で失神してしまうと、突然にも能面師が現れ、彼女を助け出す。

「さあ、逃げるのです。私はあやしいものでは決してありません」
「あなたにお目にかかったことがありますわ」
「今日、喫茶店で」
「いいえ、もっとずっと前に」

この後から、夜の街路を入り口にしつつ、百年前の明治元年に物語は飛んでいく。

すっぽりと、「明治百年」の時代劇の世界が無くなっているのに気がついた。それは、まさに漱石百年の世界を描かせないために、誰かが抜き取り切断したようにさえ思われた。

それでも、川口小枝は「是非、この作品を修復して皆さんに観ていただきたいわ」「DVDにはならないかしら」と言われた。発見された現存一一本目の武智作品として『幻日』を記録・保存しておきたいと言ったのだ。

ところが、障害を乗り越え、『幻日』の復刻と研究を進めようと思っていた矢先である。当の川口小枝が亡くなってしまったのだ。思わぬ小枝の急死に、目の前が暗転した。

安井館長の命を受けて始めた『幻日』検証から、「武智家」生き残り人である川口小枝とともに復刻へと踏み出そうとしたばかりだった。

「武智芸術」幻の作品『幻日』は、ふたたび深い眠りに包まれてしまうかに思えた。

気落ちしていた自分を励ましてくださったのは、近年お世話になっている映画評論家の大御所・白井佳夫先生の一言だった。

武智が活躍した時代は、白井先生が映画雑誌の花形だった「キネマ旬報」で編集長として活躍された時代と重なる。白井先生は、武智に影響され、影響を与えた大島渚とも親しかった。もしや、白井先生ならば、武智の幻の作品を色眼鏡でなく見ることができるのではないかと考えたのである。

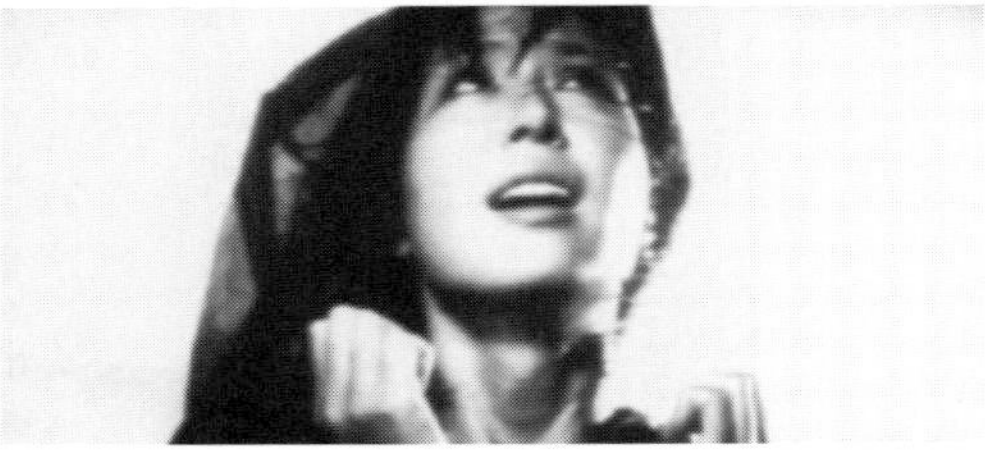

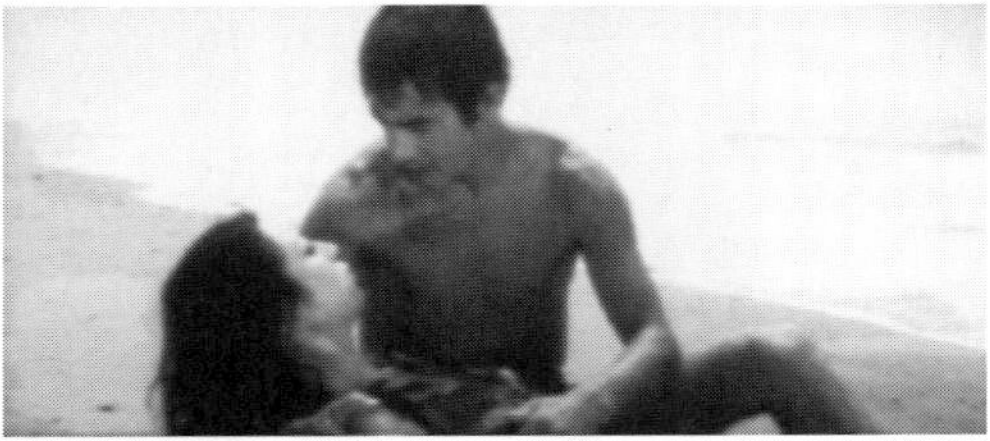

上から／能面の裸女は嘆き哀しむように舞い続ける　「墓のそばに待っていてください……きっと逢いに来ますから」（柴田恒子）　能面師（内田良平）と美女（柴田恒子）は砂浜で幻日に照らされ夢の中を生きる　能面師の腕に鴉が止まり狂ったように鳴き始める

白井先生は、『幻日』を観られて言った。

「これは、大発見だよ。武智の映画的な実験と基本的映画術が随所に見られるじゃないか。武智の美学がどういうものだったのかというのを、後世の映画研究者が考える時にうってつけの作品だ。これは、ぜひ国立フィルムセンター（当時）の協力を得て、保存しなきゃいかんよ。

武智はね、映画界では危険分子とされて来たんだ。だが、武智は映画という芸術の可能性を追求した。スキャンダルではなく芸術として見直さなければいけないね」

正直、白井先生がそれ程までに「武智鉄二」を評価されているとは思ってもいなかったから、驚きと力強い援軍を得た気分になった。

白井先生のそんな言葉を支えに、『幻日』は、昨年（二〇一七年）秋に神戸映画資料館で発掘上映に踏み切った。当日は、多くのトンデモ仲間、いや真面目な映画研究者や探究者が参加してくれたのだった。僕は、それまでの『幻日』を巡る探究と調査の途中結果を基調報告した。

内田良平も川口秀子も津崎公平も、出演者らが皆鬼籍に入っている現在、年齢的にお元気でもおかしくないのが主演女優の柴田恒子だ。彼女は、ネットなどで検索すればわかるが俳優・中村嘉津雄の元妻としても有名だ。中村嘉葎雄は、今も独身を貫いているようだが、それは柴田恒子への愛を胸に仕舞い込んだままだからだという説さえある。

二人は、歌舞伎界の因習のようなものから、結婚生活を維持できなかったともいわれている。

柴田恒子は、豊橋農城中学三年生の時に、松竹の新人募集に応募して合格。『続・禁男の砂』（一九五八年）で映画デビュー、『私は忘れない』『続々禁男の砂・赤いパンツ』など一五本の松竹映画に出演。その後ファッションモデルに転じた。『幻日』に出演した時、二十六歳である。

柴田を主演で起用するに至ったのは、鎌倉の街角でショッピングする美しい姿を、武智の妻秀子と娘の小枝の母娘が見かけたのに始まる。「それはきれいな人ですよ」と、母娘が武智に推薦したのが始まりだったと、武智自身がインタビューで語っている。

もし、柴田恒子を見つけ出せれば、僕の『幻日』の旅も飛躍するかもしれない……。

もうひとつ忘れてならないのが、カメラマン高

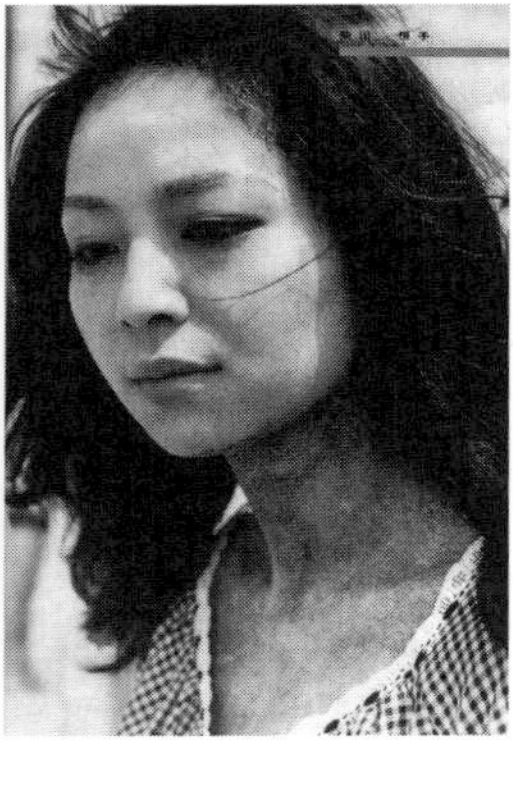

柴田恒子　「エロチシズム芸術と武智映画作品集」（1967年・新風出版社）より

川口小枝　ラピュタ阿佐ヶ谷で行われた「佐藤慶追悼上映」にて　2010年

田昭の存在だ。高田は、川口小枝の元夫であり、武智をサポートしながら自らの映画的冒険を試みている。高田は、松竹撮影所の出身だが、大島渚の『悦楽』(一九六五年)で独り立ちした。前述の『白昼の通り魔』(六六年)の撮影では高い評価を得ている。大島作品は、他にも白土三平の漫画を映像にした『忍者武芸帳』(六七年)、添田知道の原作を大胆に劇映画にした『日本春歌考』(同年)がある。大島渚の作品から、義理の父となった武智鉄二の作品に移行して、『幻日』『戦後残酷物語』『スキャンダル夫人』を経て、佐藤慶と愛染恭子によるハードコア版『白日夢』の撮影者となっている。武智との仕事の始まりに『幻日』という作品がある。高田の撮影者としての力量、可能性とセンスが充満しているのが、『幻日』というフィルムでもあるだろう。詩的な映像を、ドキュメント的に撮ることこそが、カメラマン高田昭の目指したものではなかったか。高田の撮影者としての重厚な仕事ぶりは、やはり近年、発掘上映されて話題になっている森弘太監督のＡＴＧ作品『河・あの裏切りが重く』にも端的に現れている。高田は、取材を受けた形跡が少なく、近年は行方さえもわからない。

完全版フィルム出現!

神戸映画資料館で上映に踏み切り、フィルムの点検をしていて、さらに重大なことが判明した。安井館長が作ってくれたＤＶＤはほぼ白黒に見えたのだが、本来のこのフィルムは「セピアカラー」だった。退色もあったろうが、スクリーンに上映してみるとフィルムが白黒でないのがよく判った。それだけでなく、映像全体がほんのり朱く染められているのだ。

専門家の指摘で、フィルムの下地に加工を施した念入りな方法であるということが判明した。通常はほんの数シーンの為に試みられることはあっても、フィルム全体をこのように朱に染め上げてしまっている例は「見たことがない」ということだ。まさに、もうひとつの太陽・幻日に照らし出された朱い世界が、能と美女と砂の世界に展開する。『白日夢』が白昼に見る白々とした夢なら、この『幻日』は、朱い太陽に照らされたもうひとつの夢の世界。白と朱とは対をなす夢だったのかもしれないではないか。

武智は「商売人」であったとも書いたが、こんな手の込んだ商売人がいたものか……。『幻日』調査中に見つけ出した、気になる武智の言葉を引いてみよう。武智が、惑いの果てに、映画の世界に踏み込んだことが理解できる。商売だけではできるものではない。いや、それがたとえ商売であっても、武智鉄二の芸術家としての意気込みと苦悩が伝わって来る。

「映画を撮ってみたいと思わないか――という質問をしばしば受けることがある。もちろん、撮ってみたい。能からテレビまで、あらゆる形式の時間芸術を手がけて来た私が、たった一つ手をそめていないのは、映画である。

だから、創ってみたい気持ちは強いが、こわくて手が出せない。映画の表現力を、根本的に改造するための、私なりの方法論も、頭のなかにはできあがっている。機会があればためらうことはないのだが、やはりこわさが先に立つ。

それは、映画があまりに商業主義のなかに足を突っ込みすぎているので、あたらしい試みが、おそらく不可能なのではないかと思えるからだ」

（「映画芸術」一九六〇年三月号／武智鉄二「せめてヌードで」より）


そんなに怖がっていたにもかかわらず、この歌舞伎界の大立者は、映画に手を染めて、亡くなる日まで「映画監督」の名と名声を欲しいがままにしている。それは、あまりにも謎めいて魅惑的だ。

これからも、僕の『幻日』を巡る旅は、終わる様子はない。僕にとって武智鉄二という存在は、「大いなる謎」であると同時に「桃色映画の巨匠」としてあり続ける。

この原稿を書いてから、ただ時だけが経過したが、事態は一変する。またまた、ある日突然、安井館長からのメールで驚いた。「『幻日』の完全版が上映されるで」。用件のみを伝えた短いメールに、逆に館長のビックリマークが潜んでいるようだった。

メールは、確かに関西弁だったと思う（！）。そう、ある日突然、もう一本の『幻日』が現れたのだ。

確認すると、国立映画アーカイブが定期的に行っている上映企画「発掘された映画たち」（二〇二二年五月）のプログラムに『幻日』があった。公開情報から、このフィルムは「完全版」だということが推測された。

長いコロナ禍の中での上映だった。座席数にも限りがあった。すぐにチケットを購入して当日を待った。ところが、不覚にも、直前に僕はコロナに感染して上映を観ることが叶わなかったのである……。

悔しくてならない気持ちを胸に、先日、国立映画アーカイブ上映企画の現在の担当者で主任研究員（映画室長）である大澤浄さんに、完全版フィルム発見について聞いた。

「前任者時代のことですが、このフィルムは、今は閉館した岩波ホールから寄贈されました。約五〇本あった外国映画など、岩波ホールで公開された作品などが寄贈されたのですが。それらに混じって寄贈されたフィルムです。

寄贈の日付を確認しましたら、二〇二一年一〇月二一日付となっております。岩波ホールで上映されたわけではありませんので、どうして岩波ホールにあったのかはわかっていません。寄贈されたフィルムを見たところ、神戸映画資料館で上映された『幻日』の完全版ではないか、行方不明の武智作品に間違いないということになり、武智家の御遺族に確認、許可をいただいて上映したという経緯です。価値のある発見だと考えています」

明快な回答をいただいて、フィルム『幻日』への思いが深まるばかりだったのだが、僕はまだこの完全版『幻日』を観ることができていない。未公開だったとされる『幻日』だが、このフィルムには何度か上映した形跡が見られるという。少しだけ推理をしてみた。

武智鉄二自身が、上映を希望して岩波ホールに持ち込んだのではないか、ということである。若い頃、岩波ホールで武智演出による舞台「東海道四谷怪談」を観た記憶がある。一九七六（昭和五一）年、お岩を白石加代子、伊右衛門を中村扇雀、宅悦を伊藤雄之助が演じた。

武智鉄二と岩波ホールの関係には、浅からぬものがあった。あるいは、川口小枝が語ってくれたように、能舞台など武智演出の背景にフィルムを使おうとしたのか。

岩波ホールの支配人として長年活躍された高野悦子さんも、とうに亡くなられている。ホールの片隅に忘れられたように残されていたフィルムの出所を説明できる人は、今ではもういない。

だが、大澤さんにお願いして、もう一人、重要人物を紹介していただいた。アーカイブ『幻日』完全版上映の折に舞台挨拶もされた、このフィルムの著作権継承者の川口潤さんである。フィルムは発見されても、それを勝手に上映することはできない。ぼくがお会いして神戸でのフィルム発見を伝えたのは、武智鉄二、川口秀子の娘であり、女優で日本舞踊川口流の家元でもある川口小枝さん。小枝さんが亡くなり、映画の著作権は、川口小枝の長男である潤さんが継承した。

小枝さんは、だいぶ昔に離婚されたが、先に述べたカメラマンの高田昭さんと結婚されていた。二人の間の長男が潤さんということになるが。実は、潤さんは高田昭さんと前妻との間に生まれたお子さんである。昭さんと小枝さんが結婚する時に、父に連れられ幼くして川口家に入った。川口家の長いファミリー・ヒストリーが語れそうだが、別の機会にしよう。

藤沢駅前の喫茶店で、潤さんにお会いすることができた。以下、一問一答である。

――『幻日』という映画をご存知でしたか？

「内田良平さんが出ている武智の映画があるとは聞いていたんです。でも、見たことがなかった。国立映画アーカイブから連絡があって、上映当日に初めて観ました。あっ、これか！　と思いました。『幻日』が作られた時、僕はまだ生まれて一年ですから（笑）」

――国立映画アーカイブでの上映当日まで、どんな作品か知らなかったんですね。

「皆さんも見たことないと思いますが、僕も観るのは初めてです。こんなに来ていただいて感謝します。というようなことを、上映前に挨拶させていただきました」

——御覧になっての感想は？

「ビックリしたのは、スタッフの名前が出た時に、カメラマンが高田昭、父だったということでした。それから、川口秀子先生が背中におんぶされている男の子が、秀子先生の甥っ子の裕兄さんだったということ。随分仲良く育ったので、ちょっと驚きました」

——お父様が撮影をされていたというのも全然知らなかった。

「オヤジは松竹に入って、助監督時代の大島渚と出会い、たぶん大島さんの方が先にお辞めになったと思うんですが、カメラマンとして一緒に撮影所の外へ出て、フリーのカメラマンでやる」

——『悦楽』からですね。『幻日』もですけれど、『白昼の通り魔』の時の高田昭のカメラというのは凄いですね。

「みんなそう言いますね（笑）。僕は、小さいからうっすらとしか憶えていない。昔、テレビ放映もあって、それを観ていてなんとなく想い出します」

——大島渚と組んだのは四作品。完成度はどれも高いと思いますね。

「『白昼の通り魔』の時に、川口小枝が父に惚れたらしくて。父も、武智作品のカメラマンとしてやっていこうと考えたらしく、一石二鳥だと思ったらしい。ところが、フタを開けたらそうじゃなく、川口家のやり方に呆れかえって二年くらいで離婚してしまう。

川口の家を出たっきり帰って来ない。僕は、取り残されたまま川口家で育った。子供時代から見聞きした武智鉄二について話せば長くなる」

——で、お父様は、武智鉄二とは『華魁』まで五作品で組んでいる。検証してみたい欲求にかられますが、行方不明、もう亡くなったと聞きましたが。

「いえ、生きていますよ。三番目の奥さんと結婚して、スリランカに移住したんですよ。ジャパングレインという会社に所属して、スリランカの現地ロケなんかのコーディネーターをしていた。二十年以上住んでいたかな。僕も知らなかったんだけど、いつの間にか帰国して、その後、何回か会った後にオヤジの後輩でもある映画プロデューサーの斎藤佳雄さんが父に会いたいと言われ、取り次いだこともありましたが、今は施設に入っている様でして、今の奥さんから『もうかなりボケちゃったみたいで…』と、お聞きしました」

——そうですか。ごめんなさい。それは知りませんでした。最後に、武智鉄二という存在と身近に接しながら成長された潤さんにお聞きしたい。『幻日』という作品ですが、完成しながら公開されなかったのは、なぜだと思われますか?

「今、いろいろ伺ってみると、推測ですけれど、夏目漱石サイドからクレームが付いたんじゃないでしょうか。武智は、谷崎潤一郎先生とは、川口秀子も含めて交流が深かった。『白日夢』は、武智が映画を作っても、これぐらいならいいだろうみたいに折り合いが付いた。しかし、『幻日』は違ったんじゃないですか。武智は、『幻日』というタイトルだけで映画を作ろうとしたんじゃないですか。そういうところがありますから、武智には。それが、完成してみると、これじゃ出せないよって漱石サイドと上手く折り合いが付かなかった。そういうことじゃないのかなあ……」

長く『幻日』を追いかけて来た自分と、武智鉄二をよく知る潤さんの思いが重なって、『幻日』の謎に大きく迫ったように感じた。

どうやら武智美学探求の旅は、もう一本のフィルム、完全版『幻日』の出現で振り出しに戻ったが、更なる深化を遂げつつある。

あまりにスキャンダラスで、香しいばかりのエロスに包まれた武智美学の世界。『幻日』というフィルムが、DVD化なども含めて陽の目を見て、より深く広く検証される日も遠くはないのではないだろうか。

商業主義を逆手に取り、伝統と蓄積の上に構築した世界観をフィルムに焼き付けた武智鉄二。己の美学の実験と、歴史を踏まえ、芸術から時代の開拓に賭けたのが武智鉄二の生涯だったろうか。その思想と野望が、不完全版と完全版、二つのフィルムに深く刻まれているようである。

第12章 革命児たちと女優たち　中村幻児と高橋伴明

『赤い娼婦・突き刺す』『処女失神』『婦女暴行脱走犯』『襲られた女』

三〇分に短縮されたビデオソフト

映画『トラック野郎』シリーズ研究に関しては、第一人者として知る人ぞ知る小川晋さんは、ピンク映画資料のコレクターでもある。実際、僕もずいぶん昔にラブホテル用にビデオ化された本木荘二郎作品など（監督名は岸本恵一ほか）、見せていただいた。まさかというような旧作から新作までピンク映画をVHSやDVDでたくさんお持ちである。そんな小川さんが、観たくてしようがないのに観られない作品がある、「お持ちじゃないですか？」と尋ねられた。

「朝霧友香の『赤い娼婦・突き刺す』が、見つからないんですよ。ビデオになっていることはわかっているんですが、出て来ない」

「ン？　朝霧友香？　ああ、中村幻児監督の。あれは良かった。亡くなった大杉漣さんがやくざの兄貴分で出てくる」

「お持ちじゃないですか？」

「ああ、あれね、東宝ファミリークラブっていう会社からビデオが出た。昔、草創期のビデオ雑誌で取材に行ったから……。サンプルがあるかもしれないなあ……」

　ピンク映画、ポルノ映画を長く取材してきたが、作品のコレクターではない。もともとビデオ時代以前のフィルム時代の人間だし、六〇年代、七〇年代の旧作ならともかく、八〇年代以後のピンク映画がこんなに早く観られなくなってしまうとは思ってもいなかった。九〇年代以後、急速に全国で映画館の廃業が進み、フィルムの需要がなくなれば上映プリントも倉庫で無用の長物となり廃棄の運命が待っている。そんなフィルム流通の仕組みに気がつかなかった。というより、日本映画のフィルム保存状況は、「映画大国」といわれる割にはお粗末で、あれもこれもと話題にはなるがピンク映画のフィルムの行方までは誰も目がいかないというのが正直なところだろう。

　小川さんから言われて、押し入れその他を家探しすると、『赤い娼婦・突き刺す』が出て来た。と言っても、サンプル本体ではなくダビングテープ、それも3倍モードで、代々木忠監督のアダルトビデオや『オッパイ見せてくれますか？』とかいう初期ＡＶと一緒にダビングしてあったという代物だった。

「週刊テレビガイド」の別冊で、後に月刊化した雑誌「ビデオコレクション」(東京ニュース通信社)で、作品レビューなどの仕事をした。カタログ本『アダルトビデオ3000』を作る時に、東宝系の子会社である東宝ファミリークラブに取材に行き、サンプルを借りた。年配の担当者が「この映画、良い映画なんでね、ビデオにしました」と言ったのが記憶に鮮明だ。サンプルを何本か借りるという段になった時、「この『赤い娼婦・突き刺す』が借りたい。なぜ、これ、ビデオ化したんですか?」という問いの答えだ。

日本映画界最大手の東宝も、新たに始まるビデオ時代に向けさまざまに模索していた。東宝ビデオは、自社配給作品を中心に当時流行のハウツウ・ビデオや旧作映画など多様なラインナップを展開した。だが、アダルト路線は、天下の東宝らしく当初ラインナップになかった(その後アダルト系作品も出るが)。アダルト作品のビデオ商品化は、最初東宝ファミリークラブ(TFC)が受け持ったようだ。TFCの取材当時の主力商品だったのは『しのざき・さとみの淫乱バストアップ95』でヒット作となるが、他にもどうやらピンク映画をビデオソフト化したタイトルもあるのが判った。風かおる主演『犯し魔変態リンチ』(梅沢薫監督)、山地美貴主演『バイオレンスポルノ・縄と暴行』(小水一男監督)、竹村祐佳主演『OL・若妻・女高生連続暴行』(珠瑠美監督)などなどである。ミリオン(ジョイパックフィルム=現ヒューマックス)系ピンク映画のビデオ化だということが発売作品のリリース案内からわかる。最新のピンク作品が続々出たようだが、僕には『赤い娼婦・突き刺す』の題名が目に飛び込んできた。

なぜなら、本作は第三回ズームアップ映画祭（一九八一年度）ベストテン第二位の中村幻児監督作品で、主演の朝霧友香が主演女優賞を受賞した作品で、大好きな作品だったからだ。ベストテンでは惜しくも高橋伴明監督の『襲《や》られた女』に僅差でベストワンを逃し作品賞を得られなかったが、一時スランプも言われた中村幻児監督の久々の傑作だった。

当時、まだラブホテルの2チャンネル用にピンク映画を切り刻んだり短縮したりするビデオが多かった。ホテルのムード効果には、ドラマ部分は不要だったし、三〇分くらいでないと需要がなかったようだ。そんな時期に、TFCのピンク映画ビデオは六〇分の「完全版」だということは嬉しかった。こうして、作品としてもピンク映画がユーザーに鑑賞されるようになったのを後押しもしたいと考えた。また、取り上げてコラムでも書くつもり

『赤い娼婦・突き刺す』1981年・朝霧友香主演・中村幻児監督

だったかもしれない。「ザ・ベスト・ポルノフィルム」と題した作品レビュー欄で書いた。

「八〇本以上のピンク映画を撮ってきた中村幻児監督の、そのなかでも最高傑作と評判の高い作品。一時期、ピンクNo.1女優だった朝霧友香が「私自身の代表作」とみずからいうとおり、盲目の娼婦を抜群の演技で熱演。

港町の娼婦・尚子（朝霧友香）の今夜の客は、やくざの親分。情事後尚子がシャワーを浴びている間に、乗り込んで来た敵対する暴力団の男に親分は刺し殺されてしまった。シャワールームから出て来た尚子と男は鉢合わせ。目が見えないことを知らない男は顔を見られたと思い、若い手先・耕平を使って尚子を殺そうとする。しかし、まだ純なところの残る若者の耕平には、美しい尚子は殺せない。純平は、盲目の尚子を連れて逃避行。が、幸せも束の間、耕平は追っ手に見つかり殺されてしまう。尚子は耕平の角膜をもらい目が見えるようになったが、耕平の顔はもう永遠に見るすべもなかった」

（『アダルトビデオ3000』東京ニュース通信社より／一九八三年一〇月）

ズームアップ映画祭は、セルフ出版のエロ雑誌でありながら映画雑誌でもあった月刊誌「ズームアップ」から生まれた、ピンク映画ファンのためのお祭りで、年間二五〇本近くが公開された独立プロ系ピンク映画のうち年間七〇本以上を観賞した猛者たちが審査員となって選ぶベストテンと各映画賞の表彰式、特集上映によるイベントである。僕も、同誌のライターだったから、立ち上げから参加していた。同誌が八一年に廃刊した後は、池田俊秀編集長、映画ライターの梅林敏彦らを中心に読者や関係有志によって継続され、毎年上板東映（東武東上線上板橋北口、今は廃館）で授賞式やオールナイトの特集上映も続けられた。数年後、「ズームアップ」編集部員から映画評論家になった塩田時敏たちが継承、さらにピンクリボン賞などへと発展した。

『赤い娼婦・突き刺す』を観た小川さんは、見終わって感想を聞かせてくれた後で言った。

「ところで、朝霧友香は、どうしているんですか？」

「ピンク・ポルノ女優のその後を書く記事を何度も書いて来たけど、朝霧友香は追いかけたことがない。ただ、もう随分と前だけど、どっかの出版社でお茶汲みみたいなバイトをしていたことがある。もう三十年以上前だから、よく想い出せないんだけど……」

朝霧友香は、確かに八〇年代初頭、ピンク映画のトップ女優だった。沖縄生れの彼女は、沖縄舞踊で地元の民謡賞で受賞経験もあった。演劇を志し上京。玉井敬友主宰の劇団シアター・スキャンダルに所属した。日活ロマンポルノにスカウトされ『Mr．ジレンマン・色情狂い』（一九七九年）でスクリーンデビュー。その後、ピンク映画に転じ数多くの作品に主演した。八一年には、他にも磯村一路監督の『狂った情事・おしゃぶり』

でも官能的な演技を魅せ注目された。

小川さんがピンク映画のビデオやDVDを捜して、コレクションするのもよく理解できる。今では、朝霧友香をはじめ「ズームアップ」や「ズームアップ映画祭」初期の女優たちの活躍、美しい裸体、名作佳作といわれた作品を見ようとしても厳しいのが現実だ。

失われた八〇年代の作品

この十年間、神戸映画資料館やラピュタ阿佐ヶ谷で、主に「六〇年代ピンク」の発掘と上映を行ったが、その度「あれも観たい」「あの女優が観たい」という声が寄せられた。特に若い映画ファンたちから、「八〇年代のピンク映画が観たい!」という声が多い。自分としては、既に若い時にたくさん観たものだから、なんで今さら、今ごろという気分もある。自分にとっても未知なフィルム、映画史的に価値のある、ミッシングリンクになっている監督や女優たちの映画を追いかけたくなる。しかし、既にいやいつのまにか「八〇年代ピンク」もミッシングリンクになっていたのだ。

ある時、かつて八〇年代にはピンク映画業界最大手の製作・配給会社だった新東宝映画(以下、新東宝と略)のプロデューサー福原彰さんに聞いてみた。八〇年代、高橋伴明や中村幻児をはじめとするピンク映画の膨大なフィルムは、どこへいったのか、どこへいってしまったのか、と。

「高橋伴明監督、中村幻児監督のフィルムは、私が新東宝に入った時には、もうほとんどなかったですね。伴明監督の『日本の拷問』や『少女情婦』のプリントが、あったくらいです。幻児さんはジョイパック（ミリオン）が多かったこともあると思います。うちにはあまりフィルムがなかった。フィルムがあったのは、その後の世代の監督の作品が多かったですね。滝田洋二郎なんかはあったと思います。伴明さん、幻児さんの作品は、今観てもクオリティが高いので驚くところが多いです……。

新東宝のフィルムは、ジャンクされるか、既に国立映画アーカイブに寄贈されていました。新東宝は、国映、日本シネマ、葵映画、六邦映画などが集まってできた配給会社です。新東宝としてもピンク映画を随分製作しています。ですから、従来は、国映は国映でフィルムを管理して、国立映画アーカイブに寄贈している。残っていたフィルムは、そんなに多くはないですよ。それでも、プリントは三〇〇本以上ありましたか。二〇一八年に代々木にあった倉庫兼本社を四谷に移転して、この時フィルムはアーカイブに寄贈したんです。正式な収蔵には確認や点検の手順があるので時間がかかる。

相模原の倉庫へ移動は済んでいますが、正式な収蔵前に、ラピュタ阿佐ヶ谷で「ラストショー」と題して、寄贈する前のフィルムを上映して、もう観れなくなるということで好評をいただいています。作業は進んでいますから、もう特集は無理だと思いますが」

福原さんは、営業畑の人ではない。以前は現場スタッフとして活躍していた時期もある。今村昌平監督の『黒い雨』や山田洋次の『ダウンタウンヒーローズ』などの撮影スタッフだった。特に『黒い雨』では、原爆投下後の黒い雨が田中好子さんに降って来るシーン、あの黒い雨を作るのが福原さんの仕事だった。

黒い染料にコーンスターチでとろみをつけ、ドラム缶で煮詰めて準備した。ポタポタ感が出ないと映画で見ても実感が出ないので苦労したという。撮影本番が終わって緊張が解けた瞬間、緊張のあまり蕁麻疹が出たほどだったそうである。

小川さんは、『赤い娼婦・突き刺す』を3倍速のビデオから「保存用に」とDVDを作ってくれた。おかげで、ほぼ四十年ぶりに『赤い娼婦・突き刺す』を観た。盲目の演技という難役に挑む朝霧友香。大杉漣の隠れた名演。どこかハリウッド映画を想起させるような、格調のある画面展開とストーリー。せつなく哀しい青春映画だった。中村幻児監督の才腕を、あらためて想起した。

それだけではない。いろんなことが逆回転のフィルムの如く想い出された。中村幻児監督の映画を取材した日のこと、雑誌ライターになり立ての頃の気持ちを想い出していた。

中村幻児と小川恵の青春ピンク映画

……白夜書房になる前のアットホームな小出版社だったセルフ出版編集部へ、原稿を届けに行った帰り際、池田編集長が切り出した。

「来月やってもらいたい原稿があるんだけど」

「何ですか？　急に」

「明日朝七時に、新宿駅西口のスバルビル前に行ってください。行けばわかるよ。相棒の安斎カメラマンは優しい人だから、大丈夫」

「……はい。わかりました！」

ヘビースモーカーの池田編集長が、煙草の煙の向こうでニッコリ微笑んだ。

若さと元気が取り柄の新進ライターだった僕は、興奮気味に返事をした。

「時間があれば、四日間毎日行ってもいいですよ。良い記事を書いてくださいね。朝が早くて大変だけど」

神妙な顔で、僕は編集部を後にした。池田編集長の作る「ズームアップ」はエロ雑誌だが、映画雑誌でもある。放送系小出版社の見習い編集者をクビになった僕は、映画館でバイトしながら新宿ゴールデン街で、毎日のように朝まで飲んでいた。深夜の酒場で声を掛けてくれたのは、通称梅ちゃんこと梅林敏彦さんだ。古い映画ファンなら知っていると思う。監督インタビューや俳優インタビューの名著もある映画ライターで、「ズームアップ」の言わば主筆だった。

「明日、高田馬場まで来てくれないか?」

「起きられたら行きます。昼からでいいスカ」

翌日から「ズームアップ」で書き始めた。その少し前、映画評論家の斎藤正治さんの紹介で「映画エロス」(司書房)に原稿を書いたことがある。暇そうなら書いてみないか、という梅ちゃんの親心いや兄貴心だった。

バイト先の映画館は、ピンク映画と日活ロマンポルノを交互にかけるビジネス街の映画館だった。受付で一日中、館内モニターから映画を観た。静まり帰った館内に喘ぎ声と甘い吐息だけが木霊していた。おそらく昼間観たばかりのピンク映画の話を、梅林さんにしたのだろう。おまえにピッタリの仕事だと、来月公開の「ピンク映画作品情報」を書かされることになったのだ。プレスシートから筋書きや見どころを書く簡単な仕事だった。

中村幻児監督の最新作が、まもなくクランクインする。撮影現場を取材してルポを書けというのが、池田編集長からの命令だった。

渡された脚本の表紙には「くちづけ」(脚本タイトル)の名前があった。撮影は四日間。初日のメイン撮影場所は、ピンク映画撮影のメッカのラブホテル「目黒エンペラー」。そう聞いただけで、僕はドキドキした。目黒エンペラーは、当時、深夜番組「11PM」で、その豪華さといかがわしさが取り上げられ話題を呼んでいた。ある部屋にはブランコや滑り台、回転木馬もあり、遊園地のようだった。部屋中の壁や天井が総て鏡張りになっていて中央に回転ベッドがある部屋やソープランドを思わせる浴室など、どれもがエロチック。よく映画撮影にも使われていた。某局では深夜CMも流れ、まさに「ラブホの殿堂」と呼ばれていた。人気の中村幻児監督の撮影現場に潜り込めるだけでもドキドキなのに、ラブホの殿堂潜入に胸は高鳴った。

数あるピンク映画の中でも、ほとんどの作品が「青春映画」タッチという中村幻児は、僕が新作を心待ちにした監督の一人だった。

アメリカン・ニューシネマ、東映やくざ映画、日活ロマンポルノ、独立系ピンク映画などを追いかける「映画青年」だった。もちろん黒澤明、溝口健二、大島渚、今村昌平、ゴダール、トリュフォー、パゾリーニ、ペキンパー、キューブリック……。好きな内外の映画監督と作品はいっぱいあったが、バイト先がポルノ映画専門館のモギリ（受付）となって、ピンク映画マニアに拍車がかかった。

記事は、忘れもしない「ズームアップ」一九八〇年五月号に載った。ヌードグラビアのように組まれた四ページ「特別カラー試写」。こんな惹句が躍る。「ピンク界の百恵＋友和コンビは、『旅芸人の記録』に近づけるか⁉」

随分と大袈裟なタイトルを付けたものだが、僕が勢い余って書いた。カメラの長回しで有名なギリシャの巨匠監督テオ・アンゲロプロスの『旅芸人の記録』が公開されたば

小川恵 きまぐれ日記

文・小川恵　写真・村上太郎

秋を手さぐりする街の中を、茶色のブーツと白いブーツ、並んでコツコツ歩いてゆく。わたしはマシュマロのような彼女の腕に摑まって、女のからだってやわらかいものなんだわと思いながら、建物の間からちらちらこぼれる陽ざしを感じている。わたしの妹は19になったばかり。猫のちゃちゃ子は彼女が好きだ。

上／「ズームアップ」創刊号（１９７７年11月）の表紙を飾る小川恵　下／小川恵きまぐれ日記第三回
ズームアップ１９７８年11月号より

かりで、大きな話題を呼んだ。以後、日本映画でもワンシーン・ワンカットが流行した。プログラムピクチュアでは山口百恵、三浦友和コンビの東宝青春映画が大ヒットし、季節の定番メニューのように公開された。ピンク映画にも、小川恵と楠正通の青春映画名コンビがいるとでも言いたかったのだろう。小川恵は、既に「ズームアップ」誌上でマスコットガール的存在だった。

同誌上では、少し前から読者にピンク映画の脚本募集を実施した。量産されるピンク映画には、慢性的に良質な脚本が不足していた。入選作には映画化の機会が与えられるので、応募者は少なくなかった。数本の入選作から、水越啓二さんの脚本「くちづけ」が選ばれ、映画化が決定。当然、雑誌を挙げて応援した。

取材当日、早朝の新宿西口・安田生命ビル前に横付けされた中村組撮影隊のロケバスに乗り込む。ロケバスは新宿から高田馬場へ。高田馬場駅裏手にあったセルフ出版編集部で撮影。主演の小川恵が勤める会社が出版社の設定で、上司の国分二郎（近年亡くなった）が、彼女を口説き落としラブホテル（目黒エンペラー）へ連れ込む展開だ。オフィスラブの導入部を撮り終え、昼休憩もそこそこに、目黒へと向かう。

脚本家志望の青年楠が、コンクールに向け書いた脚本をポストに投函しようと下宿を出て、小川と出会う。波乱万丈の後、恋人となった小川と楠が互いの愛を確かめ合おうと「キスマラソン」に参加する。今では、ピンク映画としてはロマンチック過ぎる気もするが、それがピンク映画の題材になる時代だった。

僕は、小川恵にハマっていた。あの頃のピンク映画ファンなら「小川恵」にハマっていない奴はいなかった。それくらい彼女の人気はあった。水越さんの脚本は、人気の小川恵と、幻児作品で相手役が多い楠正通に向けて書かれたものだった。幻児作品の脚本募集だから当然だが、幻児作品タッチの青春映画として書かれ、甘くほろ苦い気分に満ち溢れていた。無口でハンサムボーイだった水越さんの脚本は、新人らしくきらきらと輝いていた。

小川恵と中村幻児は、「ズームアップ」創刊号からエッセイを連載した。アンニュイな心象風景を綴る小川、思春期から監督デビューまでの逸話を書いた中村。今読み直しても臨場感が感じられ、当時大いに読者に支持された。小川は、時にはグラビアにも登場した。ビニ本並みの濃厚メイク、スケスケパンティのグラビアの狭間で小川恵が、読者に軽い眩暈を起こさせていた。

「どろりと長い夢を見た朝は、足の裏でシーツをまさぐってまだゆらゆら半分夢の中。あのひとの墓石に腰掛けてひくっとお尻振る、そんな夢。外は雨と勝手に決めつけて、時計がジリジリ鳴っても知らぬふり。ベッドの中でグズグズとまどろむそんな時間がわたしは好き。やさしい毛むくじゃらの手が胸に触れ、片足夢に突っ込んだままの心地良さ」

（「ズームアップ」一九七七年一一月創刊号／「小川恵きまぐれ日記」）

取り留めのない彼女の日記は、雑誌の目玉記事となり、彼女が描く他愛もない日常と空想とも現実ともつかない物語は、恋人もガールフレンドも得られない十代の男の子たちの心を摑んでいた。それは、夢のようなエロ雑誌と読者の至福の時代だったのかもしれない。

　楠正通は、幻児作品には欠かせぬ俳優だった。ピンク映画にありがちなレイプマン的キャラと違う、どこにもいる地味な青年タイプ。若い頃の森本レオふうとでも言おうか。幻児監督は、従来のピンク映画にいないタイプの俳優で定型を打ち破ろうとしていた。可憐な小川と純な楠が恋人同士の物語が、幻児作品には多かった。「くちづけ」は、『濡れた唇・しなやかに熱く』という公開タイトルで全国公開された。

　本作に先行、小川恵と中村幻児の人気を高めた映画がある。日活ロマンポルノとのカップリング公開される通称「買取りピンク」の一本、『セミドキュメント・処女失神』（一九七七年）だ。買取りピンクには、「セミドキュメント」と題されたものが多いが、内容は

中村幻児　連載エッセイ第二回「ズームアップ」1977年12月号より

まちまち。幻児作品は青春ものが多かった。日活の買取り価格が良いので、通常の独立プロ作品より予算が若干あったが、ロマンポルノとは比べられない低予算で撮影されていた。

『処女失神』の評判は、当時のマイナー映画ファン、ピンク映画少年の間で共有された。各大学に、まだまだ存在した映画研究会、名画座仲間から口コミで静かに伝わった。シネコミ（シネマ関係のミニコミ）を通じて広がった。ヒロインの小川恵は、ピンク映画のニューアイドルとして広く認知される。

物語は、多摩川を挟んで東京の対岸の町・川崎が舞台。日本有数の重工業地帯だが小さな工場の多い、汗と油にまみれて働く若者たちの町だ。そんな若者たちの一人で、夜間学校に通いながら働く純平が主人公。そう書けば、なんだか山田洋次作品のストーリーのようにも聞こえるが、そうじゃない。

純平役は、新人の大島裕二。田舎育ちの純平は、都会生活に馴染めず不器用に暮らしていた。オナニーで自分を慰めるばかりで、女性に対する恐怖心があった。トルコ風呂での惨めな体験。ストリップでは「生板本番ショー」の舞台に出て、自爆し恥をかいた。学校帰りの純平は電車の中で、一人の女性に目を奪われた。髪の毛が長く清楚で上品な感じの久美子（小川恵）に胸が高鳴る。「あんな女を恋人にしたらどんなに幸せだろう」。それから、毎晩のように彼女を見かけた。

中村幻児は、青春映画を得意としたピンク映画監督だった。あの頃、ピンク映画では最も多く青春映画を撮っていた。『処女失神』のプロデューサー真湖道代は、往年の人気ピンク女優。企画の渡辺忠は、後のAV界の帝王・代々木忠だ。真湖と渡辺は私生活でもパートナーだが、監督の中村幻児と主演の小川恵も、「パートナー」だと見られていた。

小川恵は、中村幻児監督の『夜ひらく淫ら花』（一九七五年）で映画デビュー。その後二年間で一四本の映画に出演した。ピンク女優として、当時では驚く程少ない出演作品数だ。恋人の映画にしか出ない女優と思われても仕方ない。『トラックSEX野郎　ポルノ深夜便』『女子学生　恍惚の玉ころがし』『女子学生SEXレポート　実地研究』『セミドキュメント　非行女高生』『恍惚アパート　悶々時代』『痴情学園』……、幻児・小川コンビの作品は、ほぼ青春映画テイストだった。小川は、その後、中村監督作品以外で日活ロマンポルノに何本か出演、高く評価された。一九七九年には、関西の映画ファンが選ぶ「映画ファンのための映画まつり」（第四回）で、『さすらいの恋人・眩暈』（小沼勝監督作品）『好色美容師』『猟色連続暴行』（ともに中村幻児監督）の演技で、主演女優賞に輝いた。ちなみに同年の主演男優賞は松田優作（『最も危険な遊戯』ほか）で、小川恵と松田優作が、壇上でトロフィーを持って並んで座っている姿が「ズームアップ」七九年五月号に載っている。

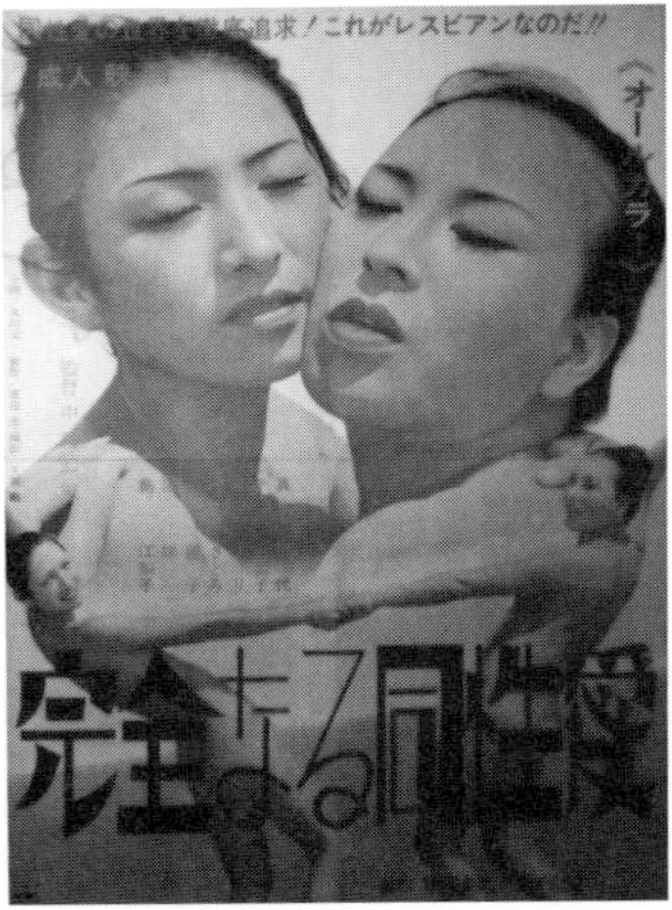

上／中村幻児監督デビュー作『完全なる同性愛』 1971年・プリマ企画　下／第二回監督作品『悲しき妖精』 1972年・プリマ企画

中村幻児は、若松孝二率いる若松プロに撮影助手として入ったのが、業界入りの始まりだ。新宿フーテン族の溜まり場だった風月堂で親しくなった友達に紹介され、若松に会った。特に映画青年ということもなく、女の子に出会いたいが為に出かけた風月堂で、面白そうな仕事だと飛びついた。慶応大学を中退し写真学校に通っていた幻児は、スチールカメラマンとして若松プロの現場に足を踏み入れた。本当は助監督になりたかったらしい。

助監督に転じ、向井プロで梅沢薫監督の助監督を多くした。代々木忠（渡辺輝男）率いるプリマ企画で二十四歳の若さで監督になる。監督デビュー作はレズビアンの話だった。我武者羅に撮ったデビュー作品が好評で、監督一年目に八本の映画を撮った。ところが、スランプに陥り映画が撮れずに苦しむ。一年間映画を休業したこの時期には、外人ストリッパーのカバン持ちなどいろいろな職業を経験した。「ズームアップ」が創刊される頃には、新進気鋭の監督として四〇本近くの監督作があり気を吐いていた。連載エッセイで幻児監督が書いている。

「うらぶれて、もの哀しく、いつも日陰の裏通りしか歩けないニンゲン。騙されて、懲りずに惚れて、また捨てられるオンナ。社会の枠組みの外でさ迷うオトコ。永遠に、ひたすらに自己破滅に向かう若者の生きざま――。

そんなギリギリのところで生きているオトコやオンナを裸にして、ボクは映画を撮っている。コツコツとそんな役回りでしか生きるすべのないヒトたちの居直り、開き直りがボクは好きだ」

（「ズームアップ」一九七八年一月号／中村幻児連載エッセイ「桃色映画の誘惑」第三回より）

「ボクの映画の若者は、故郷の母親にからっきし弱い。しかし乳離れしないひ弱な若者ではないのだ。

ボクはボクの映画の中で、ボクの母親に甘えているのだ。できなかった親孝行の真似事をしているのだ。

母親を殺して自立する青春映画があったけれど、ボクは母親が生きてるときにすでに自立していた。母親が死んで、はじめて甘えてみたい衝動にかられたからだ」

（「ズームアップ」一九七八年四月号／同「桃色映画の誘惑」第六回より）

日本映画では、『赤ちょうちん』『妹』『バージンブルース』など秋吉久美子主演の青春映画、『赤い鳥逃げた？』など原田芳雄主演の青春映画を連発したのが、藤田敏八監督。ショーケンや桃井かおりの青春映画を撮っていたのが、日活ロマンポルノの鬼才・神代辰巳監督である。

それらに少し遅れながら、ピンク映画でも、中村幻児が青春映画を撮り続けようとしていた。

ピンク映画第二世代を代表する高橋伴明

中村幻児を追うように、一年遅れで監督デビュー（一九七二年）し、やはりピンク映画に青春映画を撮り続けようとした監督がいた。高橋伴明である。

伴明にも、幻児と同じように、映画を離れて別の職業についていた時期がある。サラリーマンや雑誌ライターをしていたという。高橋監督が、本格的にピンク映画を撮り始めるのは、若松孝二と出会ってからである。新宿ゴールデン街で大喧嘩、後になりすぐ仲良くなった。以後、若松プロを拠点に撮り始める。

「ズームアップ」創刊とほぼ同じ一九七七年秋、封切られた『蕾を殺《や》る』は、僕にとっても忘れられないピンク映画だ。

都心の映画館の片隅で高橋伴明の映画を観て、まるで日活ロマンポルノを観ているようだと思ったのを想い出す。それもまた、まごうことなき青春映画だった。

あてどない暮らしの中で、犯され傷つきながら、自分の居場所を求めてさまよう少女を、田島はるかが不思議なけだるさと自然なリズムを持つ肉体で演じている。相手役は、その後、伴明映画になくてはならない俳優となる下元史朗。バイクに乗り込んだ男女、苦悩する若者たちの小さな物語。

高橋伴明監督と田島はるか、別名森都いずみのコンビワークは、『蕾を殺《や》る』の前作『非行記録・少女売春』（一九七六年）『赤い性・暴行傷害』（一九七七年）から始まる。田島はるかの芸名は、「タージマハール」からとったという女の子で、インド帰り。フーテン時代の名残りで、インドはまだ若者たちの憧れの地だった。彼女の最初の名前「森都いずみ」にしても、「森と泉に囲まれて〜」と歌うグループサウンズの歌の文句から取っている。ふざけた感じだが、フーテン娘やアングラ族の翔んでるナチェラル派が、彼女の正体だった。徹底した菜食主義者で、ピンク映画の撮影現場でも野菜しか食べなかったといわれている。伴明が、彼女をスカウトしたのは、新宿を根城にするアングラ劇団はみだし劇場の舞台だ。

伴明は、よく演劇の舞台から女優をスカウトしていた。『日本の拷問』(一九七八年)で伴明映画のヒロインとなる日野繭子も、アングラ演劇出身で、はみだし劇場や黄金劇場の舞台に出演していた。彼女も、日活ロマンポルノから曽根中生監督作品『性愛占星術・SEX味くらべ』(一九七八年)でスクリーンデビューした後、若松孝二作品や伴明、渡辺護作品などのピンク映画に出るようになる。特に若松孝二『十三人連続暴行魔』(一九七八年)のヒロイン役は注目された。やはりアングラ出身の馬津天三(掛川正幸)演じる連続暴行魔が、最後に巡り合う美少女が、繭子だった。『日本の拷問』は、その勢いで、若松孝二のプロデュースで作られた三話オムニバスの拷問ヒストリー。若松がかつて得意としたスタイルだ。第三話で過激派放火事件の容疑者として取り調べられ、無実の罪をデッチ上げられ、拷問に悶絶する若い警官の恋人でヒロインの千恵を演じている。繭子もまた、日活ロマンポルノを捨て、アングラ演劇と地続きの若松や高橋たちのピンク映画に身を投じた女優だった。

上右／高橋伴明監督デビュー作『婦女暴行脱走犯』 1972年・葵映画　上左／『赤い性　暴行傷害』1977年・若松プロ・新東宝　下右／『緊縛女子学生』 1978年・高橋プロ・新東宝　下左／「高橋伴明監督の還暦とこれまでの全仕事約100本を祝う会」パンフレット　2009年

当時のピンク映画とアングラ演劇との出会い、交流は、特筆に値するだろう。時代の気分というだけでなく、既成の演劇や映画と違う場所から、表現を構築しようという姿勢は幻児や伴明ら「ピンク映画第二世代」たちに顕著だった。多くのアングラ女優が、ピンク映画に挑戦して脱いだ。もしかすると、アングラ演劇はピンク映画への扉、ピンク映画はアングラ女優たちの登竜門だったのかもしれない。

「基本、誰も知らないような女優を使って、誰も知らないようなことをやりたかった」高橋伴明監督は、後になって僕のインタビューで語っている。アングラや小劇場出身の女優を脱がし、アングラや小劇場の男優たちが相手役で出演した。誰も知らない女優と男優がぶつかり合う、当時の高橋伴明のピンク映画は、そのほとんどが青春映画でもあった。

いや、伴明はデビュー作から青春映画を撮っていた。伴明の監督デビュー作『婦女暴行脱走犯』（一九七二年／葵映画）は、脱獄した三人の少年を描いた青春映画だが、「幻の映画」とされ観たものは今ではほとんどいない。その上フィルムは、上映後廃棄されたと考えられていた。でも、同作の製作会社である葵映画を率いていた西原儀一監督が亡くなり、保存されていたフィルム・ネガが国立映画アーカイブに寄託され、その存在が確認された。

『婦女暴行脱走犯』の上映用プリントは、まだ起こされてはいない。高額の予算が必要だからだが、若き日の宮下順子が出ていることなども大いに注目され、復刻を望む声がある。

高橋伴明は、奈良県の進学校を経て早稲田大学第二文学部に進むも、授業にはほとんど出なかった。映画研究会に入り浸り、主にゲバルト部隊として全共闘運動にも参加した。第二次早大闘争（一九六九年七月）では、凶器準備集合、傷害、暴行、建造物不法侵入、公務執行妨害などの罪状で逮捕されている。

ピンク映画の現場に付いたのは、映研の先輩の紹介だった。佐々木元監督の章で触れたように、新藤孝衛監督の現場を皮切りに、小林悟、西原儀一など多くのピンク映画で助監督を経験、脚本も多数手がけている。フリーの助監督となると、ハイエースを買い、他の撮影隊にレンタルする商才もみせている。

高橋伴明監督の撮影現場を、僕が取材したのは、中村幻児組より少し後だ。「ズームアップ」一九八一年一月号、雑誌の真ん中グラビア・特別カラー試写。山梨県勝沼方面にロケして撮られた『緊縛猟奇妻』である。

取材ルポのタイトルは「撮影の機動力風の如し！」。山梨・勝沼方面ロケの取材らしく、風林火山にちなんで書いたに違いない。撮影する、そのスピード感覚には、ひとつの酔いに似た感覚があり、伴明組はまさに風のようだった。グングン撮っては、前に進む。伴明監督が先頭に立って引っ張っていたのを想い出す。近年亡くなった久我剛カメラマンも頼もしかった。

本作も、やはりズームアップ新人シナリオ賞(第三回)の応募入選、佳作作品。映画学校に通う二十四歳の若者・斎藤猛さんの脚本「少女エロス・夏の祭り」の映画化だ。

主演は、蘭童セル。共演の丘なおみや港まゆみによる緊縛や濃厚セックスシーンもあるが、ヒロインは美少女役の蘭童セルだ。蘭童セルは、既に何本もピンク映画に出演しており、やはり演劇少女だった彼女が、どんな経緯で独立系ピンクに出るようになったかが想い出せないが、その愛らしいキャラで取材ではすぐに親しくなった。それまで、ピンク映画ではいくつかの熱演を除いて、風変わりなロリータ女優でしかなかったセルが、見事に美しく輝くさまは見逃せなかった。本作は彼女の代表作でもあるだろう。セルは、続く伴明監督作品『縛りと檻』も名演だったと記憶する。

演劇から映画へという流れとは逆に、ふたたび映画からアングラ演劇へと向かった蘭童セルは、流山児祥率いる演劇団に参加、所属して素晴らしい演劇活動を見せていた。つい最近(二〇二三年二月)、セルちゃんが亡くなったと、インターネットで誰かが書いているのを見つけた。今では、調べる術もない。彼女の冥福を祈るのみだ。「映画タウン」という雑誌でインタビューした時の、彼女の心からの笑顔をいつも思い出す。

ピンク映画はニューシネマだった

近年、「同時代」「同世代」と言って良い女優さん、男優さんたちの訃報も聞かねばならない年齢になった。悲しいが、仕方ない。

「十代の終わりの頃に、アメリカン・ニューシネマを見る気分で、来る日も来る日もピンク映画を見ていました」

数年前から、映画講座や映画館のトークなどでしゃべる時、「ピンク映画」について話すことになると、必ず僕が口にするフレーズだ。「ニューシネマだから見ていた」と、かっこをつけて言っているのではない。僕らにとっての「映画」とは、あの頃、全て「ニューシネマ」だった。そして「青春映画」だったのではないか。

映画は、若者たちのものだったのだ。

アメリカ映画では、新旧世代の交代、ハリウッド映画衰退と新世代映画の台頭が激しかった。それは、海を隔てた日本映画にも波及した。プログラムピクチュアの衰退は、独立プロ、自主映画にチャンスを与え、ピンク映画も挑戦と実験の現場となった。台頭から激突とせめぎ合い。時の流れの中に「ピンク映画」もあった。

高橋伴明は、今でも時々いろんなインタビューで、「『冒険者たち』が好きだった」と語っている。僕の近年の取材でも言っている。アメリカン・ニューシネマを代表する映画のひとつ、ローベル・アンリコの『冒険者たち』（一九六七年）は、僕も大好きな映画だ。

そう、伴明にはハッキリと『冒険者たち』を下敷きにした映画がある。一九八一年第三回ズームアップ映画祭で、幻児の『赤い娼婦・突き刺す』を押さえてベストワンに輝いた『襲《や》られた女』である。

さえないなんでも屋をやっている中年の善三（下元史朗）と若い浩（山地和弘）は、迷子の仔猫捜しや有閑マダムの情事の相手と、その日暮らしの忙しい毎日を送っている。二人のマドンナはスナックで働く己美（忍海よしこ）。総会屋の女関係を隠し撮って暴くという大口の仕事が舞い込み、舞い上がる善三と浩。男二人の友情に嫉妬さえ感じていた己美は、唯一仲間入りできる時とばかりに仕事に協力するが、殺されてしまう。男二人と女一人の「聖三角形」の物語『襲《や》られた女』は、青春の暴走と痛み、そして破滅という轍を踏んで、圧倒的に支持された。

この年のズームアップ映画賞は、作品賞、監督賞、主演男優賞、ＮＥＷアイドル賞（忍海よしこ）、技術賞（撮影／長田勇市）と、本作の高橋伴明組が独占したのだった。

中村　今の日活の流れってのは、一つずらすと、何年か前のピンクの流れと符合するんだよね。つまり、気取ってみたって客は入らないわけだよ。人生を考えるために日活に来る客なんて少数であってね、大多数はエロを見に来るわけよね。だから、会社の名前も変わったことだし（日活から〝にっかつ〟へ）、どうやってうまく立ち直って行くかと考えた時には、これはもうエロ指向にならざるを得ないわけでしょ。要するに、どうやればお客のオチンチン立たせられるかという発想に行かざるを得ないわけだ。

高橋　ピンクっていうのは、基本的にやりたいことをやる場にしなきゃいけないと思うんだけどね。絶対。映画を映画として見てくれる一部ファンと、それ以外の絶対多数のピンク映画の比率は今1対9ぐらいだと思うんだけど、俺としてはその比率を徐々に逆転して行きたいですよね。エロはもちろん含まれるけども、よその企業でできないようなものを扱える場所になって行けばいいんじゃないかと。だから、今度インするやつも、近親相姦まで出て来て映倫からガンガン文句言われてんだけど、当分は映倫がいかんちゅうものばっかり撮ってやろうと思ってるの。

僕がライターとして記事を書き始める前年、「ズームアップ」一九七九年一〇月号に、「我ら第二世代監督　上も下もぶった斬る」と題する座談会を見つけた。出席者は稲尾実、高橋伴明、中村幻児の三監督。司会・構成は、梅林敏彦。その後の「ズームアップ映画祭」へと至るクロニクルの始まりにあるディスカッションだったと考えられる。幻児も伴明も、それぞれ強く激しく本音を語っていて、若く勇ましい。ここから、新たな闘いも始まったと思えてならない。

僕には「ピンク・ニューウエーブ」としか名付けようのなかった、ピンク映画の彼方へ向けた闘いが始まる。幻児も伴明も、懸命にたたかった。僕らは、彼らを追い続けた……。

よみがえれ、桃色のフィルムたち

……あれから、長い長い歳月が流れた。

多くの先達の訃報を聞き、多くのフィルムが失われた。あんなに美しかった女優たちの姿も、やるせない男優たちの顔も、想い出のスクリーンに切れ切れに見える。

「幻児さんとは、古い付き合いですよ。それこそ『ズームアップ』の頃からだから。あの頃は、青春ピンクのシティ派監督登場という雰囲気で、人気もあったよね。連載エッセイもかっこよかった。小川恵のエッセイやグラビアとともに雑誌のウリ、目玉だったもの。

その後、一般映画に進出する頃から、資金繰りでAVを作るようになった。明石賢生さんが社長の群雄社出版とは僕が繋いで、幻児さんと二人で雄プロという映像製作プロダクションを立ち上げました。だけど、その頃から、力があるのに自分で映画を撮らなくなるんだよね。AVで稼いで映画を撮るはずだったのに……。

幻児さんは、あの時点で、実業家になってしまったんだよね。最初は、若松孝二監督をマネしてサイドビジネスに手を出したんだと思う。でも、その結果映画監督がどっかに置き忘れられてしまったと、言ったら言い過ぎかな。

監督では廣木隆一、脚本家の吉本昌弘なんかを育てた。深作欣二監督を巻き込んで始めた映画学校『映像塾』では、白石和彌を育てた。若い人の面倒見は良かったんだけどね。

いろんなことをやって、中国がらみの動画配信に手を出したあたりで躓いたかな。今、どうしているのかなあ……。愚直に映画監督をやっていれば、もっともっと良い作品を撮れたのにと思うと、残念ですね」

「ズームアップ」時代からの先輩、風俗ライターで関孝二組ほかピンク映画の現場スタッフ経験も多い

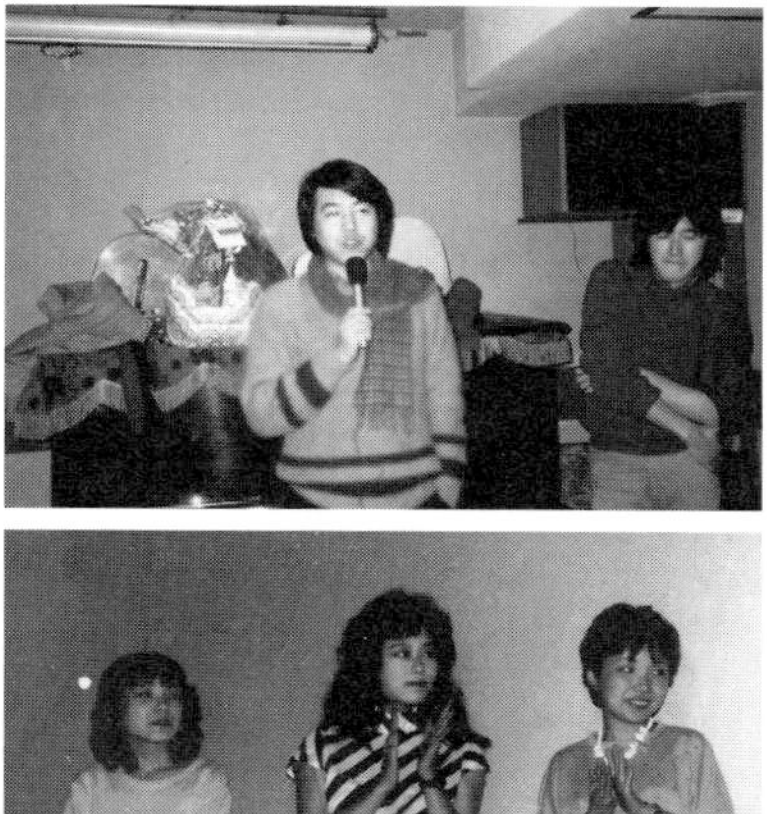

上／中村幻児監督　拙著『ピンク映画水滸伝』出版記念会で1983年　下／左から、蘭童セル、水月円、織田倭歌　ズームアップ映画祭にて　1982年

伊藤裕作さんに聞いたのだ。「中村幻児の姿が見えない」――「幻児さん、映画撮ってないのかなあ？」と問いかけ、少々厳しいような答えが返って来た。もう何年も中村幻児監督作品を見ないのは確かだ。『ウイークエンド・シャッフル』（一九八二年／らんだむはうす）で一般映画へ進出した中村幻児は、裕作さんが言うように多様、多才な活動をする一方で、『カモメ』（二〇〇〇年／アルゴ・ピクチャーズ）『ロード88・出会い路、四国へ』（二〇〇四年／ギャガ・コミュニケーションズ）などの監督作品も発表していた。

コロナ禍に喘いだ二〇二二年、高橋伴明監督の新作『夜明けまでバス停で』（渋谷プロダクション）を観た。

伴明監督作品としては、いったい何本目になるのだろう。久々に伴明のスピリットと怒りを感じる素晴らしい作品だった。それも、静かな怒り。染み渡る怒りが、焔のように燃え上がる映画だっ

左／『緊縛猟奇妻』演出中の高橋伴明と右は堺勝朗　1981年　右／『日本の拷問』　1978年・若松プロ・新東宝　日野繭子

た。伴明、健在と一人呟いた。『夜明けまでバス停で』は、「キネマ旬報」誌でベストテン第三位、高橋伴明が監督賞、梶原阿貴が脚本賞を受賞している。

『ＴＡＴＯＯ［刺青］あり』（一九八二年／ＡＴＧ）以来、一般映画に進出。その後の活躍はやくざ映画、Ｖシネマ、テレビ、インディーズなど多種多彩である。『禅　ＺＥＮ』（二〇〇九年／角川映画）『痛くない死に方』（二〇二一年／渋谷プロダクション）などには刮目させられた。

　ピンク映画以後と括ってよいかどうかわからないが、「ズームアップ」の時代、「青春映画」の時代、それ以後の幻児、伴明を追うのは、機会を改めたい。

　ピンク映画時代の幻児、伴明のフィルムは新東宝の福原さんが言うように、かなり散逸している。ミリオンフィルムは、プリントだけでなく、ネガから廃棄してしまったとも聞いている。バブルの頃、『濡れた唇・しなやかに熱く』（ミリオン）や『蕾を殺《や》る』（新東宝）を大陸書房でビデオソフト化したが、同時にフィルム保存も考えるべきだったか。上映フィルムはないとされる幻児、伴明のピンク映画作品でも、時に動画配信やＤＶＤ化されているものを見かける。さて、どのくらいフィルムとして、この世に幻児と伴明のフィルムは残っているのだろう。国立映画アーカイブに寄贈されたフィルムも何本かあるようである。『襲《や》られた女』は、伴明監督が私蔵版16ミリフィルムをお持ちだとの話もある。

いつの日か、今では数少なくなったミニシアターで、幻児、伴明のピンク映画時代のフィルムを、それぞれ一堂に会して「特集上映」をすることができたら、夢のような宴になることだろう。

そう祈念して、タイムマシンみたいな原稿から、現在へ戻って来ることにしよう。

あとがき

映画館から、フィルムが消えた。

映画館だけではない。世界中の映画製作現場から、フィルムが消えた。今では、もちろん、テレビやＰＣと同じように映像は、デジタルカメラで撮られるのが普通であり、フィルムで撮影されることはない。

ほんの少しのラインを除き、映像フィルムの生産そのものがストップしてしまった。現像所も、次々に機能と業務を停止している。昨年秋には、大手現像所のひとつ東京現像所も全事業を終了した。東京現像所からは、本文でもやや触れたが、港雄一監督の『裸生門』の原版が見つかったようだ。既に多くの迷子フィルムが処分されたようだ。仕方がない。いやどうしようもない。

近年では、動画配信や衛星放送など、日常生活のなかで古い映画を観る機会は増えているというのに、映画フィルムそのものは、この世の中から消えつつある。

こんなに早く映画フィルムが、この世から消えてなくなるなんて思ってもみなかった。

映画フィルムは、心がけて保存しない限り、この世からどんどん消えてしまう。まず映写機がない。上映場所がない。需要がない。保管する場所がない。ないない尽くしで、フィルムが消えていく。あの名作も、あの傑作も、あの問題作も、デジタル保存はされていてもフィルムはないなんてことが起きている。あまねくフィルムが同じ運命にあり、秀作、駄作の違いなくフィルムが時の狭間に溶解しつつある。ましてや「ピンク映画」のフィルムは、ほとんど全てがジャンクされ、その多くが失われた。世界中の何千何万という「エロ映画」が消えた。もう間に合わない。そんなもんでしょと思う向きはいるかもしれないが、映画の始まりはエロスでしょと反論したい。

ピンク映画配給の配給会社最大手だった新東宝映画では、倉庫に山のようにあった上映フィルム（ポジ）も撮影時から保存して来た原版（ネガ）も、映画事業の見直し過程で、各製作会社（プロダクション）に返還するか、自らの手で廃棄した。無期限にかかる倉庫代や管理費を捻出する予算がなかったからだ。

監督、プロデューサーにより国立映画アーカイブに寄贈されたフィルムもあるが、一九七〇年代以前のピンク映画は、それ以後の製作年のフィルムより圧倒的に廃棄されたものが多い。何年も前に、焼却処分にしたとも聞いた。関係者により国立映画アーカイブに寄贈されたフィルム、フィルム原版は、ごく一部である。

ピンク映画誕生当初から続く老舗の大蔵映画も同じで、フィルムの多くが処分された。

大蔵の場合、かつての大蔵撮影所（旧新東宝、富士映画撮影所）に隣接する商業施設「オークラランド」の敷地内に、大きな穴を掘り埋めたそうである。それが本当なら、フィルムが何かの具合でフィルム缶から溶けて流れ出し、土壌汚染による新たな公害が発生しなければ良いがと、少し心配もしている。もちろん、対策を施してのことだったろうとは考えているけれど。

一九七〇年代に入りピンク映画を量産したミリオンフィルム（現・ヒューマックシネマ）も同じだ。何年も前に、一括して処分したと聞く。ミリオンフィルム作品は、僕がリアルタイムで観賞し想い出のある作品も多々ある。本文でも書いたが、特に中村幻児、高橋伴明両監督の青春映画は、ミリオンの公開プログラムの柱と言って良かった。それら思い出深い作品が、全て消えてなくなったと思うと非常に残念であり、とてもやるせない。

理不尽な仕打ちと、国家の論理でフィルムを裁いた「映画裁判」があった。「日活ロマンポルノ裁判」である。四本の「ポルノ映画」が法廷に引き摺り出された。その前哨戦と言うべき武智鉄二の『黒い雪』裁判から傍聴、取材を続けた元新聞記者（共同通信）で映画評論家の斎藤正治が、僕にピンク映画の歴史を調べることを提案した。斎藤は、武智鉄二、若松孝二、あるいは寺山修司らを取材するうち「ピンク映画」の先駆性、大衆性、混沌に着目した。僕は大いに扇動され、「ピンク映画」に「映画」の本質を垣間見ようとした。

日本映画史に「喜劇王」という、チャールズ・チャップリンにも負けない冠を遺している斎藤寅次郎監督の本を書くため取材した折、多くの作品、多くのフィルムがこの世から消えてなくなっていることを思い知らされた。

戦前の日本映画史の重要フィルムは、その多くが見果てぬ夢と消えていた。戦後の日本映画フィルムも、実は同じ運命にあるのではないかという気がしている。小津安二郎や黒澤明は保存されても、ピンク映画の傑作までは「保存」の手は及びにくい。ピンク映画の代名詞的人物とも思われがちな山本晋也のフィルムですら、多くが、どこへ消えたかわからない。

次々に「生き証人」たち、「創作者」たち自身が消えていく時代にも差し掛かっている。慌てて、手当たり次第に、だが、最重要課題と思われる一二のテーマについて追いかけ、ルポルタージュを試みたのが、本書である。

映画館からフィルムが消えただけではない。映画館そのものが消えつつある。「コロナ禍」となって、それに拍車がかかった。集まって静かにスクリーンを見つめるだけの映画館に「集団感染」「クラスター」の疑惑がかけられ、大いに人の動きも思考回路も遮断された。

デジタル化の旋風が、映画は、動画配信で観るのが便利で楽しい！　という時代を誕生させた。映写機だけでは映画館がやっていけなくなってしまったのだ。動画配信のシェアは拡大するばかりで、フィルムなど無用の長物と考えている若い人も少なくないようだ。

だが、ちょっと待ってくれ。フィルムが映画を作って来たのだ。デジタル修復が、本来のフィルム芸術をないがしろにしていないか。光と影の夢の世界を、白々とした現実の闇が覆いつくそうとはしていないか。立ち止まりながら、フィルムと人について考えてみよう、それも、桃色映画の周辺で。そんな思いで、フィルムを手繰り寄せるように書いた。

高橋伴明監督の傑作『夜明けまでバス停で』に続いて、われらが山本晋也監督も「コロナ」をテーマに映画を撮るとの「宣言」があった。二〇二三年夏の発表以来、続報がまだだが、大いに期待である。デジタル化の時代に切り刻まれた人とフィルムの関係のように、寸断された社会と人との関係を見直す映画を撮って欲しい。きっと『大色魔』以来の傑作になるのではないかと思っている。

最後に「ロードサイダーズ」連載時にお世話になった都築響一さん、貴重なポスターをはじめ図版や資料で大いにお世話になった東舎利樹さん。書籍化の橋渡しをしてくれた小川晋さん、解説を寄せてくれた神戸映画資料館の安井喜雄さん、また各章でコメントをいただいた皆さんにもいちいち名前をあげませんが、心から御礼を申し上げます。既に故人になられた方も多い登場人物の皆さんにも。そして、加筆・修正に手こずった僕をじっと見守ってくれた編集担当・青木真次さんに深く感謝の気持ちを込めて筆をおく。

鈴木義昭

川口小枝と著者　ラピュタ阿佐ヶ谷にて　2010年

解説

神戸映画資料館館長　安井喜雄

一九七〇年代の大阪に有文社という出版社があり、編集者の山下誠が私たちの活動拠点「プラネット」にやってきて「映画の本を出したいので良い案はないか？」と問われて即座に「日本アニメの歴史をまとめたらどうか」と提案した。それを実現したのが私たちが編集した『日本アニメーション映画史』（一九七七年）だったが、続いてコロッサス編の『大特撮　日本特撮映画史』（一九七九年）を出版したところで倒産してしまった。

その後、山下は独立し関本郁夫の『映画人烈伝』（一九八〇年）、そして鈴木義昭による『ピンク映画水滸伝　その二十年史』（一九八三年）を編集し青心社から発売した。映画書出版に情熱を燃やしていた山下から出版直後に受け取った『ピンク映画水滸伝』を読んで驚いた。私の知らない映画が盛り沢山で、世の中には詳しい人が居るものだと感心してしまった。私も大学で若松孝二や足立正生の映画を上映したり、若松プロや葵映画の封切館だった大阪ミナミの大劇シネマで35ミリ・フィルムの映写を教えてもらったこともあり、ピンク映画は一般劇映画やアニメーションや記録映画と同列に評価しなければならないと考えてきたので、この書物はバイブル的存在となった。

時は経ち今世紀になって『沖縄エロス外伝　モトシンカカランヌー』『アジアはひとつ』などで知られるNDU（日本ドキュメンタリスト・ユニオン）の布川徹郎が大阪に拠点を移し、労働者の町である釜ヶ崎に入り込んでキャメラを向けていた頃、布川から鈴木義昭が取材にやって来ると聞いた。ピンク映画の専門家と理解していた人がなぜドキュメンタリー映画作家を追いかけているのかと最初は不思議だった。考えてみると布川のNDU仲間に竹中労の『アジア懺悔行』『山上伊太郎ここに眠る』に貢献した井上修がいるので、これは竹中労の人脈だと分かってきた。竹中労は「キネマ旬報」に「日本映画縦断」を連載して私も愛読していたが、編集長の白井佳夫が解任され竹中の連載も中止になり、白井とその応援団が「浪人街通信」を発行して連載を継続したことがあった。その竹中に強く影響されてルポ・ライターを目指したのが鈴木義昭だったのだと納得した。

二〇〇七年に神戸映画資料館がオープンして暫くした頃、鈴木が西原儀一の遺族から葵映画のフィルムを任され、国立近代美術館フィルムセンター（現・国立映画アーカイブ）に寄託したと聞いた。ネガ原版は低温倉庫の完備したフィルムセンターに保存していただくのがベストだが、公的機関でピンク映画を上映するのはハードルが高いだろうから、上映用のプリントは我々で保管したらどうかと提案して実現した。そのフィルムを活用し二〇〇九年に「60年代・独立プロ伝説　西原儀一と香取環」として、さらに二〇一一年にスペシャル・ゲストに香取環を招き「まぼろしの昭和独立プロ黄金伝説」として多数の作品を上映することができた。鈴木が苦労の末に見つけ出した香取環とのトークはたいへん意義深いもので、日活に在籍した香取が「歴史ある会社がロマンポルノ路線へ転換したことに失望した」と話しておられ面白かった。貴重な話を聞けたのは鈴木の豊富な人脈と行動力のお陰だった。

ピンク映画を上映すると良いこともあった。噂が広まったのか、文中にもあるように永山さんという方から『色じかけ』のフィルムを寄贈したいとの申し出があった。話を聞くと亡くなられた奥様が主演の映画とのことで、フィルムを遠方から直接ご持参いただいたのには驚いた。すぐに鈴木に連絡して調べてもらい、文中に記載された内容が示す通りの具体的背景を知ることができた。ピンク映画に関する私の知識は乏しいので、いつも鈴木に相談することにしているが、武智鉄二の『幻日』を発見した時もネットや文献に登場しない映画なので慌てて連絡した。武智に関してもよくご存知で、この映画の謎もだんだん分かってきた。

この書物は鈴木のこれまでの行動の記録であると同時に、映画ファンが見落としがちなピンク映画の歴史を見据え、フィルム保存の重要性を訴える内容になっている。竹中労や白井佳夫の仕事を見続けてきた鈴木ならではの労作と断言できる。「あとがき」で鈴木が指摘しているようにピンク映画のフィルムは破棄されたものが多く、幻の映画が余りにも多すぎる。失われたと思われるフィルムを探索する鈴木の執念には頭が下がるところで、これからもその努力を続けてもらいたい。

私も収集に尽力しているものの、残念なのは製作費の低さからかフィルムの材質や現像処方に欠陥があるように思え、一般映画に比べ劣化したものが多いことだ。フィルムがあっても映写機にかからない状態のものが非常に多い。今も経年変化で日々劣化が進んでいる。画像が消滅する前に現在のフィルムに複製するのが望ましいが、高額の費用がかかるのでせめてデジタル化だけでも早急に作業したいけど我々の資金力ではどうにもならないのが現状なのだ。理解ある資金提供者が現れることを心待ちにしているのだが……。

図版協力・東舎利樹、神戸映画資料館
デザイン・倉地亜紀子

桃色じかけのフィルム・巻末資料倉庫

資料一覧

『色と欲』1965年。
藤田恵子=新高恵子(初出演)

『日本の夜 女・女・女物語』1963年。ドキュメンタリー

『引裂れた処女』1968年

『悲器』1966年

『裸の誕生』　1959年